21世纪高职高专精品教材
公共课系列

心理健康与发展

主 编 陶爱荣 陆 群
副主编 柯晓扬 周 红 郑洪利
参 编 郝 梅 龚 娜 孙元元 芦 华 谢 菲

中国人民大学出版社
·北京·

图书在版编目（CIP）数据

心理健康与发展 / 陶爱荣，陆群主编 . -- 北京：中国人民大学出版社，2020. 8
21 世纪高职高专精品教材 · 公共课系列
ISBN 978-7-300-28479-8

Ⅰ. ①心… Ⅱ. ①陶… ②陆… Ⅲ. ①心理健康 – 健康教育 – 高等职业教育 – 教材 Ⅳ. ① G444

中国版本图书馆 CIP 数据核字（2020）第 155812 号

21 世纪高职高专精品教材 · 公共课系列
心理健康与发展
主　编　陶爱荣　陆　群
副主编　柯晓扬　周　红　郑洪利　左　陵
参　编　郝　梅　龚　娜　孙元元　芦　华　谢　菲
Xinli Jiankang yu Fazhan

出版发行	中国人民大学出版社		
社　　址	北京中关村大街 31 号	**邮政编码**	100080
电　　话	010 – 62511242（总编室）		010 – 62511770（质管部）
	010 – 82501766（邮购部）		010 – 62514148（门市部）
	010 – 62515195（发行公司）		010 – 62515275（盗版举报）
网　　址	http://www.crup.com.cn		
经　　销	新华书店		
印　　刷	北京密兴印刷有限公司		
开　　本	787 mm × 1092 mm　1/16	**版　　次**	2020 年 8 月第 1 版
印　　张	17.5	**印　　次**	2025 年 1 月第 9 次印刷
字　　数	407 000	**定　　价**	42.00 元

前　言

2011 年，为推进大学生心理健康教育工作科学化建设，进一步发挥课堂教学在大学生心理健康教育工作中的主渠道作用，教育部制定了《普通高等学校学生心理健康教育课程教学基本要求》，明确提出各高校应当根据学生培养目标，结合本校实际情况，设计心理健康教育课程体系，课程教材使用优质教材。同时，强调高校学生心理健康教育课程要注重理论联系实际，注重培养学生实际应用能力；充分发挥师生在教学中的主动性和创造性；采用理论与体验教学相结合、讲授与训练相结合的教学方法；要充分运用各种资源丰富的教学手段。因此，采用科学且实用的教材，上好心理健康教育课是极其重要的。

2016 年，国家卫生计生委、中宣部等 22 个部门联合出台的《关于加强心理健康服务的指导意见》（国卫疾控发〔2016〕77 号）指出心理健康是影响经济社会发展的重大公共卫生问题和社会问题，明确要求高等院校积极开设心理健康教育课程，重视提升大学生的心理调适能力，从政策层面上再次强化了高校开设心理健康教育课程的必要性和重要意义。

近年来，在国家政策的指导下，占全国高等教育半壁江山的高职院校纷纷开设心理健康教育课程。在教学实践中，许多教师深刻感受到，高职学生作为一个特殊的社会群体，有同龄人共同的生理及心理特征，也有特殊的心理特点。在面对高职的生活和学习时，他们会面临许多困惑和问题，如对新的学习环境与学习任务的适应问题、自我意识问题、情绪管理问题、理想与现实的冲突问题、人际关系的处理问题、恋爱与性的矛盾问题、网络使用中的心理问题、挫折及压力应对问题、生涯规划与择业问题等。因而加强高职学生的心理健康教育，对于高职学生避免和消除因各种心理冲突或矛盾而造成的心理问题、心理危机及心理障碍，增进身心健康，以积极的、健康的心理状态去适应当前和发展的社会环境，预防精神疾患和心身疾病的发生有着重要的意义。在高职院校中，心理健康教育的形式可以多样，但是心理健康教育课程作为高职院校心理健康教育的一种形式，由于覆盖面广、教育效果好，有着不可替代的作用。那么，心理健康教育课究竟如何上？心理健康教育课到底安排哪些内容会更贴近高职学生呢？作为教学第一线的教师，多年来我们一直在探索，希望编写一本既适合高职院校学生阅读，同时又具有一定的理论性，能够为高职院校教师教学提供参考的高职院校心理健康教育教材。

我们整合了十余位心理健康教育工作者之前的经验，听取了本科院校以及有关专家的建议编写了本教材。本教材采用模块化的构建方式，分为微笑成长、快乐前行、阳光人生三个部分。其中，“微笑成长”包含了“走近心理　了解健康”“直面危机　尊重生命”“揭开面纱　认知两性”“知晓网事　善用网络”四个模块；“快乐前行”包含了“适应大学　遇见美好”“认识自我　精彩人生”“轻松交往　快乐生活”“恋爱密码　解析应对”“情绪管理　积极调控”五个模块；“阳光人生”包含了“我型我塑　完善人格”“学业发展　成就事业”“应对压力　发展策略”“规划生涯　助梦实现”四个模块。本教材内容不仅十分贴近高职学生的身心特点，而且非常注重理论与实践的结合、认知与体验的结合、主动性与创造性的结合。每个模块的起始部分都设置了“学习指南”“能力标准”栏目，让同学们在开始深入学习之前就了解该模块涉及的主题，以及需要学习的知识、掌握的技能与针对相关问题的态度。而“课堂活动”栏目，则鼓励同学们积极沟通，在交流中感悟，在互动中成长。“课后思考”栏目启发同学们进一步思考学习的知识点，巩固、内化学过的知识。“心理知识窗”则向同学们推荐了与各模块有关的小知识，有助于同学们拓宽知识面。每个模块的最后设计了“自我探索”栏目，同学们可以进行和模块内容相关的心理测试。此外，还设计了“知识拓展”栏目，主要选择了在心理学界有较大影响的著名心理学家，通过对他们生平及主要成果的介绍拓宽同学们的视野。

本教材以习近平新时代中国特色社会主义思想为指导，全面融入党的二十大精神，始终把提高学生的思想道德素质与专业素养融为一体，培养学生诚实守信、爱岗敬业等优秀品质，为中国式现代化建设提供高技能人才支撑。

本教材由十位心理健康教育一线专兼职教师参与编写、统稿、审定工作。各模块的编写者分别是：陶爱荣，模块一、模块三、模块五、模块十；龚娜，模块二、模块八；谢菲，模块四、模块十三；芦华，模块六、模块十二；郝梅，模块七、模块十一；孙元元，模块九。陆群、柯晓扬、周红、郑洪利等老师参与了教材框架的设计、教材内容的审定等工作。左陵参加了第一、三模块编写，负责编制各章自我探索板块内容，并对各节课堂活动专栏做了验证工作。谢菲参与了教材的统稿等工作。

本教材的编撰不仅旨在为高职学生提供优质教材，而且希望通过心理健康教育知识的学习与分享，帮助高职学生预防和消除因各种心理冲突或矛盾而造成的心理问题、心理危机及心理障碍，增进身心健康，以积极健康的心理状态去适应社会的发展，以阳光乐观的生活态度去拥抱幸福美好的人生。希望本书能够为高职院校心理健康教育工作者提供借鉴，能够为高职学生提供打开学习心理健康知识的大门。

由于编者水平有限，书中难免存在疏漏和不足，敬请批评指正！

编者

C O N T E N T S

目 录

第一部分 微笑成长

第二部分 快乐前行

第三部分 阳光人生

P A R T 1

第一部分

微笑成长

模块一 走近心理 了解健康

模块二 直面危机 尊重生命

模块三 揭开面纱 认知两性

模块四 知晓网事 善用网络

模块一

走近心理　了解健康

学习指南

随着生活水平的提高，人们对健康的理解也发生了一些变化，越来越多的人，已经不满足于狭义的健康概念，而是把健康和躯体、心理、社会适应等联系起来。本模块我们将和同学们一起走近心理，对健康、心理健康的概念和标准进行讨论，对如何识别心理问题和心理障碍进行探讨，一起去认识心理咨询，共同寻找能够帮助同学们健康成长的策略和方法。

能力标准

分类	具体内容
知识	1. 健康与心理健康的含义 2. 心理咨询的概念 3. 心理问题与心理障碍的识别
技能	1. 掌握心理健康的判断标准 2. 学会识别各种心理问题 3. 区分和掌握不同心理障碍的应对技巧
态度	1. 积极对待心理问题 2. 正确地认识心理咨询 3. 以良好的心态应对心理障碍

单元 1.1

健康与心理健康

案例分享　为什么要开心理健康课？

某高职院校学生的第一堂心理健康课上，老师正和学生分享一个话题：你觉得在高职院校有必要开设心理健康课吗？同学A说："我认为没有必要。高中的老师说考上大学就进入了天堂，课程会很轻松，会有很多可供支配的时间。但事实上，我们的课程安排得很满，还要上什么和我们没有关系的心理健康课，简直是浪费时间。"同学B说："我很健康，我没有心理问题，所以我认为开设这样的课程没有必要。"同学C说："我认为是有必要的，当今社会竞争激烈，很多人都会产生心理问题，了解一些这方面的知识是有好处的。"

分析

从同学们对心理健康课程有无必要开设的讨论中，我们可以看出，有些同学对心理健康的概念和意义还没有真正地了解。事实上，作为大学生中一个特殊群体的高职学生，在成长的过程中或多或少地会面临一些困惑，例如有些同学在自我认知方面存在困惑；有的同学在适应大学生活方面存在困惑；有的同学在情绪管理方面存在困惑；等等。正确地理解心理健康，掌握一些自我调控的方法，有主动寻求帮助的意识，对于高职学生的快乐成长、成才有着非常重要的意义。部分高职学生由于对心理健康概念的理解存有误区，对心理健康课存有抵触情绪，是可以理解的。而这也从另一个角度说明了我们有必要一起走近心理健康。

一、健康

（一）健康的含义

健康一词最早出现于我国儒家经典著作《周易》和《尚书·洪范》中。《周易》曰："天行健，君子以自强不息。"《尚书·洪范》上说："身其康强，子孙其逢吉。"由此我们可以看出，当时人们对"健康"的理解有"刚健""无病"，于是"安乐"之意。1948年，联合国世界卫生组织（WHO）成立时，就在宪章中指出"健康不仅是免于疾病或虚弱，而且是保持身体上、精神上和社会适应方面的完美状态"。1989年，联合国世界卫生组织进一步深化了健康的概念，要求人们不能仅以躯体状态来评判一个人的健康，而应该从躯体健康、心理健康、社会适应良好和道德健康等四个方面综合评判一个人的健康。

健康是随着人们生活水平的不断提高，而逐渐增加其内涵和外延的。在生产力极其低下的人类社会初期，生存是人们的第一需要，人们只关注于如何与自然搏斗，获取食物，满足温饱，以便能够生存，几乎还考虑不到健康的问题。随着生产力水平的提高，人们有了长寿的要求，也开始关注自己的身体健康。身体是否有病是衡量健康与否的标准这一观念持续了数千年，随着社会的发展和文明的进步，人们在追求更高的生活质量的情况下开始重新审视健康这一概念。健康的概念开始涉及生理与心理等多个方面。

（二）健康的标准

世界卫生组织提出了健康的十条标准：

（1）有足够的精力，能从容不迫地应对日常生活和工作压力，而不感到过分紧张；

（2）态度积极，乐于承担责任，不论事情大小都不挑剔；

（3）善于休息，睡眠良好；

（4）能适应外界环境的各种变化，应变能力强；

（5）能够抵抗一般性的感冒和传染病；

（6）体重得当，身体均匀，站立时头、肩、臂的位置协调；

（7）反应敏锐，眼睛明亮，眼睑不发炎；

（8）牙齿清洁、无空洞、无痛感、无出血现象，齿龈颜色正常；

（9）头发有光泽、无头屑；

（10）肌肉和皮肤富有弹性，走路轻松。

二、心理健康

（一）心理健康概念的由来和含义

心理是人脑的机能，是人们在社会实践和日常生活中对客观事物的能动反应。它通常表现为人们对客观事物的体验、看法、态度、倾向和相关的行为。这种反应有的在意识层面，是我们能意识到的；有的在潜意识层面，是我们不能意识到的。如果我们对客观事物的看法、态度等产生了偏差，我们的心理健康就有可能会产生问题。

1. 心理健康概念的由来

19 世纪以前，精神病患者被认为是魔鬼附体，受到了惨无人道的折磨。1908 年 3 月美国一位精神病患者比尔斯（Beers，1876—1943）根据自己的亲身体验，出版了一本名为《一颗找回自我的心》的书，该书在美国社会引起了极大的轰动。1908 年 5 月 6 日，由比尔斯发起，在他的家乡成立了世界上第一个心理卫生组织，该组织提出了保持心理健康、防治心理疾病、提高精神病患者的待遇、普及关于心理疾病的正确知识、与心理卫生有关的机构合作等五项工作目标。1909 年美国全国心理卫生委员会（The National Committee for Mental Hygiene）在纽约成立。1918 年加拿大成立了全国心理卫生协会。在接下来的 20 年中，法国、比利时、英国、巴西、德国、日本等国相继成立了心理卫生组织。1930 年 5 月在华盛顿召开了第一届国际心理卫生大会，53 个国家和地区的代表参加了大会，会上产生了一个永久性的国际心理卫生委员会，它的宗旨是："完全从事于慈善的、科学的、教育的活动。尤其关注于世界各国人民的心理健康的保持和增进心理疾病、心理缺陷的研究、治疗和预防，以及人类幸福的增进。"1949 年，世界卫生组织总部设立了心理卫生部。1960 年被定为"国际心理健康年"，呼吁全人类重视心理卫生。

20 世纪 30 年代，我国著名教育家吴南轩先生首先在中央大学心理系开设了"心理卫生"选修课。1936 年 4 月 19 日在南京正式成立了"中国心理卫生协会"，第二年由于抗日战争爆发，这一工作中断。1985 年 4 月"中国心理卫生协会"恢复。

综上所述，我们可以看出，心理健康（Mental Health）的概念是由心理卫生（Mental Hygiene）的概念延伸而来的。传统的健康观，认为躯体没病就是健康。随着时代的发展，竞争加剧、生活节奏加快，行为和环境因素等都能导致疾病的发生，人们开始怀疑"生物医学模式"。1977 年，美国罗彻思特大学教授恩格尔提出了"生物－心理－社会医学模式"的理论。世界精神病协会的专家认为，从疾病发展史来看，人类已经从"传染病时代""躯体疾病时代"进入"精神病时代"。

在这样一种社会大背景下，大学生群体的心理健康问题也越来越受到专家和学者的关注。1990 年，中国大学生心理咨询专业委员会成立。

2. 心理健康的含义

美国著名的成功学家、人际关系之父戴尔·卡耐基（Dale Carnegie）认为，一个人事业上的成功，只有 15% 归功于他们的学识和专业技术，而 85% 要归功于良好的心理素质和善于处理人际关系。重视心理健康已经成为当今世界的趋势。那么心理健康究竟指的是什么样的一种心理状况呢？很多的专家、学者从不同的角度为心理健康下了描述性的定义：

精神病学者孟尼格尔（Menninger）认为，心理健康是指人们对于环境及相互间具有高效率及快乐的适应情况，不是只有效率、有满足感，或是能愉快地接受生活的规范，而是需要三者具备。心理健康的人应该能够保持平静的情绪、敏锐的智能，具有适应社会的行为和愉快的气质。

心理学家英格里斯（English）认为，心理健康是指一种持续的心理状态，当事者在那种情况下能够进行良好的适应，具有生命力，并且能够充分发展其身心的潜能。这是一种积极的、丰富的体验，而不仅仅是免于心理疾病。

心理卫生学者阿可夫（Arkoff）认为心理健康是指具备"有价值心质"，即有幸福感；和谐（指情绪平衡，以及欲望与环境之间协调）；自尊感（包括自我了解、自我认同、自我接纳与自我评价）；个人成长（潜能充分发展）；个人成熟（个人发展达到该年龄应有的行为）；个人统整性（能有效发挥其理智判断力及意识控制力，积极主动，能应变）；保持与环境的良好接触；从环境中自我独立（独立自主，自由而自律）；有效适应环境。

1946 年，第三届国际心理卫生大会曾为心理健康下过定义："心理健康是指在身体、智能以及情感上与他人的心理不相矛盾的范围内，将个人心境发展成最佳状态。"

综上所述，心理健康是指生活在一定社会环境中的人，智力正常，具有协调关系和适应环境的能力和性格，情绪稳定，行为适度。心理健康不是指对任何事物都能愉快地接受，而是指在对待环境和问题的反应上，能更多地表现出积极的适应倾向。因此，心理健康是一种积极向上的高效而满意的持续的心理状态。心理健康是人的基本心理活动协调一致的过程，即认知、情感、意志、行为和人格完整协调，能顺应社会，与社会保持同步。

（二）心理健康的标准

1. 通用的心理健康标准

对于心理健康的标准，不同国家和地区的专家、学者有不同的诠释，例如：美国心理学家马斯洛和密特尔曼共同提出了十条心理健康的标准，即有充分的自我安全感；充分了解自己，并能恰当评估自己的能力；生活理想切合实际；不脱离周围现实环境；能保持人格的完整与和谐；善于从经验中学习；能保持良好的人际关系；能适度地宣泄情绪和控制情绪；在符合团体要求的前提下，能有限度地发挥个性；在不违背社会规范的前提下，能适当地满足个人的基本需求。

我国学者王沂钊提出了六项衡量心理是否健康的准则，即要有工作而且乐于工作；要有朋友而且要乐于与他人交往；要适当了解自己，并且悦纳自己；能客观地评估他人与认可他人；能与现实环境维持良好的接触；经常保持满意的心情。

我国学者马建青在其主编的《心理卫生学》中提出了心理健康的七条标准，即智力正常；善于协调和控制情绪，心境很好；具有较强的意志品质；个人关系和谐；能动地适应和改造环境；保持人格的完整和健康；心理行为符合年龄特征。

我国著名心理学家郭念锋教授从周期节律性、意识水平、暗示性、心理活动强度、心理活动耐受力、心理康复能力、心理自控力、自信心、社会交往、环境适应能力等十个方面，提出了心理健康的十条标准。

1946 年第三届国际心理卫生大会提出的心理健康标准是：

（1）身体、智力、情绪十分协调；

（2）适应环境，人际关系中彼此能谦让；

（3）有幸福感；

（4）在工作和职业中能充分发挥自己的能力，过有效率的生活。

2. 高职学生心理健康的标准

高职学生从年龄上看，处于青年中期（19 ～ 22 岁），心理正处于从不成熟向成熟发展的阶段。从成长经历上看，存在着许多对其心理发展造成影响的不确定因素。例如，许多高分的学生小学到中学奋斗了 12 年的目标并不是高职这样的学校，在多种不同因素影响下，他们最终选择了高职院校，理想与现实之间存在着较大的差距，这种差距对这部分学生的心理会造成较大的影响；还有些学生一路走来饱受白眼，在老师和家长眼中一直就是不争气的学生，自信心受到较大的伤害；等等。因此，高职学生心理健康的标准既有共性的也有特性的。

（1）具有正常的智力，有学习兴趣和求知欲望。

智力是指人的观察力、注意力、记忆力、想象力、思维力、创造力及实践活动能力等的总和。它是高职学生学习和生活的基本心理条件。衡量高职学生的智力主要是看其智力是否正常充分地发挥了效能。高职学生智力正常且充分发挥效能的标准是：有强烈的学习动机和求知欲望；智力结构中各要素在其学习和实践活动中都能积极协调地参与，并能正常地发挥作用。

（2）具有良好的控制情绪的能力。

情绪是伴随着人的心理活动过程所产生的内心体验，有积极与消极之分。积极情绪指的是愉快、满意、高兴等情绪，有利于心理健康。消极情绪像忧伤、郁闷、沮丧、愤怒等会对心理健康产生负面影响。应当看到，每个人都会遇到不开心的事情，而且这些事情都有可能引发我们产生消极的情绪。心理健康的高职学生，在消极情绪袭来时，能够适时调整并保持情绪的稳定，情绪反应与情境相适应。

（3）具有良好的人际交往能力，人际关系和谐。

和谐的人际关系是心理健康的润滑剂，人际关系的状况能够反映出人的心理健康状况。一个心理健康的高职学生应该是一个善于与人交往和沟通的人，且在交往中能够保持独立而完整的人格；能够客观评价自己和别人，善于取长补短，宽以待人，乐于助人；能够恰到好处地处理个体与个体之间、个体与群体之间的关系，既有广泛而良好的人际关系又有知心朋友。

（4）具有良好的适应环境的能力。

适应环境能力包括能对现实环境做出客观评价的能力，以及正确处理个人和环境之间关系的能力。心理健康的高职学生能够与环境保持良好的接触，维持自我与环境的良好秩序；面对现实环境中的各种困难，不退缩，能够根据环境的特点和自身的状况，以积极有效的方式应对或改善环境适应自身需要，或改变自身适应环境需要，使自己在思想、行为上与环境保持协调一致。

（5）具有良好的意志品质。

有明确合理的学习和生活的目标，并能够排除各种主客观诱惑和干扰，为完成既定目标进行不懈的努力；对自己行动的社会意义有正确的理解，并能够支配自己的行为，使之与法律法规、道德规范、学校的各项规章制度等相互协调；能够辨别是非真伪，信守原则，勇于改正坏习惯，有较好的学习习惯和生活习惯。

（6）具有正确的自我意识，接纳自我。

自我意识是指人对自己与周围世界关系的认知和体验。客观评价自我和能够接纳自我是高职学生心理健康的重要条件。心理健康的高职学生应该能够立足现实，正确看待自己，了解自己的长处与短处，并对此有适当的自我评价；能够接纳进而悦纳自己，真实地感知自己的需要、兴趣，了解自己的价值追求；能够正确评估自己的能力，建立的生活理想和目标符合实际，并能够根据变化调整目标，理想我与现实我基本一致。

（7）心理行为符合高职学生的年龄特征。

人的心理发展通常是与生理年龄相匹配的，什么样的生理年龄就应该伴随什么样的心理特点和行为方式。如果严重偏离，就是心理不健康的表现。

3. 正确理解心理健康标准

了解了心理健康标准后，不少同学可能会对照标准给自己的心理健康状况做一个评估，也可能会有相当一部分同学觉得，我本来认为自己心理很健康，对照标准后反而产生了压力，因此，同学们有必要对心理健康标准有一个正确的理解。

（1）世界上不存在绝对的心理健康或心理不健康，因为心理健康与心理不健康及心理疾病之间不是截然分开的，它们是一个动态发展的连续谱，如图 1-1 所示。

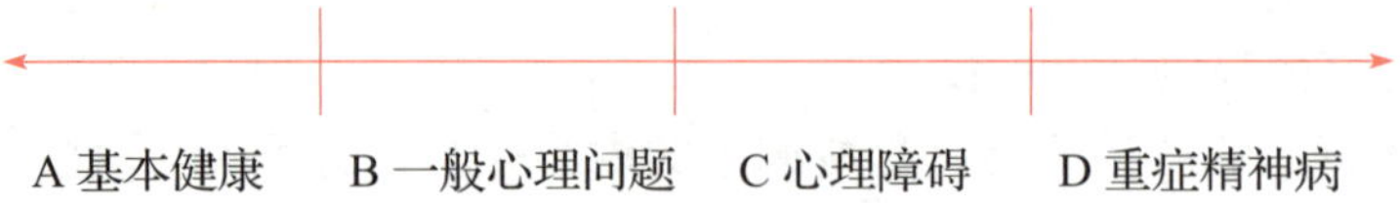

图 1-1　心理健康状态评估

如果我们不注意自己的心理健康，那么状态 A 有可能会变成状态 B 或状态 C 或状态 D。但如果我们注意及时调适自我心理，那么就有可能避免状态恶化。不仅如此，即使已处于不良状态，也可以重新获得基本健康状态。这就告诉我们：心理健康与心理不健康在一定条件下会相互转化。从健康的心理状态到严重的心理疾患是一个缓慢转化的渐进过程，同样心理疾患也可以通过心理咨询和心理治疗向健康的心理状态转化。因此我们要经常关注自己的心理状况，给自己的心灵一些呵护。

（2）心理不健康是指一种持续的不良状态。偶然出现一些不健康的心理和行为并不等于心理不健康，更不等于患了心理疾病。因此，不能仅以一时之事而简单地给自己或他人贴上心理不健康的标签。

（3）心理健康的标准是一个理想的尺度。一些高职学生会感到自身与心理健康的标准存在一些差距，但这个标准只是一个理想的尺度，只要关注自己的心理状况，学会一些自我调节的方法，及时地疏导与宣泄自己的不良情绪，必要时去寻求心理咨询等帮助，每个人都有可能使自己的心理健康水平逐步提高。

（三）心理健康对高职学生成长的意义

1. 心理健康是时代对高职学生的基本要求

21 世纪是一个加速发展的世纪，充满着挑战和机遇，高职学生如何在竞争激烈的环境中立足并能有所作为，实现自我的价值，拥有健康的心理无疑是一个基本的条件。国内外专家认为，21 世纪人才应当具备的素质首先是健康的心理素质。具备良好的心理素质是整个社会对高职学生的基本要求。

2. 心理健康是高职学生自我成长的内在需要

心理健康的高职学生能够正视学习、生活中遇到的挫折，面对冲突和挫折时能够及时地进行积极有效的自我调节，更好地去适应高职生活，为将来走向社会打下坚实的基础。因此，高职学生要自觉培养自己良好的心理素质，为顺利度过高职生活提供心理保证，为自己健康成长提供心理动力。

3. 心理健康有利于高职学生自我意识的发展和个性的完善

心理健康的高职学生具有自我反省与自制力，能够正确认识和评价自己，无论是在顺境还是逆境中都能以乐观态度、进取精神正视现实、正视自己，以社会的道德、法律规范来约束自己。

4. 心理健康是高职学生提高学习效率、提升学习能力的基础

健康的心理能够强化智力活动，促进智力的发展。有研究表明，在学习、思考中，如果伴随着的是愉快的心理体验，那么能够丰富人的智力活动，促进智力的发展，学习也能够达到事半功倍的效果。但如果伴随着的是不良的情绪，则会抑制人的智力活动。

这就是说，只有在愉快的情绪下，思维才能活跃，创造力才会提升。高职学生入学成绩整体不高，进校后他们面临着培养学习兴趣、养成自觉学习的习惯、提高学习效率、提升学习成绩、提高学习能力等任务。只有心理健康的高职学生才能坦然面对这一问题，能够主动积极地克服学习上的困难，意志坚定，自觉学习。

5. 心理健康有利于高职学生良好综合素质的形成和发展

现代社会要求高职学生，既要有良好的思想品德、优异的学习成绩，又要有稳定的情绪、良好的人际交往与沟通能力和较强的社会适应能力等。简单地说，就是要求高职学生有良好的综合素质。良好的综合素质源于心理健康，只有心理健康的人才能够正确地认识自己、接纳自己和管理自己，树立自爱、自尊、自律意识；才能够很好地适应周围的环境，自觉地接受社会道德规范和团体规范的约束，有利于形成良好的道德品质和行为习惯；才能够积极参与集体和社会活动，在实践活动中获得更多培养和锻炼自己的机会，以形成和发展良好的综合素质。

6. 心理健康有助于高职学生潜能的开发

美国心理学家威廉·詹姆斯（William James，1842—1910）曾估计，一个正常健康的人，终其一生只用了他固有能力的 10%。美国著名心理学家奥托也指出：一个人所发挥出来的能力只占他全部能力的 4%，人所具有的能力及其源泉之强大，根据现在的发现，远远超过我们十年前的估测。也就是说，人类潜能的 96% 还未开发。在 21 世纪的今天，高职学生的潜能开发尤为重要，健康的心理会促进高职学生开发自己的潜能。

7. 心理健康有助于高职学生满怀信心地走向社会

高职学生中，有相当一部分同学因为对自身的相貌、自身的家庭状况、自己的学历等存在不满而导致自卑。部分同学已经影响到与人交往、自身发展等多个方面。健康的心理有助于同学换个角度去看待这些在他们看来非常不公平的问题，走出自卑的困扰，重塑自我，建立自信。在面对挫折时，勇于表现自己，善于推销自己，不怕艰难和失败，满怀信心地走向社会。

8. 心理健康有助于提高身体素质，促进健康成长

人的身心是统一的，生理健康会影响人的心理健康，同样，心理健康也对生理健康有着一定的影响。如果一个人经常处在忧虑、烦闷、暴躁、怨恨、嫉妒、焦虑等不良心理状态中，就可能导致生理上的异常，出现身体疾病。因此，消除各种不健康的心理因素，增进心理健康，将会减少患病率，提高身体素质，促进个体健康成长。

课堂活动 理解心理健康

（一）目的

促进对心理健康含义的理解。

（二）过程

将全班同学分成若干组，每组选出组长，由组长组织对下列问题进行讨论并推选一名同学在班级进行分享。

1. 回想一下，你第一次接受心理健康教育是什么时候？你对心理健康的理解是____。

2. 看到课表上有心理健康课程时，你的反应是________________________。

（1）你对学校开设这门课程的看法是________________________。

（2）如果你不想上这门课，原因是________________________。

（3）如果你对这门课有兴趣，你希望通过这门课程获得____________________。

3. 组内推选出一名同学，将组内讨论情况在班级进行分享。

（三）思考

其他同学的分享对你有什么启发？

课后思考

1. 你是如何理解健康和心理健康的？

2. 你是如何理解心理健康对高职学生成长的意义的？

3. 联系所讲的内容，自我检测一下你的心理健康状况。如果 10 分是心理非常健康，0 分是心理非常不健康，你给自己打几分？要想提高 1 分，需要做些什么？

心理知识窗

全国大学生心理健康日

2000 年由北京师范大学心理学院倡议发起并主办了“第一届北京大学生心理健康节”。2004 年 5 月 25 日，团中央、全国学联向全国大学生发出倡议，把每年的 5 月 25 日确定为“全国大学生心理健康日”，健康日取“525”的谐音——“我爱我”之意。

单元 1.2

心理问题与心理障碍

案例分享　爱地巴的自我安慰

有一个叫爱地巴的人，他每次与别人发生争执而生气的时候，就以很快的速度跑回家，绕着自己的房子和土地跑三圈，然后坐在田边喘气。爱地巴工作非常勤劳努力，他的房子越来越大，土地越来越多，但不管房子和土地有多大，只要与人争论生气，他还是会绕着房子和土地跑三圈。所有认识他的人都对爱地巴的行为感到不解，但是不管怎么问他，爱地巴都不愿意说明。

爱地巴越来越老了，他已经跑不动了。他的土地和房屋也越来越多，可他生气时还是拄着拐杖绕着土地和房子走三圈，走完之后太阳都下山了，爱地巴独自坐在田边喘气，他的孙子在旁边恳求他："阿公，您年纪已经太大，这附近也没有人的土地比您的更大，您不能再像从前那样，一生气就绕着土地跑啊！您可不可以告诉我，为什么您一生气就要绕着土地跑三圈呢？"

爱地巴禁不住孙子恳求，终于说出隐藏在心中多年的秘密，他说："年轻时，我一和人吵架、争论、生气，就绕着房、地跑三圈，边跑边想，我的房子这么小，土地这么少，我哪有时间、哪有资格跟人家去生气？一想到这里，气就消了，于是，又把所有时间用来努力工作了。"孙子又问："阿公，您现在年纪这么大了，又变成这方圆百里最富有的人了，为什么还要绕着房、地跑呢？"爱地巴说："我现在还是会生气，生气时绕着房、地走三圈，边走边想，我的房子这么大、土地这么多，我又何必跟人计较，想到这些气就消了。"

分 析

负面情绪的积累会导致心理问题。但在生活中，我们不可避免地会遇到不开心的事情，及时排解是重要的。爱地巴很好地运用了自我安慰、情绪转移、适度宣泄等方法及时化解自己心中的不快，积极调整自己的心态，对同学们会有一些借鉴意义。

一、心理问题

心理问题是指近期发生的内容尚未泛化而只局限于引导事件本身，反应强度不大，并没有严重影响思维逻辑性的暂时心理紊乱状态。如人们日常生活中易出现的焦虑，一时不高兴引起的压抑、郁闷、孤独、烦躁等，但尚未对学习、工作、生活产生严重的影响。

心理学家卡普兰（Canplan）在广泛研究人们心理异变过程的基础上，提出了心理问题的四个发展阶段：

第一阶段是当刺激连续出现时，最初的紧张产生，并使人感到不舒服。

第二阶段是刺激连续、多次出现时，在缺乏成功的应付机制状态下，不舒服感显著增强。

第三阶段是不断上升的紧张情绪转化为强有力的内部刺激，激发了个体内、外部资源，在这一阶段，人们尝试使用紧急问题解决机制，问题也许会被很好地解决或因肯定无法解决而被彻底放弃。

第四阶段是如果问题继续存在，并且既不能被解决也无法避免，紧张必然持续增加，巨大的失衡状态出现。

从卡普兰的研究中可以看出，心理问题存在着一定的层次性，由"简单"起因经"频繁"而累积的有层次的推进过程。

二、心理障碍

（一）心理障碍的含义

心理障碍（Mental Disorder）指人的心理过程和个性发生障碍或异常，或偏离常态，出现功能损害，无能力按社会公认的方式行动，导致社会不适应。

在识别心理障碍者时，应该注意到：心理障碍者肯定偏离常态心理现象，但并非所有偏离常态心理现象的人都患有心理障碍。对心理障碍的判断还应该参照当事人一贯的心理行为表现，以及发生该“异常”行为有无“合理”的原因及解释等。另外，不同的社会制度、风俗习惯也会影响我们对心理障碍的分辨。

我们可以通过以下指标来标识心理障碍（见图 1-2），具体包括：

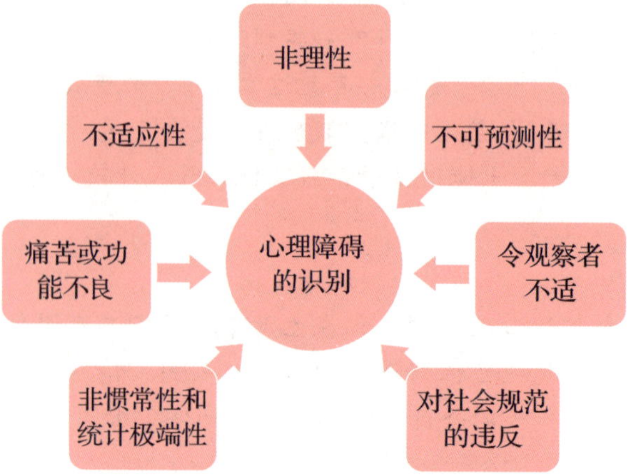

图 1-2　心理障碍识别的主要考虑因素

（1）痛苦或功能不良。例如，一个男生离开家就要哭，无法正常生活。

（2）不适应性。例如，总是无法正常工作，或者对他人的安全造成威胁。

（3）非理性。例如，个体总是对并不存在的声音做出反应。

（4）不可预测性。个体从一个情境过渡到另一个情境的行为存在不可预测性或者没有规律可循。例如一个孩子无缘无故地用拳头打碎玻璃。

（5）令观察者不适。即个体让他人感到威胁或遭受痛苦。如一个女人在大街上自言自语地大声讲话，对试图绕过她的司机造成不适。

（6）对社会规范的违反。个体违反了社会规范对其行为的期望。

（7）非惯常性和统计极端性。个体的行为在统计学上处于极端位置，违反社会公认的或赞许的标准。

（二）常见的心理障碍

1. 神经症

神经症又称神经官能症，是一组非精神病性功能障碍。具有精神和躯体两方面症状，患者常感到痛苦和无能为力；自知力完整或基本完整，病程多迁延；社会功能相对完好。

（1）抑郁性神经症。

抑郁是人类心理失衡时最常出现的问题之一，是大多数人在生活中都会体验到的心理上的“感冒”。抑郁症主要表现为：情绪持续低落，对往常感兴趣的事表现出厌烦、冷淡、无动于衷；对前途悲观；注意力难以集中；自我评价下降；失眠；食欲下降；思维力、记忆力、联想力降低，严重的会感到生命本身没有意义，活着还不如死了，有自杀念头甚至自杀行为。有研究认为，抑郁性神经症可能与中枢神经五羟色胺代谢紊乱有关。

在遭遇重大挫折之后，很多人都有过抑郁的情绪体验，这是正常的。如果这种情绪产生了，我们就要根据自己的情况寻找解决的途径。可以寻找适合自己的宣泄方式，也可以去做心理咨询，力争使自己尽快地摆脱抑郁的情绪。如果抑郁情绪持续时间较长，如超过 2 周就要引起我们的足够重视，有必要去寻求心理帮助。

（2）强迫症。

强迫症是指以强迫症状为主要临床表现的神经症。患者能够意识到强迫症状的异常性，虽违反自己的意愿却无法摆脱。病程迁延者可以以仪式动作为主而减轻精神痛苦，但社会功能严重受损。强迫症可分为强迫思维和强迫行为等类型。

（3）焦虑症。

焦虑是一种内心紧张、预感到似乎即将发生不幸时的心境。几乎人人都有过焦虑情绪的体验。从心理学的角度去看，焦虑情绪具有保护的意义。事实上，适度的焦虑有助于我们发挥得更出色，但无端的、过度的焦虑则被视为一种病态行为。焦虑症的临床形式有惊恐障碍和广泛性焦虑障碍两种。

（4）恐怖症。

恐怖症是以对特定的事物或情境发生恐惧为特征的一组神经症性障碍。以过分和不合理地惧怕外界客体或处境为主要表现。其主要特点为：对某些客体或处境的恐惧程度与实际危险不相称；发作时伴有头晕、心慌、颤抖、出汗甚至昏倒等自主神经症状；对恐惧对象有回避行为；知道这种恐惧是过分的、不合理的、没有必要的，但无法控制。恐怖症分为广场恐怖症、社交恐怖症和单纯恐怖症三种类型。

（5）神经衰弱。

神经衰弱是指以脑和躯体功能衰弱为主要特征的神经症。表现为精神易兴奋，但易疲劳；注意力难集中；对声、光、噪声敏感；易烦恼、易激惹等情绪症状和肌肉紧张性疼痛、睡眠障碍等生理功能紊乱。

（6）躯体形式障碍。

躯体形式障碍包括躯体化障碍、疑病症、躯体形式的植物功能紊乱以及躯体形式的疼痛障碍等。

2. 性心理障碍

性心理障碍指具有异常性行为的心理障碍。特征是有变换自身性别的强烈欲望；采用与常人不同的异常性行为满足性欲；对不引起一般人性兴奋的人物或情景，有强烈的性兴奋作用。

3. 人格障碍

人格障碍是指人格特征明显偏离正常，形成了一贯的反映个人生活风格和人际关系的异常行为模式。这种模式可造成社会环境适应不良，使患者感到痛苦。

4. 精神病性障碍

精神病性障碍患者中的多数人在自己患病期间，丧失理性，对自己的异常心理表现完全失去自我辨认能力。

（1）精神分裂症。

精神分裂症（Schizophrenia），以精神活动的不协调或脱离现实为特征，患者具有感知、思维、情感和意志行为等多方面的障碍。患者通常意识清晰，智能多完好，可出现某些认知功能损害。常见的有青春型、偏执型、紧张型及单纯型等四种类型。

（2）反应性精神障碍。

反应性精神障碍又名应激性精神障碍，是指一组有严重或持久的精神创伤所引起的精神障碍。精神创伤是诱发疾病的主要因素，一旦精神创伤因素消除，症状也随之消除。

（3）偏执性精神障碍。

偏执性精神障碍又名妄想性障碍，是一种以系统妄想为突出临床表现的精神性障碍。患者人格可以保持完整，并有一定的工作及社会适应能力。

（4）器质性精神障碍。

器质性精神障碍是指由于脑部炎症、寄生虫、梅毒、肿瘤、脑血管病、脑外伤等原因引起的精神疾病，主要表现为意识模糊、遗忘及痴呆。

（5）症状性精神障碍。

症状性精神障碍是指由内分泌、营养代谢及除脑部以外的各脏器疾病等引起的精神疾病。

三、高职学生常见的心理问题

在多年的心理咨询中，我们发现在高职学生群体中，有因精神疾病休学或退学的学生，也存在部分患有抑郁、强迫症的同学，但是心理状况总体是好的。来咨询的学生中所表现出来的问题多数都是健康人群存在的心理问题，主要表现为以下几个方面：

（一）人际交往问题

人际关系问题是高职学生最常见的问题，处理不好会影响到高职学生的学习、生活。绝大多数同学主观上都是想与同学搞好关系的，但是，由于缺乏必要的交往技巧而产生了烦闷、痛苦等情绪。也有些高职学生性格孤傲、自我封闭，不愿与人交往。这一部分学生会被其他同学视为“另类”，如果不能改变自我，将会影响到以后对社会生活的适应。

（二）新生适应问题

进入高职院校后，面对新的集体、新的生活方式、新的学习方式，一些同学出现了明显的适应困难，并由此产生压抑、焦虑等心理问题。

由于每个高职学生的成长经历不同，家庭环境及受教育的环境不同，并且个性特点与自我调控能力存在差异，在适应高职生活的时间上也存在明显的不同。同学们应该要认识到这一点，并且给自己时间去主动适应，不要盲目地做出退学、休学等决定。

（三）恋爱与性问题

高职学生正处于生理发育的青春成长期，性心理发展已逐渐成熟，对情感产生了强烈的需求。然而许多高职学生对于自己该寻找什么样的爱情、如何区分爱情和喜欢、如何正确面对失恋、如何正确面对性等问题，感到迷茫与困惑。有些高职学生无法承受失恋的痛苦而自我消沉，甚至对恋爱对象采取报复等极端的手段；有些高职学生暗恋某位同学，明知没有可能性，却难以自拔而异常痛苦；有些高职学生担心处理不好恋爱与学业的关系而引发困惑；有些高职学生存在着校外同居等问题引起的焦虑、担忧等；还有些高职学生因为性心理上存在问题，造成了非常大的心理压力。

（四）学习心理问题

高职院校的学习特点是学习的自主独立性，教师只是学习的指导者，学生是学习的主体，高职院校的学习内容也与中学时有了较大的差异，相当一部分高职学生面对新的学习状态不知所措，一下子感觉到找不到目标了，加之高职学生的自我管理及约束能力相对较弱，即使给自己制定了学习目标，也难以持之以恒，感到迷茫和困惑；有些高职学生在填报志愿的时候，对专业不了解，进校后觉得所学专业并非自己喜欢的，无法调动学习积极性，但又觉得如果不学习就是荒废时间，对不起父母，由此引发心理冲突；也有些高职学生因为学习成绩与自己的期望值之间存在较大的差距而产生自我否定；还有些高职学生对自己要求不严，考试作弊，面临校级处分时引发了情绪低落。

（五）自我认识问题

自我认识偏差是高职学生中常见的心理问题，有些高职学生是带着自卑走进高职院校的，看着昔日高中的同学考取了本科院校，觉得自己付出了十二年的努力，结果却进了高职院校，产生了自卑心理；也有些高职学生由于对个人家庭、相貌、交往能力等不是很满意而产生了自卑心理；还有些高职学生自我感觉太好，由于盲目的心理优势而过于自负。相当一部分高职学生对自己的现状不是很了解，不能恰当评价自己。

（六）求职择业问题

多数高职学生的职业定位应该是企业中一线的技术工人，在目前就业压力比较大的情况下，职业选择的局限性很大，这往往和高职学生的期望值不是很符合，导致部分高职学生产生心理困惑。具体表现在：不了解与自己个性、能力相匹配的职业领域，不能正确把握就业机会；对自己没有信心，惧怕职业选择；过分地依赖父母、学校，缺乏独立求职的观念和积极自荐的意识，缺乏择业的主动性；在择业中过分高估自己的实力，错失良机；等等。

（七）网络成瘾问题

上网成瘾，形成网络依赖，或陷入网恋不能自拔，使得一部分高职学生严重影响了学业，甚至被迫退学。

课堂活动 寻求对策

（一）目的

促进同学在遇到心理问题时寻求对策。

（二）过程

以宿舍为单位形成若干组，每组选出组长，由组长组织对下列问题进行讨论并推选一位同学在班级进行分享。

（1）讨论问题：

问题一：你当下遇到的心理问题有哪些？这些问题对你的心理产生了哪些影响？

问题二：你能想到的解决问题的对策有哪些？

（2）组内推选出一名同学，归纳组内同学的对策在班级进行分享。

（三）思考

其他同学的对策对你有哪些帮助？

课后思考

1. 如何正确理解心理问题？
2. 高职学生常见的心理问题有哪些？
3. 抑郁症的主要表现有哪些？

心理知识窗

心理学的使命

心理学从1879年取得独立学科地位以后，就面临着三项主要使命：

1. 治疗人的精神或心理疾病。
2. 帮助普通人生活得更充实幸福。
3. 发现并培养具有非凡才能的人。

单元 1.3

心理咨询认知

案例分享　打开不同的窗户

小女孩趴在窗台上看窗外的人正在埋葬她心爱的小狗，不禁泪流满面，悲痛不已。她的爷爷见状，连忙把她带到另一个窗口，窗外鲜花盛开，那是一片美丽的玫瑰花园，小女孩的愁云为之一扫，顿时满面笑容。爷爷托起孙女的下巴，语重心长地说："孩子，你开错了窗户。"

分析

这个案例告诉我们，打开不同的窗户可以看到不同的风景，若要远离悲伤和不愉快，就要开对窗户。但是对于同学们来说，我们时不时地会开错窗户，当遇到这样的情况时有些同学会很快地找到应对的策略，但也有些同学会长时间地陷入困惑、烦恼，而无法顺利找到另一扇窗户。如果遇到这样的困惑，你是否能够尝试着去了解并接纳心理咨询呢?

一、心理咨询的含义

咨询一词源于拉丁语“consuitatio”，英语为“counsel”，有商讨、劝告、质疑等意思。心理咨询（Psychological Counseling）是在咨询的概念上延伸出来的特指在心理方面给咨询对象以帮助、劝告、引导的过程。心理咨询发展至今已有近百年的历史，但国内外心理学界对于心理咨询的定义仍未能统一。

美国著名心理学家罗杰斯（Rogers）认为：心理咨询是一个过程，其间，咨询员与来访者的关系能给予后者一种安全感，使他可以从容地开放自己，甚至可以正视自己过去曾经否定的经验，然后把那些经验融合于已经转变了的自己，做出统合。

帕特森（Paterson）认为：咨询是一种人际关系。在这种关系中，咨询人员提供一定的心理氛围和条件，使咨询对象发生变化，做出选择，解决自己的问题，并且成为一个有责任感的独立的个体、一个更好的人和更好的社会成员。

日本心理学家仓石精一将心理咨询定义为：在心理适应方面存在问题并需要帮助解决的个人，与受过专门训练并具备咨询资质的专家面谈。其中，咨询专家主要通过语言手段对其施以心理影响，这个帮助求询的人解决问题的过程就是心理咨询。

中国香港学者林孟平对心理咨询的定义是：心理咨询是一个过程，在这个过程中，一位受过专业训练的心理咨询员致力于与来访者建立一种具有治疗功能的关系，来协助对方认识自己、接纳自己，进而欣赏自己，以致克服成长中的障碍，充分发挥个人的潜能，使人生统合并有丰富的发展，迈向自我实现。

北京大学心理系钱铭怡教授认为，心理咨询具有如下特征：其一，体现着对来访者进行帮助的人际关系；其二，心理咨询的过程是涉及一系列心理活动的过程；其三，心理咨询属于一个特殊的服务领域。

上述国内外专家学者对心理咨询的解释，虽有不同之处，但存在一些共同的特征。综合上述观点，我们认为：心理咨询是通过人际关系，运用心理学理论和方法，给咨询对象以帮助、启发，以协助其自强自立的过程。通过心理咨询，可以使咨询对象在认识、情感和态度上有所变化，解决其在学习、工作、生活、疾病和康复等方面出现的心理问题，从而更好地适应环境，保持身心健康。

二、心理咨询的原则

心理咨询的原则是心理咨询师在工作中须遵守的基本要求，是有效运用咨询方法和技术与来访者建立良好关系的重要条件，也是取得良好咨询效果的重要保证。心理咨询的原则有很多，其中，高职院校心理咨询师在心理咨询中必须遵守以下基本原则：

（一）保密原则

保密原则是心理咨询中最为重要的原则。这一原则要求咨询师，如果没有得到来访学生的同意，在正常情况下不得将在咨询中来访学生的言行泄露给任何人或机构。

对于一些特殊情况，咨询师也必须规范处理方式：

第一，在进行案例研究、教学、演讲或发表有关文章而需要使用来访学生的个人资料时，要注意文字技巧，使其不至于被他人对号入座。

第二，在需要与其他咨询师、教师或其父母等交换意见或采取配合措施时，先需要向来访学生说明这样做的理由以及准备如何与第三方交流的方案，争取得到来访学生的理解和信任。

第三，咨询师在咨询过程中意识到来访学生有自杀或攻击他人的倾向、破坏公共设施的企图以及法庭要求提供个案资料时，均属于保密例外。

（二）自愿原则

“来者不拒，去者不追”，强调来访学生必须出于完全自愿是心理咨询工作中所应遵循的原则。

学校咨询有其特殊性，特别是从目前高职院校学生的现状看，有相当一部分学生心理健康意识相对比较淡漠，对心理咨询的认知还存有误区。因此，可以引导学生来咨询，但不能利用教育者的身份强制学生前来咨询。

（三）平等原则

咨访关系是一种没有上下级之分，没有指导者和被指导者之分的平等关系。在学校咨询中，咨询师更要处理好教师与学生之间的关系，以平等的身份接待来访的学生。

（四）时间限定原则

一次咨询时间一般定为 50 分钟左右，原则上不能随意延长咨询时间。咨询次数一般为一周一次，特殊情况下可以增加到两次。咨询时间的限定，可以让来访学生能够更加珍惜并有效利用每一次咨询机会。但是，咨询时间的限定也不是绝对的，对于一些特殊的学生，可以根据实际情况适当调整时间和频次。

（五）感情限定原则

感情限定原则是指咨询师不得与来访学生在咨询室以外的地方有亲密接触和交往，也不能将自己的情绪带进咨询过程，不对来访学生在感情上产生爱憎和依恋，更不能在咨询过程中寻求在爱憎、欲求等方面的满足和实现。

（六）中立性原则

每位咨询师都会有自己的价值取向，对客观事物也有着自己的评价。但在咨询中，咨询师不能以自己的价值取向作为参照点去评判来访学生，要保持一种中立的态度，与来访学生共同探讨，促进其对原有的观点进行自我审视，从而获得成长。

（七）非指导性原则

授之以鱼，不如授之以渔。咨询师对来访学生的问题不做直接建议和提示，而是启发和鼓励来访学生自我理解、自我改变，促进其心理成熟和成长。

（八）预防重于治疗原则

学校心理咨询是为全体学生服务的，高职院校心理咨询师的工作除了对来访学生心理问题的个别咨询外，更重要的是心理健康知识的普及和宣传，使尽可能多的学生增强心理健康意识、掌握心理调节的方法，提高广大学生的心理健康水平，真正发挥学校心理健康教育的作用。

（九）发展性原则

高职院校学生的心理问题多数为适应、交往、情感和学习等方面遇到的困惑。因此咨询师要以发展变化的观点来看待来访学生的问题，不宜轻易将来访学生的问题归为某种心理障碍或某种疾病。

（十）坚持性原则

由于来访学生个性特点不同、要解决的问题不同，心理咨询所需要的次数也会存在差异。心理咨询过程有可能不是直线发展的，咨询中可能会因为来访学生认识的变化、环境的影响而产生反复和周折，因而咨询师和来访学生都要能够坚持，这样才有利于咨询效果的巩固和提高。

三、心理咨询的形式

心理咨询的形式按照不同的标准可以有多种划分，高职院校目前的心理咨询形式主要有以下几种。

（一）按咨询的内容划分

1. 发展咨询

发展咨询主要是帮助来访学生更好地认识自己和社会，充分开发心理潜能，增强适应能力，提高自我生活质量，促进身心全面发展。发展咨询所涉及的内容非常广泛，高职院校学生心理咨询也多属于发展咨询范畴。

2. 障碍咨询

障碍咨询是针对存在不同程度心理障碍的来访学生进行的心理咨询。对于高职院校的心理咨询师来说，界定障碍咨询学生的心理障碍程度及类型尤为重要。心理咨询师要明确自己的能力，对较为严重的心理障碍学生要及时转介。

（二）按来访学生是否本人划分

1. 直接咨询

直接咨询是指由学校的心理咨询师对来访学生本人直接提供心理咨询，它是心理咨询最常见的方式。它的特点是通过咨询师与来访学生的直接交往和相互作用，使来访学生的心理问题得到解决。同学们可以采用门诊、书信、电话、网络咨询等形式进行直接咨询。

2. 间接咨询

间接咨询是指学校心理咨询师对来访的教师、辅导员、学生家长及其他人员所反映的当事学生的心理问题提供咨询。间接咨询的特点是在咨询师和当事学生之间增加了一道中转程序，咨询师靠中转人收集当事学生的各种材料，对当事学生的处理意见也靠中转人传达实施。因此，在间接咨询中，如果不能处理好咨询师与中转人之间的关系，不能使咨询师的意见被中转人转达，促使当事学生接受并合理实施，就会影响咨询效果。

（三）按来访学生数量划分

1. 个体咨询

个体咨询是指咨询师与来访学生一对一的，在特定的心理咨询室所做的心理咨询活动。个体咨询具有保密、易于交流、触及问题深刻、便于个案积累和因人而异等优点，是心理咨询最常用的形式。个体咨询可以是面询，也可以通过电话、网络、信函等途径进行。

2. 团体咨询

团体咨询又称集体咨询、小组咨询或群体咨询。凡是同时对多个来访学生提供咨询的方式都属于团体咨询。团体咨询具有咨询效率高、咨询效果易于巩固等优点，但团体咨询由于难以顾及个体差异、来访学生因为有顾虑而难以暴露深层次的问题等，而存有一定的局限性。

（四）按来访途径划分

1. 门诊咨询

门诊咨询是指有心理困惑的学生到学校开设的心理咨询室进行咨询。门诊咨询由于具有掌握信息全面、咨询师可利用最直接的信息消除来访者的顾虑、可以利用非语言给予来访学生以支持使咨询深入下去的特点，从而成为心理咨询中最主要且最有效的方法。

2. 电话咨询

电话咨询是利用电话通话的方式对咨询学生给予劝告、安慰或对知情者进行危机干预及指导的一种咨询形式。这种形式比较适用于对紧急情况的处理。目前有许多高职院校设置了电话热线，用于心理危机的紧急干预和自杀的防范，确实起到了非常好的作用。但一般来说，除了一些紧急状况，我们更主张学生进行面询，因为在心理咨询中语言虽然收到了很好的效果，但很多情况下非语言的作用不可忽视。

3. 通信咨询

通信咨询是指由心理咨询机构以通信方式对咨询学生及相关人员所提出的心理问题给予解答、指导的咨询方式。其优点是不受居住条件的限制，可以随时随地通过信件诉说自己的苦恼或愿望。缺陷是咨询效果可能会受到咨询学生的书面表达能力、理解能力及个性特点的影响，也会因为信件往返时间长，咨询双方的非语言交流受限等影响咨询效果。

4. 网络咨询

网络咨询可以采用在线及电子邮件咨询等形式。网络咨询比较适合于一些不能接受去心理咨询室做咨询的学生，或者假期里有咨询意愿的学生。目前有些高职院校建有自己的 QQ 群，通过 QQ 聊天的形式提供心理咨询；有些高职院校建有自己的网站，提供在线咨询；还有些高职院校公开了心理咨询的邮箱，为学生提供网络咨询服务。

四、心理咨询的误区

随着社会的进步及人们对自身生活质量的追求，已经有越来越多的人开始接受心理咨询这样一种形式。高职院校的学生中，也有相当一部分学生能够在遇到困惑或情绪压抑的时候去做心理咨询。但是还是有一部分学生，对心理咨询存有认知误区。这些误区制约了高职院校心理咨询工作的顺利开展。

（一）误区一：可以接受躯体上的疾病，不能接受心灵上的“感冒”

部分高职学生当面临困惑、心情压抑的时候，选择的是默默承受，而不是积极寻求帮助。

对于存有这种看法的同学，也许我们一起回顾学校心理咨询的历史，再探讨心理咨询的现状，会对你消除误区有所帮助。心理咨询在高校的兴起与发展至今已有七八十年的历史了。美国大学生心理咨询起步于 20 世纪 40 年代，日本起步于 20 世纪 50 年代，我国台湾地区起步于 20 世纪 60 年代、香港特别行政区起步于 70 年代、大陆地区大学生心理咨询起步于 80 年代。从目前的情况看，国外的一些国家心理咨询起步较早，也已相对成熟，重要的是已经被众多的人群所接受。据一项调查显示，美国每 1 000 人中就有一个心理咨询师，许多家庭有自己的私人心理医生，心理治疗已被纳入医保体系，费用可以报销。在美国，有 30% 的人定期看心理医生，80% 的人会不定期去心理诊所。试想一下，在温饱问题还没有解决的情况下，会有人关注自己的心理是否健康吗？由此我们也可以看出，心理健康意识的增强，是社会文明与进步的产物，是人们关注自己生活质量的重要体现。

（二）误区二：去心理咨询的人都是病人

部分高职学生之前从未接受过心理健康教育，对心理咨询的理解还停留在“去心理咨询的人都是病人”这样一个层面上，当然就不愿意去做心理咨询。

对于存有这种误区的同学，可能是因为对目前学校心理咨询的对象还不太了解。学校心理咨询的对象主要是在心理适应和心理发展上需要帮助的人，而不是精神病患者、明显人格障碍、智力低下或脑器质性病变的患者。由此我们可以看出，学校心理咨询针对的群体主要是健康人群，提供以发展咨询为主的咨询。随着同学们对心理咨询知识的了解，相信大家会逐步接受和接纳这样的一种形式。

（三）误区三：担心隐私泄露

部分高职学生对心理咨询存有疑虑，担心“我的‘秘密’是否会传到其他同学的耳朵里？”

对于存有这种误区的同学，如果对心理咨询的原则有所了解的话，你就可以完全打消顾虑了。你和咨询师谈话的内容除了保密例外的规定外，都会留在心理咨询室，你的同学和老师都不会知道。即便是涉及保密例外的内容，咨询师也会注意方式方法，在最小的人群中有限地公开一些内容，最大限度保护你的利益不受侵犯。

课堂活动 理解心理咨询

（一）目的

促进同学对心理咨询的理解。

（二）过程

10个同学为一组，自由组合，每组选出组长，由组长组织对下列问题进行讨论并推选一位同学在班级进行分享。

（1）讨论问题：

问题一：选择小组的理由是什么？

问题二：如果你遇到了困惑，会选择做心理咨询吗？会选择哪种方式做心理咨询？

（2）组内推选出一名同学，归纳组内同学的想法在班级进行分享。

（三）思考

其他同学的分享对你有哪些触动？

课后思考

1. 简述心理咨询的含义。
2. 你是如何理解心理咨询中的保密原则的？
3. 心理咨询的形式有哪几种？

心理知识窗

心理咨询

《心理学百科全书》（1984）中对心理咨询的定义为：心理咨询始终遵循着教育的而不是临床的、治疗的或医学的模式，咨询对象不是病人，而被认为是在应付生活中的压力和任务方面需要帮助的正常人。咨询心理学家的任务就是教会他们模仿某些策略和新行为，从而能够最大限度地发挥自己已有的潜能，或形成更为适当的应变能力。咨询心理学家强调发展的模式，他们试图帮助咨询对象得到充分的发展，并扫除其正常成长过程中的障碍。

自我探索 心理健康测试

对以下40道题，如果感到“常常是”，请画“√”；“偶尔是”，画“Δ”；“完全没有”，画“×”。

1. 平时不知为什么总觉得心慌意乱，坐立不安。

2. 上床后怎么也睡不着，即使睡着也容易惊醒。
3. 经常做噩梦，惊恐不安，早晨醒来就感到倦怠无力、焦虑烦躁。
4. 经常早醒 1 ~ 2 小时，醒后很难再入睡。
5. 学习的压力使自己感到非常烦躁，讨厌学习。
6. 读书、看报时，甚至在课堂上也不能专心一致，往往自己也搞不清在想什么。
7. 遇到不称心的事情便较长时间地沉默少言。
8. 感到很多事情不称心，无端发火。
9. 哪怕是一件小事情，也总是放不开，整日思索。
10. 感到现实生活中没有什么事情能引起自己的兴趣，郁郁寡欢。
11. 老师讲概念，常常听不懂，有些问题记得快，忘得也快。
12. 遇到问题常常举棋不定，迟疑再三。
13. 经常与人争吵发火，过后又后悔不已。
14. 经常追悔自己做过的事，有负疚感。
15. 一遇到考试，即使有准备也紧张焦虑。
16. 一遇到挫折，便心灰意冷，丧失信心。
17. 非常害怕失败，行动前总是提心吊胆、畏首畏尾。
18. 感情脆弱，稍有不顺心，就暗自流泪。
19. 自己瞧不起自己，总觉得别人在嘲笑自己。
20. 喜欢和比自己年幼或能力不如自己的人一起玩或比赛。
21. 感到没有人理解自己，烦闷时很难使自己高兴。
22. 发现别人在窃窃私语，便怀疑是在背后议论自己。
23. 对别人取得的成绩和荣誉常常表示怀疑，甚至嫉妒。
24. 缺乏安全感，总觉得别人要加害自己。
25. 参加春游等集体活动时，总有孤独感。
26. 害怕见陌生人，人多时说话就脸红。
27. 对黑夜行走或独自在家有恐惧感。
28. 一旦离开父母，心里就不踏实。
29. 经常怀疑自己接触的东西不干净，反复洗手或换衣服，对清洁极端注意。
30. 担心是否锁门和可能着火，反复检查，经常躺在床上又起来确认，或刚一出门又返回检查。
31. 站在经常有人自杀的场所，如悬崖边、大厦顶、阳台上，有摇摇晃晃要跳下去的感觉。
32. 对他人的疾病非常敏感，经常打听，生怕自己也身患疾病。
33. 对特定的事物、交通工具（电车、公共汽车等）、尖状物及白色墙壁等有恐怖倾向。
34. 经常怀疑自己发育不良。
35. 一旦与异性交往，就脸红心慌或想入非非。
36. 对某个异性伙伴的每一个细微行为都很注意。
37. 怀疑自己患了癌症等不治之症，反复看医生或去医院检查。

38. 经常无端头疼，并依赖止痛或镇静药。
39. 经常有离家出走或脱离集体的想法。
40. 感到内心痛苦无法解脱，只能自残或自杀。

评分方法：

√得 2 分，Δ 得 1 分，× 得 0 分。
1. 0 ~ 8 分，心理非常健康。
2. 9 ~ 16 分，属于心理健康的范围，但应该有所注意。
3. 17 ~ 30 分，在心理方面存在一些问题，应采取适当的方法进行调适，或找心理辅导老师寻求帮助。
4. 31 ~ 40 分，有可能患了某些心理疾病，应找专门的心理医生进行检查治疗。
5. 41 分以上，有较严重的心理障碍，应及时找心理医生治疗。

自我测试之后，有些同学可能会感到很诧异：我自认为自己心理很健康，怎么测试的分数却和自己想的不一样呢？其实，影响测试的因素很多，有你对题目的理解的因素，有测试时个人的心态的问题，还有测试本身的信度和效度的问题，也有如何理解和看待心理是否健康的问题。如果你的测试分数较高，不要着急，可以先思考一下原因。如果确实觉得自己存在心理困惑，可通过心理咨询等方式，寻求帮助。

知识拓展　维克多·弗兰克

维克多·弗兰克（Viktor Frankl）出生于维也纳的犹太人家庭。1930 年获得维也纳大学医学博士学位，1937 年开办了自己的精神病和神经症诊所。1942 年，弗兰克和他的妻子、父母、弟弟被逮捕，并被送到纳粹集中营。他的父亲在集中营中死于饥饿，他的妻子、母亲和弟弟被杀害。他们家只有他和早年移民澳大利亚的姐姐幸存了下来。

面对失去众多亲人带来的伤痛，弗兰克努力调节自己的情绪，在集中营期间，还常为难友做集体心理咨询，鼓励他们苦中作乐，教他们运用有利于自我激励的积极想象法，鼓励他们面向未来等。二战结束后，弗兰克发表了自己的学说，系统地阐述了他在集中营中通过观察、思考而建立的"意义治疗说"。在弗兰克看来，人有寻找意义的需要，人不单单是生物、遗传和环境的产物，对意义的需要是人最基本的动机之一。人无论在多么恶劣的环境中，即使在像集中营那样极端悲剧性的环境中，人都能为自己的存在寻找出意义。而人一旦有了生存的意义，就能够健康地生活。弗兰克的"意义治疗说"和他的健康人格观揭示了人有对意义的需要，而且以他个人极为独特的经历证实了人是由自我决定的，人不仅仅是活着而已，人总是要决定他的存在到底应成为什么，而且人在任何时候都有改变和选择的自由。

从弗兰克的经历和由他创造的理论中可以感悟到很多有意义的东西，但同时也应该看到，弗兰克的理论存在一定的片面性，我们应该认识到，生命中我们不仅可以发现意义而且可以创造意义，只有这样我们的生活才会更丰满充实而充满意义。

总结案例 主动寻求帮助

小A是某高职院校大二学生，在上完第一次心理健康课后他主动来到了学校心理咨询室。小A自述，原本自己觉得心理健康课跟自己没有关系，学校课程安排那么满，完全没有必要再开设这门课，可是上了第一次课后发现自己有很多心理问题。例如：由于学习成绩不好，长期承受各种白眼，导致自己不太愿意与人相处，也不知道如何与人相处，有些自卑；情绪控制上也有问题，昨天还在电话里和妈妈大吵了一架，心里知道她是对我好，但是始终不能接受她那种教训的口吻，妈妈在电话那头哭，我心情也很受影响，但这几乎是我和她相处的常态……之前我没有认真思考过这些问题，也不觉得这和心理有关，可心理健康课让我开始觉得自己是一个有心理问题的人。老师，我该怎么做呢？

分析

像小A这样之前没有接触过心理健康教育，最初持有排斥心理健康课的同学，在高职学生中还是比较普遍的。事实上，每位同学在成长的过程中，由于遗传的因素、家庭的教育、社会环境的影响，都或多或少存在一些心理问题。对于大多数高职学生来说，这些都是成长过程中不可回避的。如果在大学里同学们认识到这些，并能够找到产生心理困惑的根源，积极寻求帮助，是能够打破原有模式，重建积极、更具适应性的模式的。

模块一　课堂反馈

模块二

直面危机　尊重生命

学习指南

生命对于所有人而言都只有一次，它是人们实现理想、体现自我价值的基石。但是当代高职学生由于学业、就业、人际和恋爱等原因，越来越多地呈现出对生命的漠视。据中国心理卫生协会危机干预专业委员会发布的数据，在中国，自杀是总人口的第 5 位死因、15 ～ 34 岁人群的首位死因。中国每年有 28.7 万人死于自杀；200 万人自杀未遂。

近年来，频发的高职学生自杀或伤人事件让我们必须重视生命教育。本模块将和同学们一起探讨生命的意义和价值，了解心理危机的成因，帮助同学们构建起良好的生命危机应对系统。

能力标准

分类	具体内容
知识	1. 生命教育的内涵 2. 心理危机的成因及特点 3. 心理危机的自我调适
技能	1. 生命价值三维性的构建 2. 学会识别危机信号 3. 掌握应对心理危机的自助及求助方式
态度	1. 树立正确的生命观 2. 科学地看待心理危机事件 3. 以积极的心态寻找心理危机应对资源

单元 2.1

生命教育概述

案例分享　李同学的遭遇

某高职院校李同学，临近毕业找工作的压力骤升，眼看着身边的同学一个个都落实了工作单位，心里不免焦急。在四处碰壁后，他又开始埋怨父母没有能力，无法为自己解决找工作的困难，并因为工作问题和父母多次发生争执，最后一时想不开竟自杀，被同学发现后紧急送医。父母知道后，痛苦不已，一方面对李同学的行为表示愤怒，另一方面却又不断自责，觉得是自己不够关心李同学，才让他产生了极端的行为。

分析

从李同学的案例我们可以看出他对于生命的价值和意义理解还不够充分，简单地认为生命属于自己，生死应该由自己决定。南京大学桑志芹教授曾经说过这样一句话："现在很多大学生之所以如此地轻视生命，是因为他们把生活中的不幸上升到了生命的不幸。"其实，在我们人的一生之中，谁都会遇到所谓的不幸，每个人的生活都有不如人意之处，可是却并非每个人都会选择"放弃"，更多的人选择的是"坚持"。其实放弃生命并不能解决任何实际的困难，这一行为所产生的结果只是将伤害和痛苦转嫁给了自己的亲人。试想一下，如果李同学没有被救回来，那么他的父母一生都会活在痛苦之中，这种痛苦真的是李同学想带给父母的吗？

一、生命是什么

什么是生命，这是千百年来无数哲人探寻的问题，虽然当我们有意识之后，生命便实体性存在了，但我们还是对生命有诸多好奇。从心理学的研究层面来看，生命是指一个人从出生到死亡的这一区间里，选择以何种方式去定义和体现生命的价值。让我们一起来看看在高职学生的眼里，生命究竟意味着什么。

在某高职院校的心理健康课课堂上，心理老师请同学们根据自己的想法给生命赋予一个概念，并画上一些简单的图符来表达文字的内容。在分享的时候，有些同学谈到生命是一颗心，心脏跳动代表着生命的活力，而心也意味着生命存在的意义是要为社会贡献爱。有些同学说，生命是小草，看似平凡却可以很坚韧，大自然虽然有花有树，但它们却无法代替草的存在，这说明生命的意义在于每个人都有存在的价值。有些同学说，生命是手拉手，小时候是父母拉着自己的手，长大后就变成了自己去拉父母的手，生命的意义就是传承和感情的依恋。

生命是什么，在每个人的眼里、心里都有不同的定义，但不可否认的是生命对每个人而言都是最珍贵的礼物。我们所能做的就是将这份礼物以最美的姿态展现给更多的人。

二、生命教育的内涵

（一）生命教育理念的起源

生命教育是帮助学生认识生命、珍惜生命、尊重生命、热爱生命，提高生存技能和生命质量的一种教育活动，是近年来兴起的一种新的教育思潮。

1968 年，美国学者杰·唐纳·华特士首次提出了生命教育的理念，该理念一经提出便得到了人们的高度重视。1979 年澳大利亚成立的“生命教育中心”（Life Educational Center，LEC），现已发展为一个国际性机构，致力于“药物滥用、暴力与艾滋病”的防治。1989 年日本修改的新《教学大纲》中针对青少年自杀、侮辱、杀人、破坏自然环境、浪费等现象，提出了“以尊重人的精神”和“对生命的敬畏”的观念来定位道德教育的目标，可见，生命教育的实践在全球已得到迅速发展。

2007 年开始，我国在武汉大学、华中师范大学、北京师范大学和江西师范大学率先推行了大学生生命教育。2008 年，武汉大学将生命教育正式列为课程计划，规定医学专业学生必修，其余专业必选。

（二）生命教育的含义

在谈到生命教育内涵时，一般有三层含义。第一层含义在于让学生通过死亡教育了解到生命的特殊价值，其内容包括从生命开始、到生命过程的失落（包括各种大小失落、死亡）与哀伤，以及生命价值的反思等，教导学生了解生死真相，最大限度地避免校园中自我伤害和放弃生命的事件发生。第二层含义是指生命教育能够引导学生正确认识生命的价值、人的生存责任，理解生活的真正意义，培养学生的人文精神，使他们学会过现代文明生活。第三层含义是指生命教育可以使学生通过对生命的起源、发展和终结的认识，更加深刻地感悟到生命的伟大，学会欣赏生命和尊重生命，最终珍惜有限生命，建立乐观、积极的人生观，并以此达到促进学生价值观、心理适应、社会适应能力全面均衡发展的目的。

生命教育所蕴含的三层含义都是建立在人的生命是无比珍贵的理念之上的，以尊重生命的视角来揭示人与人、人与自身之间的关系，培养人们热爱生命、尊重生命的责任感。

（三）生命教育的途径

如何有效、科学而全面地理解和掌握生命教育的内涵，有赖于教育者建立健全的教育途径。对高职学生而言，接受生命教育的途径应该是显隐结合、自学加老师传授。一方面，同学们可以通过学校里的心理课、思政课以及各类讲座、公开课等形式，集中接受老师的传授，在课堂中理性地去了解生命的全貌；另一方面，同学们也可以通过积极参与各类与生命相关的心理活动去理解生命的意义、接受生命教育。生命教育是一个动态的过程，它的意义和教育的目的不仅仅停留在书本之上，还可以表现在实践中。比如，在学校里有一些志愿者社团常常会组织同学开展敬老院、孤儿院或是残疾人服务活动，其实这些活动的形式就是一种隐形的生命教育途径。在用自己的生命去接触和感受另一个生命时，我们就能够更多更好地去发展自己的生命意义与价值，进而树立起科学的生命观，通过不同途径去了解生命、感受生命、体验生命才能使同学们的生命更加丰盈。

三、生命教育的目标与内容

高职学生生命教育所要解决的不仅仅是遏制自杀、伤人等问题，而是要通过接受生命教育使当代高职学生拥有正确健康的生命观、社会责任感和自我价值感，并激发出高职学生对于自身和他人生命的全部热爱。生命教育的最终目标就在于使学生知道生命的意义、价值，让高职学生们能够从根本上了解生命的精神内涵，追求美好的人生。具体来说，生命教育的目标有四个方面：

（一）认识生命

对于社会和家庭而言，每个人都是一个独立的个体，是不能被再造和复制的。每个人在生命开始之初，都必将经历母亲和自身共同的挣扎和努力才能顺利来到人世，正是生命中最初的痛苦才体现了生命的珍贵和伟大。认识生命要求同学们理解生命不仅是自然属性躯体形式的存在，还要认识到生命是一种情感的维系，是一种理想价值成就的载体。

（二）珍爱生命

中国心理卫生协会危机干预专业委员会的数据表明，自杀在我国已成为位列第五的死亡原因。中国的青少年心理问题中自杀已排在第一位。生命的唯一性告诉我们：高职学生珍爱生命不轻言放弃是对自己、家庭和社会的一种不可推卸的责任。

（三）感恩生命

认识生命是为了更好地珍爱生命，而珍爱生命是为了感恩生命、升华生命的价值。感恩生命不仅是要感谢生养自己的父母，还要感恩在成长道路上帮助和教导自己的老师、朋友。当我们用生命去感恩他人时，无形中就会增加了我们的生命重量，让我们感受到生命的美好。同时，当我们生命中充满感恩之后，我们也可以更好地用自己的生命观影响身边的人。

（四）尊重生命

尊重生命意味着我们需要平等地看待自己与他人的生命权利，在了解了生命的唯一性、获知了生命的珍贵之后，高职学生更要学会尊重生命。尊重生命不仅要求我们尊重自己的生命，还要求尊重他人的生命，特别是在与他人有了矛盾和冲突之后，更需要我们从尊重生命的角度去理性处理。尊重生命还意味着需要我们理性看待生命中的好与坏、得与失，允许生命中出现一些瑕疵和失望。

生命教育的目标还在于培养两个能力：

1. 抵御问题的能力

对生命力最大的威胁来自现实的生活境遇，有时我们无法拒绝生活压力事件的发生，无法决定自己境遇的好坏，所以同学们需要通过生命教育的学习，培养出抵御现实问题的能力。这种能力可以从自我的正向感知中获得，也可以通过寻找有效资源来获得。现在有个很流行的说法叫每天一点“小确幸”，每天持续积累生命中的“小确幸”，久而久之它就会变成一种抵御问题的能力了。

2. 幸福生活的能力

同学们在看到之前有关生命教育的内容之后相信都有了一种感受，所谓生命教育绝不只是为了杜绝自杀，更重要的是需要提升生命的存在意义和价值，归于个体身上就是一种能够幸福生活的能力，不仅让自己幸福也让身边的人幸福。这种能力基于对自己生命的全然接纳和了解的基础之上，是与自我认知相关的，在本书的其他模块会专门谈到。

四、生命的价值和意义

一谈到生命的价值和意义，很多同学第一时间想到的都是那些伟人，觉得只有那些给人类做出贡献的人才谈得上有价值和意义，普通人谈不上什么价值和意义。那么到底什么才是生命的价值和意义？让我们一起通过生命的三个维度来了解（见图 2-1）。

图 2-1　生命的三个维度

（一）生命的自然性

每个生命都源于自然选择，在成为一个细胞开始，我们的生命便成为这世上独一无二、不可代替的存在。每个被自然选择的生命在最初的时刻都充满着力量。

（二）生命的社会性

生命的价值和意义还在于社会性，从这一维度来看，每个人的生命都不是单独存在的。每个人的生命都承载和连接着别人，比如你出生之后，就和父母有了亲子关系，上学之后就和老师、同学有了师生、同学关系，工作之后与同事有了同事关系，组建家庭之后又有了新的亲子关系。同学们试以自己为圆心画几重同心圆，每一个同心圆里都写上一个与自己生命密不可分的人，当我们审视这个多重同心圆时，是否能够理解我们就是在这种相互交织的关系中不断去实践自己的理想和价值的。所以，从生命的社会性上看，每个生命都是有重量的，因为我们生命的产生和消亡都会牵动同心圆上的其他人。

（三）生命的精神性

除了实体的生命之外，生命的价值和意义还有精神层面的。生命的精神性体现在个体的思想、行为、语言和感情上，它们能够脱离实体生命形式而存在，并影响别人。比如当我们看到逝去作家的书时，依然会有情感共鸣；中国人讲究的家风传承也是一种生命精神性的体现。

生命的三维性很生动地告诉我们，生命对每个人而言都是一个从出生到死亡的过程。我们无法决定自己生于何地，也无法控制生命的长短，我们能够把握的是生命过程中的状态。我们无法决定生命的长度，却可以决定生命的质量。

课堂活动　寻找价值

（一）目的

寻找生命中值得重视的价值和意义。

（二）过程

请同学们读一读下面这则小故事，再完成练习。

有一个生长在孤儿院中的小男孩，常常悲观地问院长："像我这样的没人要的孩子，活着究竟有什么意思呢？"院长总是笑而不答。

一天，院长交给男孩一块石头说："明天早上，你拿这块石头到市场上去卖，但不是真卖。记住，无论别人出多少钱，绝对不能卖。"

第二天，男孩拿着石头蹲在市场的角落，意外地发现有不少人对他的石头感兴趣，而且价钱愈出愈高。回到孤儿院，男孩兴奋地向院长报告，院长笑笑，要他明天拿到黄金市场去卖。在黄金市场上，有人出比昨天高10倍的价钱来买这块石头。最后，院长叫孩子把石头拿到宝石市场上去展示，结果石头的身价又涨了10倍，由于男孩怎么都不卖，竟被传扬为"稀世珍宝"。男孩兴冲冲地捧着石头回到孤儿院，把一切告诉院长，并问为什么会这样。院长没有笑，望着男孩慢慢说道："生命的价值就像这块石头一样，在不同的环境下就会有不同的意义。一块不起眼的石头，由于你的珍惜、惜售而提升了它的价值，竟被传为稀世珍宝。你难道不就像这块石头一样？只要自己看重自己，自我珍惜，生命就有意义，有价值。"

请全班同学按照从左到右的顺序循环报数1～8，报到相同数字的同学为一组，以此类推，将全班同学分为8组。请同学们准备好四张纸，在纸上写下四种你认为人生中最值得珍惜的价值，如爱情、友情、亲情或其他，在文字的下方用自己喜欢的符号或是图画来表达，并在小组内相互分享。最后，每小组选派代表分享本组总结出最多人选择的四项价值分别是什么及活动感想。

（三）思考

你在分享自己的观点和倾听其他同学的发言时获得什么新的人生启发？看看这些你最为珍惜的价值是不是都要建立在生命存在的基础上才会有意义。现在的你，是否能为自己写下一些珍惜生命的理由。

课后思考

1. 思考并写下：对你而言生命意味着什么？
2. 生命教育的目标有哪些？你是如何理解的？

3. 简述生命的三个维度包含哪些内容？

心理知识窗

生命教育

1968年美国学者杰·唐纳·华特士出版了《生命教育》一书，书里谈道：生命教育是在探讨人生命意义与价值的基础之上，努力使人们学会尊重生命、理解生命、升华生命，是一切教育的前提与目标。

单元 2.2

心理危机的成因

案例分享　失联的赵同学

2019年，某高职院校赵同学4月19日回学校递交毕业论文后失联，4月22日被人发现殒命宝鸡南山，"经公安机关初步侦查，为服毒自尽"。

赵同学生前曾与同学微信交流称老师让其重写论文，并说"咱们的论文真难写""压力真大"，调查认为赵同学的死与个人的性格和论文所引发的压力有关。

分析

高职学生在校园生活、学习就业、恋爱交友、家庭贫困等负性事件压力下很容易产生各种各样的情绪困扰。这些不良的情绪如果不能得到及时有效的疏导和改善，则有可能引发出一系列潜在的心理危机，并最终成为影响学生个人生活功能、社会功能或者生命功能丧失的直接导火索。

从20世纪90年代开始，在我国高职院校中频发的自伤或伤人事件已引起了学者们的广泛关注。在这些危机事件的背后，我们看到的是高职学生们尚不成熟的心理应对能力，一些生活事件引起了心理失衡，而最终导致了焦虑、悲伤、意志减退、放弃生命等情绪变化和行为后果。

一、高职学生心理危机的特点

在心理学领域中，心理危机是指个体处于一种"紧张紧急状态"，自感对困难无力处理，无法对当下的境遇做出反应，也可以理解为个体危机问题处理的能力已超出了过往生活经验。

（一）危机事件的易发性

高职学生处于青春期，是生命中很多重要事件正在开始的阶段，如升学、恋爱、就业、自我实现等发展性事件。这一阶段的高职学生呈现出心理与生理成熟度不匹配的特性，简言之就是心理成熟滞后于生理成熟，而高职学生的社会发展又不能满足其心理发展的需要，因此一些成长事件易使高职学生产生消极思维和极端行为。

（二）危机心理的连续性

高职学生心理危机具有连续性，这是由高职学生所处的人生发展阶段所决定的。这一时期，高职学生们相继要经历学业压力、情感问题、职业选择、自我发展等事件，是一个充满了困惑与挑战的时期。同时，这些事件的发生又容易相互影响、彼此牵引、互为因果，这也使得高职学生常感无力应对生命中的困难或是感到困难是无穷无尽的。高职学生所要面对的现实事件很多，这些事件又常处于一种变化之中，这也使高职学生常感到焦虑与恐慌，常常是一个问题或危机刚解决，下一个问题或危机又产生了。

（三）危机后果的严重性

高职学生的心理危机一般是伴随着现实事件的刺激而产生的，危机后果并不是一天发生的或是一件事情而引发的，危机心理是一个长期积累的过程。准确地说，高职学生危机心理是一个量变到质变的过程，也正因为这样一旦高职学生认为现实的刺激达到了心理承受的极限，危机心理将直接导致极端的行为后果，这些后果往往是伤人或是伤己的严重事件。

二、高职学生心理危机的表现形式

（一）自杀

历年来，多方统计数据均显示高职院校中学生自杀或自伤的行为频现，并有愈演愈烈的态势。纵观现在的高职学生心理现状，有些学生不能正确对待生活中的挫折或失败，一旦遇到暂时无法解决的困难，就会选择用自杀或自伤的方式来逃避难题。高职学生作为一个成年人，需要理性地思考问题，用更多的责任感来看待生死问题，不让自己一时的冲动行为造成家人和社会长久的悲痛。

（二）伤人

与频现的高职学生自杀事件同样让我们担忧的还有近年来越来越多的高职学生伤人事件。处于这个年龄段的同学，心理发育并不完全成熟，对很多事情无法理性处理，往往强调个人主观感受和期待，进而做出伤人害己的举动。

三、高职学生自杀的诱因

（一）理想自我与现实自我存在差距

高职学生身处于一个较为特殊的时期，一方面他们刚刚摆脱高考的压力，来到新的校院，没有了父母的管束，一心想着如何在学校里尽情展现自我能力，内心极度向往独立自由；另一方面高职学生还没有具备完全独立生存的能力，再加上社会、家庭、学校等方面的现实与理想之间的差距，所有问题紧密交织在一起，使高职学生容易在内心产生巨大的矛盾感和无力感，继而引发生命无价值感，一旦这些问题不能正确及时解决，便易出现自杀行为。

（二）对新环境适应不良

个别学生在升入高职院校以后，一时之间对于新的生活无法适应，离开了父母的照顾、离开了熟悉的老师和同学、离开了自己的家，总会有种不知所措的感觉。有些同学因生活自理能力差，无心学习，成绩一落千丈。有些同学因为长期埋头于书本没有特长和兴趣爱好，与同学之间的共同语言不多，又不擅长处理人际关系，有了心事无人倾诉，时间长了便感到生活毫无意义，退学的想法遭到父母的拒绝后，便以自杀来寻求解脱。

（三）学习压力过大

一些高职学生本身就背负了高考失利的心理压力，在到了学校后更是希望通过好好学习来改变自己的大专生身份，并把自己的学业成绩和以后的就业紧紧联系在一起，希望通过努力学习来取得好的前途。在这种心理的驱使下，他们放弃了本该有的娱乐活动，使生活过于单调和无聊，一旦自己的学业达不到预设的目标，便会承受不了。

（四）人际交往存在困难

人活在这个社会上每天都要和不同的人打交道，在校园里人际交往是一门很重要的“学科”，很多高职学生都因为与同宿舍、同班的同学处理不好关系而很痛苦。在学校心理咨询中，人际问题已成为高职学生产生心理困惑并进行求助的首因。有些学生表现为人际敏感，经常与他人发生一些摩擦、冲突；有些学生表现为人际交往障碍，害怕与他人进行社交活动，拒绝与同学沟通思想或是不善表达感情，从而将自己的内心世界封闭起来，最终导致孤独、抑郁或自卑；还有些学生因为性格上与同学不合群，而自感与同学缺乏共同语言，或感到自己不被理解、遭排斥，久而久之便会产生一种受冷落或孤僻、封闭等心理倾向。

（五）恋爱受挫

随着社会对高职学生恋爱行为的理解和接纳，越来越多的高职学生在校园里谈起了恋爱。但近年，恋爱又成为高职学生自杀的一种主要诱因。恋爱时的美好往往会转化成失恋时的无限悲伤，如恋爱双方不能把感情升华到相当程度，终会因一些原因而使恋爱关系无法维持下去。失恋后之所以产生种种不同的心理反应及行为反应，这与高职学生的个性倾向，即世界观、理想、信念等有密切的关系。有一些高职学生一时不能接受失恋的事实而选择用极端的方式来报复对方或是选择放弃自己的生命。

（六）家庭负担过重

某高职院校大三刘同学考取了专转本，但他感觉压力比较大。他说："我家在农村，读大学给家里造成的负担挺重的，想着本科会比专科好找工作我就报考了专转本，但这样一来我的家庭负担又暂时得不到解决了。我是准备一边学习一边打工，但是和以前的同学交流起工作的事情，我还是觉得挺自卑的。"家庭经济状况已经成为现在部分高职学生必须考虑的现实问题。

课堂活动　好与坏

（一）目的

学会理性看待生命中的好与坏。

（二）过程

请同学们自由组合，一组10人（不够10人一组的同学加入其他小组）。在组内独立完成练习后，分享感受。最后，每组选派一名同学在班里分享参与活动的感受。

请准备一张纸，两支笔（比如一支红笔和一支蓝笔）。在纸中部从左向右画一条横线，并在最右端加上一个箭头。在最左边的原点处写上0，在0的下面写上×××（你的名字）出生了，在箭头处标上你为自己预计的寿命，在纸的顶端写上×××的生命线。根据你规划的生命长度，找到目前所在的那个点，标出来。然后，从0点开始写，你认为是开心的事情就请用红笔画一个向上的箭头，然后在线段的右侧写下这件事情，不开心的事情请用蓝笔画一个向下的箭头，然后在右侧写下这件事，一直写到你预计的寿命那里为止。生命线上向上的线段和向下的线段越长表示你对这件事的感受越深。

（三）思考

看看你一生中已发生过的开心的事和不开心的事有多少，未来你预计还将有多少开心和不开心的事发生，想一想，我们人一生中是否总是喜忧参半。

课后思考

1. 什么是心理危机？
2. 高职学生心理危机特点有哪些？你是如何理解的？
3. 当代高职学生自杀的诱因有哪些？面对这些诱因，你会如何处理？

心理知识窗

积极心理学

积极心理学以塞利格曼（Seligman）和奇克森特米海伊（Csikzentmihalyi）在2000年1月发表的论文《积极心理学导论》为诞生标志，它以研究人类的积极心理品质、关注人类的健康幸福与和谐发展为主要内容。它强调人应该关注并发展自己的积极面，努力塑造自己的积极品质，最大程度地悦纳自己，并能够较好地与这个社会相处。

单元 2.3

自我调适及心理干预

案例分享　不该发生的结局

小李、小丽和小郭三人是同乡，高三时小李对小丽展开攻势，但小丽屡次拒绝。后来，小丽和小郭考到了某高职院校，并成为恋人。而小李复读一年后也考上了徐州一所大学。小丽到了常州后，小李在一年多的时间内仍然通过各种方式不断纠缠，并威胁说如果小丽不做他的女朋友就要杀了她的舍友和家人。某天晚上，小李只身从徐州赶到常州要求与小丽“谈判”。其间小李因不满小丽对自己的态度而用刀将她捅伤，随后又用刀捅死了与小郭一起来保护小丽的小张。

分析

只是一些感情的纠葛最终导致了悲剧的发生。在前面的内容里，我们了解到了心理危机的产生是因为发生的生活事件超出了我们的处理经验，所以才会让人产生无法改变、绝望的错觉。实际上有很多的心理危机通过一些方法是能够进行自我调节的，可以在一定程度上缓解低落的情绪，打消或延缓恶性事件的发生。

一、心理危机自我调适方法

（一）认知改变

认知改变是指重新理解和定义引起不良情绪的事件，也就是利用一种更为积极的方式去理解使人产生挫折、愤怒、厌恶等不良情绪的事件。

我们对事件的反应很多时候来源于我们对事件的定义，而这份定义又往往来自过去的生命经验，或是对生命中重要他人的观点的认同。简而言之就是你所抱持的人生观、价值观或行为准则等。

例如，一个人在失恋或就业失败后感到沮丧。我们用A来代表这个人遇到的现实压力或刺激事件。用C代表这个人遇事后的情绪与行为反应（此等反应可能适当或不适当）。很多时候，我们只是简单地得出A=C的结论，即失恋（失业）了我很痛苦，其实在A与C之间还存在一个B，也就是我们提到的对所发生事件的认知、解读、定义的部分。这里的B，可能是我不好才会失恋或失业；我是个没人爱、没人要的人；我从来就是如此倒霉，以后也不会有好事发生……B就好像是一个中间的媒介，正是它导致了情绪反应C。

对生命的绝望、无助和无力感，都不是事件本身所引起的反应，而是个体对于失败、被拒绝或自我价值实现困难所持的非理性信念，即我们所说的认知不合理。因此，高职学生在遇到危机事件时，首先要做的就是不急于在C的支配下采取行动，不过分否定自己。其次，要学会在A、B、C之后，加入一个D（辩论）的变量，使用各种方法来协助自己向非理性信念进行挑战，最后进入E（效果）的阶段，E是指个体获得全新的思考方式，并利用E来创造出F（新的情绪状态）。

（二）情绪调节

进行情绪自我调节是降低情绪恶化程度，促进个体积极改变的有效途径。

1. 情绪转移法

当不良情绪产生时，我们利用身边的资源进行及时的情绪转移，如站起身来活动一下；去学校的操场打打球；和要好的同学一起聊聊天；听听音乐；和家人打打电话；等等。总之就是要及时地让自己转换一种思维和肢体状态。

2. 思维中断法

在自己的手上套一根皮筋，当思维陷入不良情绪里时，用皮筋弹一下自己，强迫思维停下来。如果这些不良情绪是经常性出现的话，可以在本子上专门记录下一个星期内自己使用皮筋的次数，一周总结一次，并与上一星期相比，看不良情绪的出现率是否有减少，如果减少的话就奖励自己一下，如果是持续增加的则需要尽快求助学校里的心理老师。

（三）放松练习

放松练习对于应付紧张、焦虑、不安、气愤的情绪非常有效，可以帮助同学们振作精神、恢复体力、消除疲劳、稳定情绪。

1. 肌肉放松训练准备

找一个安静的地方，光线不要太亮，尽量减少无关的刺激，以保证放松的效果。可以是在自己的宿舍进行，采用坐姿或是躺在床上，总之要使自己的身体处于一种舒服的姿态。放松顺序：手臂部—头部—躯干部—腿部。

（1）手臂部的放松：伸出右手，握紧拳，紧张右前臂；然后放松，感受从紧张到放松的过程，享受紧张过后肌肉放松的感觉。伸出左手，握紧拳，紧张左前臂；然后放松，感受从紧张到放松的过程，享受紧张过后肌肉放松的感觉。双臂伸直，两手同时握紧拳，紧张手和臂部；然后放松，感受从紧张到放松的过程，享受紧张过后肌肉放松的感觉。

（2）头部的放松：皱起前额部肌肉，像老人额部一样皱起；皱起眉头；皱起鼻子和脸颊（可咬紧牙关，嘴角尽量上扬，鼓起两腮，似在极痛苦的状态下使劲一样）。当自己认为已达到最紧张的状态后，就可自行放松，体会瞬间放松的感觉。

（3）躯干部位的放松：耸起双肩，紧张肩部肌肉；挺起胸部，紧张胸部肌肉；拱起背部，紧张背部肌肉；屏住呼吸，紧张腹部肌肉。这时，你可以在心里对自己说，再紧张一些，再坚持一下，然后全面放松，达到极度放松的程度。

（4）腿部的放松：伸出右腿，右脚向前用力，像在用力踢一堵墙，紧张右腿；当感到肌肉紧绷时，就开始全面放松。伸出左腿，右脚向前用力，像在用力踢一堵墙，紧张左腿；当感到肌肉紧绷时，就开始全面放松。

放松练习的目的就在于通过肌肉的紧张、放松的交替来达到身体的放松。在整个过程中，请一定要控制好肌肉从紧张到放松之间的时间间隔，如果感到一次放松的效果不佳也可再重复一次，以保证效果。

2. 想象性放松

选择一个安静的地方，最好是平躺在床上，放松肌肉（可先采用肌肉放松法），闭上双眼，开始想象。想象自己正静静地躺在沙滩上，周围没有其他人，阳光温暖地照在身上，触到身下海滩上的沙子，全身感觉无比舒适，微风带来一丝丝海腥味，波涛在有节奏地唱歌，自己正静静地聆听着这永恒的波涛声……

在放松的过程中，一定要对自己进行心理暗示，暗示自己在沙滩上是极度舒服、极度放松的。

3. 深呼吸放松

采用坐姿或站姿，双肩下垂，闭上双眼，然后慢慢地做深呼吸，深深地吸进来，慢慢地呼出去（重复几次）。

深呼吸放松法的优势在于可以不受场所的限制，费时短但效果明显。

（四）运用社会支持系统

“社会支持系统”，这个词听起来很抽象，在讨论这个问题之前，让我们先来做两个选择题：

第一题：他很爱她。她细细的瓜子脸，弯弯的蛾眉，面色白皙，美丽动人。可是有一天，她不幸遇上了车祸，痊愈后脸上留下几道大大的丑陋疤痕。你觉得，他会一如既往地爱她吗？

A. 他一定会　　B. 他一定不会　　C. 他可能会

第二题：她很爱他。他是商界的精英，儒雅沉稳，敢打敢拼。忽然有一天，他破产了。你觉得，她还会像以前一样爱他吗？

A. 她一定会　　B. 她一定不会　　C. 她可能会

在看这两题时，潜意识里，你们是不是把他和她当成了恋人关系？现在，我们来假设一下，如果，第一题中的“他”是“她”的父亲，第二题中的“她”是“他”的母亲。让你把这两道题重新做一遍，你还会坚持原来的选择吗？你的答案又是怎样的？你想到了什么？

现在，我们试着问问自己：如果陷入困境，有多大把握能得到他人广泛、及时而又有效的帮助？这些“他人”都包括谁？请将其列出来。

这就是所谓个人的“社会支持系统”，它是指个人在遭遇重大困境时，自己的社会关系网络中所能获得的、来自他人的物质和精神上的帮助和支援。一个完备的支持系统包括亲人、朋友、同学、同事、邻里、老师、上下级、合作伙伴等，当然，还应当包括由陌生人组成的各种社会服务机构。每一种系统都承担着不同功能，亲人给我们物质和精神上的帮助，朋友较多承担着情感支持，而同学及合作伙伴则与我们进行学业或其他的交流。

二、学会拒绝“死神”的诱惑

（一）树立合理的人生目标

人的生命价值就在于最大限度地实现自己的理想，也就是我们平时所说的人生目标。很多时候正是因为我们在追求人生目标的过程中遇到了困难，而选择了放弃生命。一方面，这可能是因为有的高职学生意志还不够坚定，不能正确地看待失败，也就是我们上面提到的认知问题；另一方面，也有可能是因为高职学生的目标定得太高太远，自己只感受到了压力而没有机会品尝到一丝成功的甜蜜。比如说，有的高职学生要求自己在毕业三年之内，工资或是职位就要达到一定的水平和级别，一旦追求受阻则无法接受。其实，我们不妨将远大的目标分解开来，将一个整体目标调整成几个阶段的目标，让自己在前进的过程中始终能够有目标又有成功的体验。拥有一个合理的人生目标也是杜绝自杀行为的有效方法。

（二）培养健全的人格

如果将生命比作一棵树，狂风来袭时越是细小的树木就越容易被折断，那么如何才能让自己成长为一棵粗壮的大树？首先，高职学生应全面、理性、客观地认识自我，扬长避短，乐观自信；其次，要学会调节和控制自己的负面情绪，努力培养积极向上的生活态度；最后，还应培养广泛的爱好和良好的人际关系。只有这样，人格才会朝着健全的方向发展。

（三）运用适当的心理防御机制

心理防御机制是自我的一种防卫、修复功能。高职学生们经常会在理想与现实中有矛盾和冲突，也会感到痛苦和焦虑。这时，可以用某种方式进行调整，从而缓解焦虑、消除痛苦，这就是心理防御机制。一般来讲，它包括压抑、否认、投射、退化、隔离、抵消转化、合理化、补偿、升华、幽默、反向形成等各种形式。通过心理防御机制让自己改变对事情的看法，尽量往好处解释，比如成绩考得不好时想：这只是暂时的；生活非常困难时想：逆境更能出人才；应聘不成功时想：选择其他的单位。受挫者通过另一种更有意义的活动来弥补未能实现的愿望，这是更高层次的心理调节方法，如失恋了把时间精力转移到学习研究上去。高职学生只要能在适应的时候恰当地运用心理防御机制，会给心理加上一层保护膜。

（四）掌握有效的求助方式

面对产生的心理危机时，除了上述提到的一些自我调整的方式外，我们还需要掌握一些专业的求助方式和渠道。有些同学会认为自己的问题别人无法理解，或是觉得自杀本身就是一件极不光彩的事情，特别是中国有家丑不可外扬的说法，觉得如果被别人知道了会看不起自己。其实，这种想法并不正确，在面对心理危机时、当个人的抵御能力不够时，我们必须引入一些其他因素共同抵抗“死神”的诱惑。

1. 专业医院

如因为抑郁类情绪引发的心理危机，我们可以求助于当地的专业医院，借助药物的力量将情绪稳定下来，减少因情绪带来的危险行为。

2. 学校心理咨询老师

现在每所高校里都建有心理咨询室。当发现自己陷入心理危机时，可以第一时间去学校求助心理咨询老师，与心理咨询老师签订相关的心理安全契约，听从心理咨询老师的建议，在心理咨询老师的帮助下平稳渡过心理危机期。

3. 拨打危机求助热线

在不方便直接寻求帮助时，同学们还可以拨打各类正规的心理危机援助热线，例如，回龙观医院北京心理危机研究与干预中心 24 小时免费心理危机干预服务热线 800-810-1117；南京自杀干预中心 24 小时救助热线 16896123；等等。

4. 尽量避免独处

在发生心理危机的时间里尽量不要让自己独处，同时不要在身边放置危险品，如刀具、药品、绳索等。

5. 告诉家人和朋友

将自己的现状告知家人、朋友、同学，多和他们沟通，积极寻找各种支持力量。

三、特殊情况下的心理干预方法

（一）亲人死亡引起的悲伤反应

与死者关系越亲密的人所产生的悲伤反应越严重，如亲人骤逝所引起的悲伤反应更为严重。干预方法：

出现身体不适现象应立即平卧，尽可能保证自己的睡眠和饮食，主动找亲友和心理咨询老师进行倾诉，以减轻自己的心理痛苦。

（二）学业、就业失败造成的心理危机

个人认为关系到自己前途命运的重要事件（如高考、就业）失利时，会产生极度悲

伤和痛苦，觉得前途黯淡，甚至会萌发出自杀的念头。干预方法：

（1）进行积极的自我暗示，使自己明白“人生之路，坎坷挫折十之八九”“条条大路通向成才之途”的道理，从“一次挫折，一生无前途”的错误认识中解脱出来，勇敢地正视挫折，面对困境，振奋精神，重新生活。

（2）对考试、就业的失利抱着宽容的态度，不要过多地指责、埋怨自己，更忌与他人相比较。认真分析失利的原因，分析时除应考虑个人不足外，还要充分考虑到客观因素，以减轻悲伤、懊悔、自责、内疚等负性情绪。

（3）通过研究、探索，制定出适合自己实际水平，经过努力能够达到的近期奋斗目标和实现目标的具体措施，使行动有据，并充分肯定自己有实现目标的有利条件，增强自信心。

（三）恋爱关系破裂反应

失恋的高职学生往往把“狂热的爱变成愤怒的恨”，发生毁容、伤害、杀害对方或对对方亲人的攻击行为。干预方法：

告诉自己恋爱和感情不能勉强，也不值得殉情，要相信将来肯定有机会找到自己心爱的人。如存在攻击行为的想法时，则要尽快使自己冷静下来，可以用到上述介绍的各种方法来稳定情绪，不要一个人独处，同时应将可以伤害自己或他人的器具收起来，也可以将这种想法告诉亲近的老师、家人或朋友，通过外力来制止攻击行为，避免冲动行为的发生。

四、学会识别他人的危机信号

（一）语言上的信号

（1）直接向人说：“我想死”“我不想活了”。

（2）间接向人说：“我所有的问题马上就要结束了”“现在没有人可以帮助我”“没有我，他们会过得更好”“我再也受不了了”“我的生活毫无意义”。

（3）谈论与自杀有关的事或开自杀方面的玩笑。

（4）谈论自杀计划，包括方法、日期、地点。

（5）流露出无助或无望的心情。

（6）突然与亲朋告别。

（7）谈论一些可行的自杀方法。

（二）行为上的信号

（1）出现突然的、明显的行为改变。

（2）抑郁情绪明显。

（3）将自己珍贵的东西送人。

（4）有条理地安排后事。

（5）频繁出现意外事故。

（6）饮酒量增加或破坏身体健康的事情增多，如熬夜、暴食不健康食品等。
（7）囤积安眠药。

（三）高职学生的危机信号

（1）向周围的人诉说或在日记、绘画中表现出想死的念头。
（2）情绪明显反常，焦虑不安，无故哭泣。
（3）抑郁状态，食欲不好，失眠。
（4）改变个人卫生习惯（肮脏）。
（5）回避与人接触，与集体不融洽或过分注意别人。
（6）行为明显改变，对生活麻木冷漠的人像突然变了一个人，敏感又热情。
（7）无故送东西、送礼物给亲人或同学，无来由地向他人道谢或致歉。
（8）对学习失去兴趣，上课无故缺席，迟到早退，成绩骤降。

课堂活动　寻找自己的资源

（一）目的

学会在压力事件发生时，寻找自己的资源。

（二）过程

试想一下，你正遇到一件让自己颇感压力的事情，请根据情况填写表 2-1。

表 2-1　寻找自己的资源

情绪	语言	行为	你能做点什么让自己状态好点	谁能为你做点什么让你状态好点

将同学按宿舍分为小组并选出组长，进行组内讨论，看看在危机面前大家有什么共同的情绪、行为和语言反应，同时总结出应对问题的有效处理策略。最后，请每组组长在班里分享本组观念。

（三）思考

当你面对压力或是发生了危机事件时，除了关注自己的情绪外，你是否还可以寻找到一些资源共同帮助自己。

课后思考

1. 心理危机干预自我调适的方式有哪些？
2. 你知道的心理危机干预求助方式有哪些？
3. 心理危机信号有哪些？如果你身边有同学有了这些信号，你会如何处理？

心理知识窗

社会支持

社会支持（Social Support）系统是20世纪70年代由心理学家提出来的一个心理学概念。它认为每个人都存在于以自己为中心的社会关系网络中，并能通过这种相互交织的网络，在个人面临重要事件时得到来自他人的物质及精神上的帮助。

自我探索　抗挫折能力测试

阅读下列各题，请根据自己的实际情况做出选择，将选项填在括号里。

1. 在过去的一年中，你认为自己遭受挫折的次数为（　　）。
A. 2次或2次以下　　B. 3～5次　　C. 5次以上
2. 对于每次遭受到的挫折，你通常会（　　）。
A. 大部分靠自己解决　　B. 有一部分能靠自己解决　　C. 大部分自己无法解决
3. 与周围的人相比，你对自己的能力素质（　　）。
A. 十分自信　　B. 比较自信　　C. 不太自信
4. 在面临困境，你通常会（　　）。
A. 知难而进　　B. 找人帮忙　　C. 放弃目标
5. 如果有令你担心的事发生时，你通常（　　）。
A. 无法安心工作　　B. 工作照样不误　　C. 介于AB之间
6. 碰到令人讨厌的竞争对手时，你通常（　　）。
A. 无法应对　　B. 应对自如　　C. 介于AB之间
7. 面临失败时，你通常（　　）。
A. 破罐破摔　　B. 把失败转化为成功　　C. 介于AB之间
8. 当工作进展太慢时，你会（　　）。
A. 焦躁万分　　B. 冷静地想办法　　C. 介于AB之间
9. 碰到难题时，你通常会（　　）。
A. 失去信心　　B. 为解决问题而费尽心思　　C. 介于AB之间
10. 在工作或学习中感到疲劳时，你通常会（　　）。
A. 总是想着疲劳，脑子也不好使了
B. 休息一会儿就能把疲劳淡忘掉
C. 介于AB之间
11. 当工作或学习条件恶劣时，你通常会（　　）。
A. 无法干好工作　　B. 能克服困难，干好工作　　C. 介于AB之间
12. 当因工作或学习而产生自卑感时，你会（　　）。
A. 不想再干了
B. 立即振奋精神去工作或学习
C. 介于AB之间

13. 当上级交给你很难完成的任务时，你会（　　）。

A. 竭力把任务顶回去　　B. 千方百计地干好　　C. 介于 AB 之间

14. 当困难落到自己的头上时，你往往会（　　）。

A. 厌恶至极　　B. 认为这是个锻炼的机会　C. 介于 AB 之间

评分标准：第 1 ~ 4 题选 A 得 3 分，选 B 得 2 分，选 C 得 1 分；第 5 ~ 14 题选 A 得 1 分，选 B 得 3 分，选 C 得 2 分。将各题的得分相加获得总分。

分析：总分在 20 分以下说明你的抗挫折能力很弱；总分在 21 ~ 30 分之间说明你具有一定的抗挫折能力，但对某些挫折的抵抗力很弱；总分在 31 分以上说明你的抗挫折能力很强。

资料来源：刘远我．职业心理健康自测与调节．北京：经济管理出版社，2004.

知识拓展　马丁·塞利格曼和积极心理学

马丁·塞利格曼（Martin Seligman）是一名美国心理学家，曾获美国应用与预防心理学会的荣誉奖章、终身成就奖，1998 年当选为美国心理学会主席。他是积极心理学创始人之一。

积极心理学与过去的心理学研究内容和理论有所不同，它的本质特点是致力于研究普通人的活力与美德的科学。积极心理学主张研究人类积极的品质，充分挖掘人固有的潜在的具有建设性的力量，促进个人和社会的发展，使人类走向幸福，其矛头直指过去传统的"消极心理学"。它是利用心理学目前已比较完善和有效的实验方法与测量手段，研究人类的力量和美德等积极方面的一个心理学思潮。

积极心理学认为，人的困难、危机和错误是必然存在的，但是我们的目的并不是一味地去发现、指责和纠正这些问题或缺点。我们天然具备了一种能力，一种自我改善的意志力，这些需要通过发展个体的长处来实现。这些长处其实就是我们所说的个体优点，只是有些优点在长期的社会生活中被个体或他人忽略了，积极心理学的任务就是找到这些优点，并将其发展成个体生命中的正向力量，让个体能够获得幸福生活的能力。

积极心理学研究与关注的对象有三个方面：

1. 积极的情绪及体验

积极情绪及体验是积极心理学研究的主要内容之一，它强调人们应该也能够从日常的生活事件中体验到愉悦的情绪，并将这种情绪体验视作一种主观幸福感产生的重要来源。一个人的主观幸福感与他如何看待自我、生活和世界息息相关，并且这种积极情绪与体验也能够在个体遇到困难和危机时产生强而有力的应对意志，从而帮助个体调整状态、整合资源有效处理困难事件。

2. 积极的人格特质

积极心理学认为人格中存在着积极和消极的两个方面，积极的人格包含两个维度：（1）正性的利己特征。这是指接受自我，能够感受到个人的生活目标，觉得生活有意义和价值。（2）与他人的积极关系。这是指在社会生活中，个体能够与他人建立的正常的互动社交关系，并乐于在他人需要时提供相应帮助。

3. 积极的社会环境

积极的社会环境是指涉及家庭、学校、团体、社会等方面的与个体相关的生存、发展环境。当这些环境里的人提供给个体的是较优的支持和肯定，那么将会有助于个体发展内在的价值，从而变成一个更积极的人。

总结案例 回想一下

在某高职院校的心理健康课随堂作业中，有这样两个题目：回想一下，你是否有过轻生的念头，如果有，是因为什么事？现在回头去看曾经的念头时，你的感觉是什么？有的同学在作业中表示："自己小时候被爸妈骂的时候，想轻生。"有的同学表示："学习压力大时，想到过轻生。"还有同学想轻生的念头或是因为和好友吵架，或是因为失恋，或是高考失利等。在回答第二个问题时，几乎所有的同学都表示了后悔，觉得当时的自己太不重视生命了。

分析

从同学们的作业中，我们不难看出，处在这个年纪的同学有时很容易被一些事情引发情绪波动。特别是在面临一些现实压力较大的事情时，往往无法理性应对，无限扩大了问题的困难，甚至错误地认为结束生命就代表着问题的解决。其实，当事过境迁后，很多同学都会觉得自己的想法太冲动，进而认识到生命的宝贵。

模块二 课堂反馈

模块三

揭开面纱　认知两性

学习指南

小时候我们都好奇：我是从哪里来的？当我们问父母的时候，很多父母都不会正面回答。诸如石头缝里蹦出来的、垃圾箱里捡来的之类回答，让小小的你和我对性充满了神秘感。那么性是什么？我们会有怎样的性心理？高职学生常见的性困扰有哪些？又该如何维护自己的性健康呢？这是这一模块要和同学们一起探讨的内容。

能力标准

分类	具体内容
知识	1. 理解性健康的标准 2. 了解高职生常见的性困扰 3. 维护性心理健康的方法
技能	1. 树立正确的性观念 2. 能够合理地应对性困扰 3. 掌握处理性心理问题的方法
态度	1. 对性有正确的认识 2. 积极地应对各种性心理障碍 3. 以良好的心态面对性困扰

单元 3.1

认识性与性心理

案例分享 林同学的遭遇

林同学来自苏北的一个小城镇，家境虽不富裕但也颇得父母的宠爱。高一的时候林同学恋爱了，恋爱带来的甜蜜成了她和男朋友学习的动力，两人相互鼓励，希望都能考上省城的同一所本科院校。高考分数出来后，林同学的男朋友如愿以偿，而林同学只考上了本地的一所高职院校。看着录取通知书，林同学很是伤心，觉得和男朋友的距离一下子拉远了，但此时，林同学的男朋友却给了她很多的安慰和鼓励，这让林同学的心情渐渐地好起来。男朋友要去省城的前一天，林同学去男朋友家送别，恰巧男朋友的父母都不在家，男朋友说这一别要好几个月，遂向她提出了性的要求，当时林同学想，既然我们是相爱的就不应当拒绝他，也没有太多考虑就答应了。最近一段时间，林同学一直没有什么胃口，本该按时来的月经也没来，但她并不知道是怀孕了，直到听了女生性生理讲座后才觉得天要塌下来了。她给男朋友打了电话，男朋友也很紧张，建议她国庆放假去省城，男朋友陪她去找一家医院做人工流产。林同学听了既担心又害怕，心里特别难受，觉得自己对不起父母也害怕去医院做手术。林同学开始睡不着觉，夜深人静的时候常常望着窗外落泪。

分析

学校、家长都不愿意和孩子谈论有关性的话题，这让林同学和部分同学对性知识知道得很少，甚至不知道两性之间发生关系之后有可能对自己带来的影响，也对有可能怀孕的知识一无所知。这导致部分同学在懵懵懂懂的爱情的驱使下，毫无保护地和异性发生关系，得知怀孕后往往又会因为惧怕家人的责备、同学的鄙视，而极易造成较大的心理压力，情绪上也会出现较大的波动。这个案例告诉我们：对正确的性知识的认识，对于每个同学来说都是非常有必要的，每位女生都应该学会在与异性交往中保护自己，每位男生也应该知道如何在与女友的交往中尊重和爱护她。如果像林同学那样发生了不想发生的事情，最佳选择应该是告知双方父母，并在父母的陪同下去正规医院做手术。术后，要注意调整情绪。当然，男朋友的关爱和理解对女友走出低迷的情绪是非常重要的。

一、“性”的认识

性是一个含义极多、涉及学科极广的概念，它在生理学、心理学、社会学、伦理学、教育学、医学、美学等学科中都有各具专业特点的解释。从性心理卫生学的角度来看，性的定义有广义和狭义之分。

（一）广义的“性”

从广义上来说，性指性别，即指男女两性在生物学、心理学和社会学上的特征总和。性在生物学上的特征主要反映在五个生物学特点上。

1. 性染色体

人体细胞核中有 23 对染色体，其中有一对是性染色体。女性卵细胞内的性染色体是 XX，男性精细胞内的性染色体是 XY，它们分别携带母亲和父亲的遗传信息。受精之后，就形成 23 对染色体的受精卵。如果精子中的性染色体是 X，受精卵就是 XX，将来就会发育成女性。如果精子中的染色体是 Y，受精卵就是 XY，将来就会发育成男性。

2. 性腺

男性的睾丸和女性的卵巢是性激素与精子或卵子的产生器官，它决定了第一性征和第二性征的差异。

3. 性激素

性激素包括狭义的性激素和广义的性激素。其中，狭义的性激素是指雄激素、雌激素、孕激素，广义的性激素还包括由下丘脑、垂体和性腺分泌的所有与性活动有关的激素。

4. 第一性征

第一性征指男女在内外生殖器官上的区别。

5. 第二性征

第二性征指区别男女两性差异的除第一性征以外的一些外部特征，如男性突出的喉结、浓密的胡须和体毛，女性隆起的乳房、宽大的骨盆等。

（二）狭义的“性”

从狭义上说，性即指人的性行为。这里所说的性行为，泛指满足个体生理和心理上的性需要的所有行为。也就是说性交，观看异性的容姿、裸体，接吻，手淫，阅读色情小说等，都是性行为。具体而言，性行为按性欲满足和性快感程度，可分为以下四类：

1. 目的性性行为

目的性性行为通常是指性交。性交是性行为的直接目的和最高体现，它能使个体获得性快感和性欲满足感，在性行为中居核心地位，故又称为核心性性行为。

2. 过程性性行为

过程性性行为是指不以性交为目的的、使性欲得到一定程度的满足和获得某种性快感的性行为，如抚摸、拥抱、接吻等，故又称为温存性性行为。

3. 边缘性性行为

边缘性性行为又称为模糊性性行为，主要是指为了交流爱的情感而进行的行为，如情书、情话、眉目传情等。

4. 类似性性行为

类似性性行为是指类似性交以获得性快感、实现性满足的行为，最常见的是手淫。还有一些行为虽不直接类似性交，但内容中含有性交成分，且在这些行为中常伴有手淫或意淫，如性梦、性幻想、性感官刺激等，亦可归于此类性行为。

我们通常所说的“性”，往往是指对“性”的广义理解，既包括性行为，也包括性身份的认同、性角色的进入、性态度的确立、性意识的发展、性的生理需要与心理需要相结合等与性有关的活动。性可以给你带来快乐，也可能给你带来烦恼，我们必须明白，性是每个人一生中都要面对的一个问题。对于绝大多数人来说，性带来的快乐远大于烦恼。

二、性心理的基本理论

性心理是指在性生理的基础上，与性征、性欲、性行为有关的心理状态与心理过程。在有关性心理理论中，弗洛伊德的理论被人们广泛传播和引用。弗洛伊德把性心理发展分为五个阶段。

（一）口唇期（出生到 18 个月）

这一时期婴儿欲望的满足，主要是通过口唇的吮吸、咀嚼和吞咽等活动。婴儿即使不饿也喜欢含着奶嘴不放。喜欢吸自己的手指也是常见的婴儿行为，所以婴儿的快感多来自口唇的活动，因此也叫作口欲期性欲。

（二）肛门期（18 个月到 3 岁）

这一时期，排泄机能成为婴儿性快感的主要目标，因此称之为肛门期性欲。通过自己掌握大小便，孩子们迈出了重要的一步：学会了独立，发展了自信，并知道何时应该“放弃”。

（三）生殖器期（3 ～ 5 岁）

儿童由 3 岁起，其性生活即类同于成人的性生活。所不同的有三点：一是因生殖器未成熟，以致没有稳固的组织性；二是存在倒错现象；三是冲动较为薄弱。弗洛伊德认为这一时期的男孩会出现恋母情结，女孩会产生恋父情结。儿童通过对父母异性一方的“认同”，即在行为、思想和体验上以父母中的同性为榜样，与榜样相一致，来获得异性一方的情感和赏识。这一早期的亲子依恋，被弗洛伊德描述为“俄狄浦斯情结”，即恋母情结。

（四）潜伏期（5-11 岁）

这一时期的儿童，性冲动转移到学习和充满活力的游戏活动中，随着在学校获得更多的问题解决能力和对社会价值的内化，兴趣开始转向外部，注意发展各种为应付环境所需要的知识和技能，自我和超我持续不停地发展。

（五）生殖期（12 岁以后）

这一时期从青春期开始，贯穿于整个成年期。这一时期的青少年虽然性快乐源仍指向生殖器区，但他们已经会考虑其他人的需要，在性爱的基础上建立爱情关系。这一时期与前面的四个时期的发展有着密切的联系，如果前面的四个时期发展顺利，就有利于建立持久的恋爱关系。

三、青少年性心理发展阶段

伴随着青春期的到来，青少年性发育开始由儿童向成人过渡。青春期的最大特征是性发育的开始和完成，与此同时，男女青少年在心理方面的最大变化也反映在性心理领域，他们中的绝大多数人开始聚焦异性，对性的意识由不自觉到自觉；对性的兴趣，由反感到爱慕到初恋……这样的历程，几乎是每个青少年都会经历的。

（一）赫罗克的四阶段论

美国心理学家赫罗克认为，青少年的性心理发展经历四个阶段，每个阶段都有着明显区别于其他阶段的特征。

1. 性的反感期（12 ～ 13 岁）

青春发育之初，由于第二性征的生理变化，使青少年对自身所发生的剧变感到惘然与害羞，本能地产生对异性的疏远和反感。此期持续约 1 年左右。

2. 向往年长异性的牛犊恋期（14 ～ 16 岁）

青春发育中期，男女青年常对周围环境中的某些在体育、文艺、学识以及外貌上特别出众的年长异性，在精神上引起共鸣，仰慕爱戴。如我们有些同学在中学读书时有爱上老师的经历。但这一时期表现的往往是暗恋，一般不会成为真正的追求和恋爱。

3. 向往异性期（17 ～ 19 岁）

随着性发育的渐趋成熟，青年人常对与自己年龄相当的异性产生兴趣，在各种集体活动中都希望吸引异性对自己的注意。但由于这一年龄段的青少年情绪尚不稳定，比较以自我为中心，因而在与异性接触过程中，容易引起冲突，常因琐碎小事而争吵甚至绝交，因此交往对象较不稳定。

4. 青春后期的浪漫恋爱期（20 岁以后）

这段时期的青年男女开始把友情集中寄予自己钟情的一个异性身上，彼此常在一起憧憬婚后的美满生活，并开始为组织未来的家庭做准备工作，这时的青年对周围环境的注意减少。女青年常充满浪漫的幻想，向往被爱，易多愁善感；男青年则有强烈的爱别人的欲望，从而得到独立感的满足。

（二）我国学者提出的性意识发展三个阶段

我国学者根据青春期的三个阶段将青春期性意识的发展概括为以下三个阶段。

1. 疏远期（12 ～ 13 岁）

这个时期的少男、少女们会因为第二性征的出现而产生羞涩感。他们开始担心日常交往中别人会注意到自己在性征上的变化，认为男女接触是很羞耻的事情，因此封闭自己，疏远异性，这主要是由于在心理上向往异性的朦胧感与羞涩感之间的矛盾所造成的。

2. 异性接近期（14 ～ 16 岁）

随着第二性征逐渐发育完成，性生殖器已经成熟，青少年向往异性的朦胧感进一步增强，羞涩感减少，他们渴望了解异性，渴望接近异性。但这一时期接近异性存在着泛化的爱恋和憧憬，往往没有特定的目标，且注意的对象容易转移。这一时期男女之间的爱慕，多数还停留在异性之间的吸引与好感。

3. 异性恋爱期（17 ～ 19 岁）

随着生理与心理的成熟，他们开始不再满足于对异性的一般性的接近，而是喜欢把爱慕的对象集中到特定的异性身上，更喜欢与自己爱恋的对象远离集体而单独在一起。通过更多、更深层次的交往，了解对方的性格、价值观、家庭情况等，寻求双方内外和谐统一。

课堂活动 认识性心理

（一）目的

促进对性心理的认识。

（二）过程

每个同学先独立完成下列两个问题，再在班级中分享。

（1）请同学尝试做下面的练习，帮助自己了解对性的认识。

我最早的关于性的记忆是____________________。

我从父母那里得到的言语表达的性信息是____________________。

我从父母那里得到的非言语表达的性信息是____________________。

我第一次了解性是通过____________________。

成长的过程中，我内心的性禁忌是____________________。

成长的过程中，对我的性观念影响最大的人是____________________。

成长的过程中，对我的性观念影响最大的事是____________________。

我最早的性知识来自____________________。

（2）词汇选择。

当你听到“性”这个字的时候，你会想到下列哪些词语？

爱情	好玩	污秽	生育	恐惧	亲密	美妙	信任	羞耻	融洽
肮脏	委身	忠贞	尴尬	压力	遗憾	表现	欢乐	自责	释放
和谐	婚姻	舒服	沟通	无奈	厌恶	内疚	无助	享受	压抑
乏味	满足	快乐	美好	征服	禁忌	自卑	自信	难受	向往
刺激	兴奋	罪恶	无聊						

我会想到____________________。

我还会想到____________________。

我选择这些词语的原因是____________________。

（三）思考

其他同学的分享对你有什么启发？

课后思考

1. 简述狭义的性的分类。
2. 简述弗洛伊德性心理发展的五个阶段。
3. 我国学者把性意识发展分为哪三个阶段？

心理知识窗

大学生性心理的特点

有学者将大学生的性心理状况归结为五个特点：一是性行为低龄化；二是学生对婚前性行为普遍持宽容理解态度；三是一部分学生在性问题上表现出过度的随意性；四是很多学生缺乏对性病、艾滋病的防范知识；五是一些学生在性行为过程中不懂得采取安全措施。

单元 3.2

常见的性困扰

案例分享　欲罢不能

李同学是某高职院校大三学生，已毕业外出实习，回校参加补考时因偷女生的内衣被保卫处人员当场抓到。李同学自称高一住校的时候，偶然捡到了一件女生的内衣觉得特别兴奋，之后就特别希望再能捡到，常常是下了课后独自一人去女生宿舍。李同学开始想办法获取女生的内衣，晚上夜深人静的时候他常常溜出宿舍，跑到女生宿舍附近看有没有能拿到的，每每都能得手，因为一些女生的衣服会挂在防护栏上，晚上又不收回去。为此，李同学也很痛苦，觉得自己不太正常，但又无法克制自己。

分析

李同学的行为称为恋物癖，恋物癖是指迷恋非生命物体，以此作为刺激物唤起性幻想和性冲动。迷恋对象常为直接接触异性体表的东西。形成恋物癖的原因较为复杂，李同学由一次偶然捡到一件女生的内衣引起性兴奋，发展到去偷女性的内衣来满足自己的生理需求，这样一个反复的行为固化了性兴奋和女性内衣间的联结，从而产生了恋物癖。恋物癖多见于男性，他们会对此有羞耻感但又欲罢不能。这部分同学有必要正确了解性知识，明白自己的症结所在，积极参加集体活动，培养开朗的性格，建立正常的人际关系，多培养自己的兴趣爱好，把自己的精力转移到其他有益的事情上。如果无法自己调整，可以寻求心理帮助。

高职学生在成长的过程中，由于方方面面的原因会在生理发育成熟的过程中出现很多的不适应，性生理和性心理上也会出现很多的困扰。

一、性生理困扰

高职学生处于性生理正趋于成熟的时期，许多同学会开始关注自己的性发育情况，但是，受传统的“谈性色变”观念的影响，对性方面的知识又了解不足，一些同学不能正确对待这个年龄段可能出现的正常的一些性生理现象，因而产生一些困扰。

（一）男生的遗精恐惧

遗精是指男性在无性交状态下的射精。医学上将遗精分为生理性遗精和病理性遗精。两者的区别有以下几个方面：

一是生理性遗精多见于青壮年，处于未婚或婚后分居状态；病理性遗精多见于中老年，或先天不足者。

二是生理性遗精多见于身体健康、精力充沛者；病理性遗精多见于身体疲弱、抽烟饮酒过度、性生活过度者。

三是生理性遗精一般两周或两周以上一次，遗精量多而精液黏稠，遗精时阴茎勃起功能正常；病理性遗精则遗精频繁，遗精量少而稀，遗精时阴茎勃起不坚，或根本都不能勃起。

对于大多数高职学生来说，遗精多属于生理性遗精。同学们所经历的或许是在睡梦中出现了遗精；或许是在清醒状态下无自慰、性交等而自发性射精。这两种遗精分别被称为梦遗或滑精。无论是梦遗还是滑精，对身体的影响都微乎其微。传统观念往往夸大遗精的严重性，认为这是“泄阳”，会伤元气，事实上，正常成年男性约有90% 的人出现过遗精现象，一次排出数毫升的精液中 99% 是水分，其余是蛋白质、糖等。对高职学生身心健康产生影响的并不是遗精，而是由此引发的紧张、焦虑等情绪。

（二）女生的月经困扰

进入青春期的女生开始出现每月一次的月经，月经是指有规律的周期性的子宫出血。发育正常的女性，每隔一个月左右，子宫内膜发生一次自主增厚、血管增生、腺体生长分泌以及子宫内膜崩溃脱落，并伴随出血的周期性变化，这种周期性阴道出血和子宫出血现象称为月经，很多人习惯称其为例假。一个女性初次来月经被称为初潮，标志着已经步入了青春期，女性平均初潮年龄为 12 岁，8~16 岁之间经历初潮都属正常范围。月经的停止标志着女性已迈入了更年期，更年期女性的平均年龄为51岁。

女性来月经的前几天及月经期间，属于生理曲线的低潮期，易疲劳，身体的耐受性、灵活性下降，有些学生会出现身体不舒服，不少学生会出现痛经等。对于这些生理现象，一些高职学生表现出太多的担心，这种消极的暗示会加重自身情绪的低落和身体的不适感。

（三）性体像的困扰

进入青春后期的许多高职学生开始关注自身体像的变化，男生希望自己体格健硕、音调浑厚，拥有男性的吸引力，以引起女生的关注；女生则希望自己乳房丰满、容貌美丽，能够彰显女性的魅力而吸引男生的目光。当体征不合自己的心意时，就会出现烦恼和焦虑。

二、性心理困扰

高职学生的年龄大多数是在18～21岁，这一时期的年轻人性生理与整个身体的发育基本成熟，但性心理的发展并未达到相应的成熟度。这种性心理发展滞后于性生理发育的现象，必然导致出现各种性心理困扰。

（一）性幻想的困扰

性幻想又叫性的爱欲性白日梦，也有学者称其为精神“自淫”。它是指在某种特定因素的诱导下，自编、自导、自演与性交内容有关的心理活动过程。这是青春期常见的一种自慰行为，是一种正常的、普遍的性心理反应。美国精神病学教授贺兰特·凯查杜里安曾经指出：“这种幻想是人人都随时准备进入的一种快乐源，也是对行动的一种替代，作为一种暂时的满足，同时等待更具体的幸福，或者是对不能实现目标的一种补偿。他们允许被禁止的希望进行部分的、可容忍的表达，并在一定程度上缓解了性生活上的挫折。幻想不能完全满足性的要求，但它可以缓解由失望带来的气馁。”随着性心理的成熟和性能力的发展，高职学生有着强烈的与异性交往的愿望，但由于受社会环境的约束，相当一部分学生不可能满足与异性间的性的欲望。于是，有些同学便把自己在电影、电视、网络、小说及生活中看到、听到的恋爱故事，经过大脑的重新组合而编成自己的性故事，通过这种自编自演的、不受时空限制的幻想来满足自己对性的心理欲求。性幻想的内容往往因人而异，它与每个人的经历、爱好、思想意识或近期内阅读的书籍、观看的电影、电视等有关。性幻想故事中的性爱对象可以是任何一个自己崇拜、爱慕的异性。有的高职学生因为性梦或性幻想而认为自己是“不道德的”“卑鄙下流的”，为此感到羞耻、自卑、注意力不集中，甚至焦虑不安。有的高职学生因为频繁出现性幻想而影响睡眠，导致体力下降，严重的会导致神经衰弱，给身心健康带来不利影响。

（二）手淫的困扰

手淫是指性欲冲动时，用手或其他物品摩擦、玩弄生殖器等性器官以引起快感、获得性满足的行为，是与青少年性生理发育相适应的一种自慰式的自限性性行为。手淫是人到了青春期后产生了性要求和一时不能满足此要求的矛盾的产物。只要自然的性活动受到限制，手淫就很容易出现。研究表明，手淫时所产生的生理变化，相当于性交时的生理变化，它是消除性饥渴和性烦恼的一种手段。手淫在高职学生中是比较普遍的现象。一些学生为此到心理中心去做咨询表露出了他们的焦虑和担心，主要是因为受“手淫有害论”的影响，部分学生觉得自己这样做是不道德的、可耻的，因而对自己产生了极大的自责，也有些学生担心手淫会对自己的身体造成伤害，因而产生焦虑和不安。其实，手淫是一种自然的、正常的性行为，是对性冲动无法满足的缓解，但是手淫也应该有个度，如果沉溺其中，只靠频繁的手淫来缓解性冲动，显然是不可取的。

（三）性嫉妒困扰

从个体心理发展过程看，性嫉妒开始于婴幼儿时期。婴儿为争夺母爱，可表现出抓扯与母亲亲近的别家孩子。处于恋爱中的青年男女，普遍都有过嫉妒的情感体验。这种嫉妒可演变为恋人之间的猜疑、误解、争吵以及人与人之间的各种纠葛，使恋爱过程变得迂回曲折，甚至关系破裂。一般来说，双方相爱越深，一旦引发性嫉妒，后果也越严重。自信心缺乏和要求爱情专一是嫉妒产生的两大原因。性嫉妒的表现一般先是注视、疑虑、担心或跟踪，继而转为憎恨、敌视，甚至采取暴力或自虐、自残行为。一般来说，女生的性嫉妒心理比男生强烈。有些人甚至不能忍受自己的恋人与异性说话，这往往给自己带来很多烦恼，同时也给对方造成很大的压力。

（四）性别认同困扰

有学者在对大学生的调查中发现，女大学生对自己性别的不认同度远远高于男大学生，有超过 1/4 的女生表示在可能的情况下，愿意改变自己的性别。这么多的女生表现出的对性别的不认同主要是源于“重男轻女”的传统观念。从小经历的家庭中对性别的不对等压力在部分女学生的心里烙下的烙印，影响她们对自己性别的认同，也影响她们身心健康的成长。

（五）婚前性行为困扰

对于婚前性行为，高职学生的看法不一。有些学生觉得要慎重对待，不到谈婚论嫁不可以发生性行为；有些学生认为只要彼此相爱能够接受发生性行为；也有学生虽然内心并不赞同婚前性行为，但是常常不能很好地控制自己的性冲动。有的女生因婚前性行为造成人工流产，给身心带来无可挽救的创伤。一项婚前性行为者的调查表明，27.3% 的人怕性交后怀孕；21.3% 的人很懊悔；21% 的人怕败坏名誉；手术后怕产生后遗症的占 62.3%；担心失恋后不易找对象的占 20.7%。美国前卫生部部长爱弗略特·库普教授曾告诫说："如果你和某个人发生性关系，你不仅仅是与那个人发生性关系，从疾病角度，还包括十年之内这个人的性伙伴。这就意味着你有被传染和传播性病的可能。"从生理特点讲，发生婚前性行为对女性的身体伤害会更大。医学研究和临床资料表明，人流对女性可造成月经量减少、闭经、性冷淡、再次妊娠易流产、子宫内膜异位症、生殖器官炎症、产后大出血、终身不育等。

三、性心理障碍

性心理障碍指具有异常性行为的心理障碍。其特征是有变换自身性别的强烈欲望；采用与常人不同的异常性行为满足性欲；对不引起一般人性兴奋的物品或情景有强烈的性兴奋作用。性心理障碍不包括单纯性欲减退、性欲亢进及性生理功能障碍。常见的性心理障碍有以下几种：

（一）性身份障碍

性身份障碍主要指易性癖，是指个人对性别身份的内在信念与其生物学性别不一致，强烈希望转换成异性。据统计，在易性癖中，男性与女性的比例通常为 3∶1，易性癖者不能接受自己现有的身体性别构造，强烈要求通过变性手术改变原有的性别。其共同的特点为：深信自己应该是真正的异性；声明自己是异性，但躯体没有按照其"真实的本质"发育，致不正常；寻求医治，如果可能，实施外科手术，以便使其躯体改变为其所体会到的真正性别，希望周围人按其体验到的性别接受他或她。

（二）性偏好障碍

性偏好障碍一般来说可以分为两类：一类是性对象异常；一类是性动作变异。其发生发展与人类的性腺活动有关，一般在青春期开始明显，及至年长，特别是接近更年期，随着性腺活动趋向低下，性行为趋向缓和。

1. 恋物癖

恋物癖指受强烈的性欲与性兴奋的联想所驱使，反复出现收集某种异性使用的无生命物品的企图和行为，在接触这些物品时引起性兴奋。恋物癖几乎仅见于男性，所恋物品均为女性身体接触的东西。此种癖好往往开始出现时是偶然的，后来通过条件反射的方式固定下来。

2. 异装癖

具有正常异性恋的人反复出现穿着异性装饰的强烈欲望，通过穿着异性装饰可引起性兴奋。异装癖主要见于男性，多始于青春期，开始着女装时偶然与性兴奋联系起来，并导致了手淫和射精，使其有了深刻的印象，之后在着装及性兴奋之间建立了条件反射的机制。

3. 露阴癖

露阴癖又称裸阴癖，指反复多次在陌生异性面前暴露自己的性器官，以引起异性紧张性情绪反应，从中获取性快感。露阴癖几乎仅见于男性，多是怕羞而胆小的人，在发育方面也不健全，生活中缺乏与异性交往的能力，露阴冲动实际上是对自己性格的一种强烈的逆反，想借此证明自己是个男人，以减轻自己潜意识里的焦虑。

4. 窥阴癖

窥阴癖又称窥淫癖，指反复多次观察毫无准备的裸体、正在脱衣服或从事性活动的他人，从而激起性幻想、性渴求或性行为以达到性满足。几乎仅见于男性，对其行为有明确的非道德认识，但无法克制冲动。

5. 摩擦癖

摩擦癖指反复多次与不同意此行为者作触碰及摩擦，从而激起性幻想、性渴求或性行为，仅限于男性。摩擦癖者一般具有下列行为表现：首先，具有计划性和目标选择性；其次，当被摩擦的对象有明显的反应时，通常会中止有关行为，并装出一副若无其事的样子，但对方如果默然避开或默许，常常会继续有关行为；再次，摩擦癖多用生殖器区进行摩擦，但也有以手或臂肘及其他部位作为主要摩擦部位的。摩擦癖者多为反复发作的情况，往往是冲动战胜理智。

课堂活动 对婚前性行为怎么看?

（一）目的

促使对婚前性行为的思考。

（二）过程

10位同学自由组合为一组，选出组长，主持小组内互动分享。

（1）读下列资料，将思考的结果填入表3-1中。

有资料表明，婚前性行为：

对于女性来说，初次性交后有可能产生下列心理：A. 我不再是姑娘了；B. 我是他的人了；C. 我为他奉献了一切，他应该心里只有我。由于没有法律的保障，她会感到不安全，对男友往往表现为两种极端态度：一是苛刻、纠缠、刁钻，对他的一举一动都想控制。二是百般依赖、迁就、顺从，即使发现他有难以容忍的缺点，也不能或不想与之分手。

对于男性来说，初次性交后有可能产生下列心理：A. 这是她同意的，我又没有强奸她；B. 感到放心了，对女友不再像从前那样呵护和关怀备至；C. 对女友的纠缠和控制感到厌烦；D. 女友越是依赖、顺从、迁就，越感到她变得“无价值、不值钱”；E. 始乱终弃。

表3-1 婚前性行为对个人发展的影响

积极影响		消极影响	
1		1	
2		2	
3		3	

（2）请每位同学在小组内分享自己的感受和思考。

（三）思考

其他同学的分享对你有什么影响？

课后思考

1. 在不同的年龄阶段，你是否经历过不同的性生理和性心理的困扰。
2. 面对性生理和性心理困扰，你有什么方法可以帮助自己？
3. 常见的性心理障碍有哪些？

心理知识窗

性心理与性行为

性功能的正常发挥与一个人的精神、心理状态密切相关，未婚状态下的性生活，男女双方的心理状态会表现得十分复杂。由于不是正式夫妻，男女双方会紧张，甚至有担心与惧怕等心理，或者内心有一种自责与内疚之情。这种心理有可能会影响性行为。

单元 3.3

维护性健康

案例分享　小纪的不幸

小纪原本有一个幸福美满的家庭，可5岁那年母亲改嫁使小纪的命运发生了改变。父亲开始酗酒，每晚醉酒后就对小纪谩骂殴打。小纪整日生活在焦虑和恐惧之中，性格变得越来越孤僻，没有朋友，也很难和同学建立良好的关系。考上大学后，小纪发现当同学在宿舍里谈论女生的时候，自己有一种强烈的性冲动。小纪渴望找到一个异性伴侣，但很快就发现，班里没有女生愿意接近他。此后，小纪开始在网络上主动搭讪女生，“谈情说爱”。很快，小纪开始了和网友约会并发生性关系。因为小纪很难有能力维持一段关系，导致他比较频繁地更换性伙伴。大三开学前的暑假里，小纪出现了持续发热并伴有盗汗、腹泻、体重下降等症状，用药后仍不见好转。在医生的建议下，小纪做了艾滋病抗体检查，结果是“阳性”。这对小纪来说，无疑是晴天霹雳，小纪痛定思痛，在一次学校组织的朋辈性心理辅导上说出了自己的故事，并告诫学弟学妹们：艾滋病离我们并不遥远，年轻人要远离诱惑，学会保护自己。

分析

小纪在得知自己不幸患上了艾滋病后，在自身充满悔恨的同时，能够积极调整心态，并以亲身的经历告诫学弟学妹们不要步其后尘的做法是令人称赞的。许多同学可能对艾滋病的发生及传播途径并不太了解，在随意发生性关系时没有防范意识。这对于小纪来说，是一个终身无法弥补的痛，但是从小纪的痛中，我们是否可以得到一些启示呢？

在了解了相关性生理和性心理知识的基础上，高职学生还必须学会如何进行性健康的维护，只有这样，才能保证自己身心的健康发展。

一、高职学生性心理发展的特点

高职学生在生理上的发育已经成熟，但是由于尚处于求学阶段，社会阅历相对较少，心理上并未完全成熟，性心理发展也是如此，主要表现有以下几个特点。

（一）对性生理发展的关注

进入青春期后，男生和女生的生理都会发生一系列的变化，这些变化让男性特征和女性特征更明显地显现出来，男生和女生开始相互关注、相互吸引。因此，从进入青春期，开始意识到自己性生理的变化以后，男生和女生就会开始特别关注自己的生理变化，也期望自己能对异性有较大的吸引力。

（二）对性知识的渴求

在第二性征发育之后，男生的首次遗精和女生的初潮现象的出现使个体对自身性别角色的认识发生了质的变化。伴随着性生理的变化，男女少年普遍产生了对性的好奇，也越来越渴望多了解一些有关性的知识，往往开始有意识地通过网络、书籍和同学交流等来寻求性知识。

（三）对异性的爱慕

进入高职的学生开始关注周围的异性，此时的学生已经不再满足于朦胧的好感，有明显愿意同异性相处的意愿，在行为上也会表现出一些主动接近异性的举动。有些学生表现出了大胆的追求，向喜欢的男女生大胆地表白；也有些学生怕被拒绝，而默默地关注自己的暗恋对象，为他（她）欢喜为他（她）忧。这种心理和行为是这个年龄段的正常反应。

（四）性需求与性压抑

生理上的成熟让高职学生有了性的需求，但是尚处求学阶段的高职学生一般不具备成家立业的能力，性生理的需求无法有一个正常的满足渠道。有些学生因为无法得到正确的性方面的知识，不能正确对待自己的性需求，强迫自己否认，回避性需求，长期处于紧张及焦虑等状态下；有些同学形成了严重的性压抑，导致对正常性反应感到困惑和厌恶、内心不安、焦虑、矛盾和冲突加剧，严重的可导致出现性敏感和性恐惧。应当说，适当的性压抑是符合社会规范的需要的，是成熟的表现，但是严重的性压抑，则可能有害健康，甚至导致性欲畸变、性能量退化，引发性扭曲。

二、性健康的标准

高职学生应该对自己的性健康水平有一个正确的认识，了解作为这个年龄段的学生什么样的性健康的标准才是正常的、健康的，以便于及时提醒并调整自己的状况，不要偏离了正常的轨道。

（一）性教养

达尔斯·罗杰斯认为，一个在性方面有教养的人应当符合以下标准：

（1）具有良好的性知识；

（2）对于性，没有因为恐惧和无知所造成的不当态度；

（3）性行为符合人道；

（4）在性方面做到“自我实现”；

（5）能负责地做出性方面的决定；

（6）能较好地获得有关性方面的信息；

（7）遵从社会道德和法律方面的约束。

（二）性健康

性健康是指具有性欲的人在躯体上、感情上、知识上、信念上、行为上和社会交往上健康的总和，内容包括：根据社会道德和个人道德观念享受性行为和控制生殖行为的能力；消除抑制性反应和损害性关系的诸如恐惧、羞耻、罪恶感以及虚伪的信仰等不良心理因素；没有器质性障碍、各种生殖系统疾病及妨碍性行为与生殖功能的躯体缺陷。实际上，性健康包括了性生理健康、性心理健康和性行为健康。

1. 性健康的通用标准

（1）性生理健康：有正常发育的生殖器官和第二性征；生殖系统功能正常；有良好的卫生习惯，保持生殖系统健康。

（2）性心理健康：性心理的形成是健康的；有健康的性别认同；用正常的心态对待各种性问题。性心理健康必须具备以下四个条件：

一是个人的身心应有所属，有较明显的反差。

二是个人有良好的性适应，包括自我性适应与异性适应，即对自己的性征、性欲能够悦纳，与异性能很好相处。

三是对待两性一视同仁。对一切与科学相悖的性愚昧、性偏见及种种谬误有清醒的认识，理解并追求性文明。

四是能够自然地、高质量地享受性生活。

（3）性行为健康：性行为符合社会规范；遵守性行为的道德要求；履行性行为的社会责任。

2. 高职学生性心理健康的要求

高职学生有一定的文化素养，对于这样一个群体来说，除了具备上述性教养的标准及性健康的标准之外，还应该符合以下几个方面的要求：

（1）有正常的性需求和性欲望；

（2）有科学的性知识；

（3）有良好的性道德；

（4）有正当的性行为。

正常的性需要和性欲望是性心理健康的物质基础，科学的性认识是性心理健康的自我调节机制，正当的性行为是符合校纪、道德、法律规则的行为。只有上述几方面协调一致，才能称其具备健康的性心理。

三、性健康的维护

高职学生首先要有维护性心理健康的意识，再通过掌握科学的性知识、培养健康的人格等途径来维护自己的性健康。

（一）掌握科学的性知识

性是一门综合的科学，包括性生理学、性心理学、性社会学、性伦理学、性美学等。性知识涉及的内容比较广泛，包括男女生殖器的解剖学知识；生育过程；青春期的发育、表现、反应及卫生常识；性器官与性生活卫生；男女性别差异和社会角色；性功能障碍的表现与防治；等等。高职学生应该通过正常渠道对上述性知识有一个科学的认识。在学习性知识时，高职学生有必要注意以下几个问题：

（1）要培养鉴别良莠、区分好坏的能力。性知识获取的渠道很多，有些是正确的、科学的，也有些是极不科学、极不严肃，甚至是低级下流的，这就要求高职学生在获取性知识时，能够有一定的鉴别能力，不受误导。

（2）树立主动学习性知识的意识。性知识内容丰富，关系到人们生活的质量，高职学生可以将其作为学习的内容，通过获取知识对自己的性需求等有更科学的认识，积极缓解由于性问题而引发的心理压力。

（3）要选择正规的国家出版机构和正规渠道出版的读物或载体的信息，避免受到错误信息的影响，也要警惕受色情读物的腐蚀和诱导。

（4）要能够大胆走进学校的心理咨询室，坦然接受心理老师的正确指导，在直接的沟通、交流中获得性知识。

（二）完善自己的性观念

社会是由两性组成的，一般情况下，人们在自己的性观念的指导下与异性进行交往，建立性关系，最后组成较为稳定的家庭。观念的形成受许多因素的制约，也需要经历漫长的过程，且根据社会发展和人所处的环境的改变而发生变化。可以说，观念是一个不断发展、不断更新的心理现象，它会伴随人的一生而不断变化。观念的完善是在心理不断成熟、道德水准不断提高的基础上进行的，它可以促使人们更好地适应社会，更加和谐地与身边人相处，更加充分地发挥和实现个人能力与人生价值。高职学生正是各种观念形成的关键时期，性观念的完善尤其重要。成熟的性观念可以更好地解决在学习生活的同时由性所带来的各种困惑，使学生顺利地与异性交往，建立恋爱关系和协调性关系，从而达到身心健康、稳定、和谐的状态。

（三）培养健康的人格

一个人对于性的态度反映其人格的成熟度。人自身的尊严感和对他人是否尊重，都会在两性关系中充分体现出来。

1. 要自爱自信

男性和女性由于性别的不同而产生了不同的性别角色。男性和女性在生理上和心理上有各自的特点，有不同的魅力。有些女生会由于性别角色而自卑，是因为从小受到重男轻女思想的影响。对于这部分学生来说，首先应该在生理、心理等方面，对自己进行合乎科学、合乎道德、合乎时代要求的全面角色认同，接纳和欣赏自己的性别角色，培养自爱、自信的品质。

2. 对性行为负有社会责任感

性行为包括自慰及与他人发生性关系，自慰不会影响他人，但与他人发生性关系，因涉及他人便涉及社会责任。性行为有可能给另一方造成心理和肉体上的伤害，可以产生新的生命，这也就意味着影响和改变另一个人的生活，同时也对自己的生活产生重大的影响。作为生理发育成熟的高职学生，应该了解性行为的后果，增强自己的性道德和性法律意识，用道德和法律规范自己的性行为。

3. 培养良好的意志品质

人与动物的一大区别是人是有意志力的，人可以抑制和调整自我的冲动。高职学生作为有文化、有知识的一代青年，培养良好的意志品质对于今后长远的幸福和个人发展都是有益的。正如鲁迅先生曾经说过的："不能只为了爱——盲目的爱，而将别的人生的要义全盘疏忽了。"

（四）积极进行自我调节

每一个健康的、发育正常的人进入青春期后，都必然会产生性的欲望和冲动。青春发育后期是性欲和性冲动最为旺盛的时期，但高职学生性的需要又较难通过像婚姻等正常的渠道得以满足，因此，这一时期对自己的性欲望和性冲动进行积极有效的自我调节就显得尤其重要。事实上，绝大多数的高职学生是可以达到心态平和、性欲稳定的状态的，这也就是说，只要我们找到了适合于自己的调节方式，性欲是完全可以控制的。

1. 积极参与异性间的正常交往

正常的异性间的交往可以满足性心理需要，达到心理平衡。同时，异性间的交往是一个互相学习、互相了解、互相适应的过程。它可以让男女生之间消除神秘感，减少好奇心，逐渐熟悉异性，让异性间的交往变得更自然，还可以学习一些与异性交往的技巧，有助于日后恋爱、婚姻的成功。

2. 适度宣泄

适度宣泄有助于消除由于性欲而带来的紧张感，缓解性冲动。宣泄的方式很多，可以运动、唱歌、呐喊、找朋友聊天等。当这一切都无济于事时，也可以适当地通过自慰的方式进行直接的发泄。有学生担心自慰会对自己的身体造成伤害，事实上自慰的危害不在于自慰本身，而在于对自慰的错误认识所带来的巨大的心理压力。但也需要强调的是自慰要讲究度，如果自慰过度也会给身体造成一定的伤害。

3. 升华

升华是指用一种积极的高尚的能为社会所接受的方式取代性欲，使欲望和性冲动得以转移。如让自己的生活变得更丰富充实，全身心地投入学习；培养各种兴趣爱好；积极参加集体活动；让自己融入社会，多与人交往，空闲时间出去郊游；等等。

4. 主动进行心理咨询

面对自己的性心理困惑，要能有针对性地进行心理咨询，和专业的心理老师一起探讨造成自己性心理困惑的主要原因，寻找适合自己的缓解、减轻以致消除性心理矛盾冲突的途径和方法，促使身心和谐发展。

5. 学会面对性骚扰的自我保护

首先，要树立自尊、自重、自爱的形象。在与异性交往中，做到举止大方、行为得体，作风正派，衣着打扮不轻浮。其次，要学会自我保护，女生在夜间尽量不要单独外出，更不要单独在男生家中或住所长时间停留。面对异性的性要求，要能勇敢地说“不”，必要时向别人呼救，或向 110 求救。如果有学生有过被性骚扰的经历，也不必过分恐惧和自责，首先要对自己明确的是你是一个受害者，你经历过的可怕的、让你感到厌恶的事件并不是你的过错。如果有不良情绪积压心头难以排解，可以寻求心理帮助。

世界卫生组织认为，随着人类文化和生活水平的提高，人类的性问题对个人健康的影响将远比人们以前所认识的更为深入和重要，对性的无知或错误观念将极大地影响人们的生活质量。每个高职学生有必要充分认识到这一点，主动地抵制不健康的性行为，自觉维护性健康。

四、性传播疾病的预防

随着高职学生性观念的日益开放，学生发生性行为的频率日益增加。有些学生为了满足自己的性需求甚至与多名异性发生性行为，性行为的对象有同学也有校外人员，这就使得性疾病在高职校园中的感染和传播存在一定的可能性。因此，了解性传播疾病的相关知识，对于预防性疾病传播有着重要的意义。

(一) 什么是性传播疾病

性传播疾病（Sexually Transmitted Diseases，STD）是指通过性接触可以传染的传染病。过去称之为性病，1975 年世界卫生组织决定用性传播疾病这一概念来取代过去的性病一词。其概念已经不同于经典性病，病种也由经典性病的 5 种扩展到 20 余种。我国《性病防治管理办法》规定，我国目前重点防治的 STD 有梅毒、淋病、艾滋病、软下疳、性病性淋巴肉芽肿、非淋菌性尿道炎、尖锐湿疣和生殖器疱疹 8 种。其中前 3 种属于《中华人民共和国传染病防治法》规定管理的乙类传染病，其他 5 种为卫健委规定需要作监测和疫情报告的病种。

（二）性病传播方式

性病传播方式包括以下几种：

1. 性途径传播

发生性行为是主要的性病传播途径，像接吻、触摸在内的性行为均可传播 STD。有些性病，性伙伴一方患病，就有可能通过性行为传染给对方；还有些性病，可通过皮肤黏膜的直接接触传染对方。女性比男性更容易感染性病，男性中包皮过长者较易感染性病。

2. 非性接触传播

性病患者的分泌物中有大量病原体，间接接触被病原携带者或病人泌尿生殖道分泌物污染的衣服、用具、物品、被褥、便器等，也可能被感染。

3. 血源传播

一些性病可以通过输血传播。输入含有艾滋病、梅毒、淋病等病原体的血液，传染概率高达 95% 以上，而且潜伏期短，发病快，症状严重，并发症多。

4. 母婴传播

母婴传播包括胎内感染、产道感染及产后感染。

5. 医源性传播

医疗操作所用器械消毒不严可造成医源性感染，主要是未消毒或消毒不彻底的注射器、手术器械以及刺破皮肤或黏膜的其他医疗器械，造成病人间、医患间传播。

6. 人工授精、器官移植

人工授精和器官移植有可能造成 STD 的传播，尤其是 HIV 的传播。

（三）性传播疾病的危害

STD 患者不仅给自己造成不同程度的身体损伤，带来精神痛苦，还会给子女、家庭带来不幸，给社会和国家造成危害。

1. 对个人身心健康的影响

STD 患者不仅承受身体上的病痛，还要承受经济负担，以及来自家人、同事、好友的鄙视，精神压力往往很大。若患者羞于启齿延误及时、正确的治疗，男性可能导致附睾炎等而致不育；女性可引起盆腔炎、输卵管炎、子宫内膜炎、异位妊娠、流产等。尖锐湿疣、生殖器疱疹等可引起癌变，而艾滋病的治愈率极低。据世界卫生组织艾滋病规划署统计，从 1981 年美国报告首例艾滋病至今，艾滋病已夺去了超过 2 500 万人的生命，已经成为吞噬人类生命的恶魔。

2. 对他人的危害

STD 传染性强，性伙伴以及密切接触者都处于危险之中。一些 STD 可通过垂直感染和间接接触传染给婴幼儿，影响他们的健康发育和成长。据统计，全世界有超过 300 万的婴儿在出生时就感染上了艾滋病的病毒，受感染婴儿寿命通常在 5 年以内。由于婚外性关系而感染 STD，常导致婚姻危机，造成家庭解体。

3. 对社会的危害

STD 迅速传播蔓延，直接影响到国民经济的发展。我国一些经济学家认为艾滋病问题是“中国经济前景中的一个未知数”。高昂的医疗费用和劳动力的丧失，会给家庭和社会带来沉重的经济负担，影响家庭稳定。部分患者还有可能产生报复心理，出现反社会行为，成为社会的不稳定因素。

（四）性传播疾病的预防

中国《性病防治管理办法》明确指出，中国对 STD 防治实行预防为主、防治结合、综合治理的方针。高职学生为了自己的身心健康，也为了社会的和谐发展，有必要学习并掌握有关 STD 的基本知识，积极参加 STD 的预防。

1. 提高自我保护意识

目前，我国 STD 的预防包含两个层次的内容：一是初级预防，着眼于保护健康人免受传染；二是二级预防，主要是对 STD 患者及可疑患者进行追访。高职学生应该了解 STD 防治知识，认识到 STD 的危害性和可预防性，增强自我保护意识，知道在发生性行为时应该怎样保护自己免受传染。

2. 洁身自爱

根据《2019 年我国卫生健康事业发展统计公报》，2019 年我国艾滋病发病人数为 71 204 人，死亡人数为 20 999 人。性传播已成为艾滋病传播的主要途径。高职学生应了解性传播疾病的知识，尽可能地减少婚前性行为，并注意减少不良的性刺激。

3. 培养健康人格

有学者认为，人类最后遏制性病流行既不可能依赖所谓的特效药和疫苗，也不可能是靠避孕套，而最终要归结于人格的健康。高职学生应当不断完善自己的人格，学会自尊、自爱和自信，拥有积极进取的人生态度和健康的生活方式，同时也应该尊重他人的人格，遵守性道德，有效控制自己的性行为，对自己、对他人、对社会承担起自己的责任。

课堂活动 重视性教育

（一）目的

促进对接受性教育的重视。

（二）过程

以宿舍为单位形成若干组，每组选出组长，由组长组织对如何理解“性教育是人格的教育、生命的教育、人际关系的教育”进行讨论，并推选一位同学在班级进行分享。

（三）思考

其他同学的分享对你有什么影响？

课后思考

1. 高职学生性心理发展的特点有哪些？
2. 如何理解高职学生性健康的标准？
3. 简述维护高职学生性健康的途径。

心理知识窗

艾滋病

艾滋病（Acquired Immure Deficiency Syndrome，AIDS）起源于非洲，后由移民带入美国。1981 年 6 月 5 日，美国疾病防控中心在《发病率与死亡率周刊》上，首次刊登了 5 例身体免疫系统全面崩溃的病人的病例报告。1982 年这种疾病被命名为“艾滋病”。1985 年，一位到中国旅游的外国患者入住北京协和医院后很快死亡，后被证实死于艾滋病，这是我国首次发现的艾滋病病例。

自我探索 性观念测试

请你对下列问题回答“是”或“否”，累计所得分数对应你的性观念。

1. 你认为只要两情相悦就可以发生性行为吗？
2. 你赞成同性恋吗？
3. 你认为电视检查制度过于严格吗？
4. 你喜欢看 AV 吗？
5. 你厌恶杂志或报纸上刊出的裸体照片吗？
6. 如果不会有人看见，你会在自家庭院里做日光浴吗？
7. 即使有人看见，你也会在自家庭院里做日光浴吗？
8. 瞧见邻居做日光浴，你会尴尬吗？
9. 你喜欢到裸泳海滩吗？
10. 你曾经裸泳吗？
11. 你厌恶电视上的裸体镜头吗？
12. 你厌恶色情服务业吗？
13. 家人里有人喜欢裸体走动，你会觉得尴尬吗？
14. 如果让客人看到家人裸体走动，你会觉得尴尬吗？
15. 没人在家时，光着身子从卧房或浴室走出来，你觉得尴尬吗？

评分方法：

第 1、3、4、6、7、9、10、11 题答“是”的计 0 分，答“否”的计 1 分。

第 2、5、8、12、13、14、15 题答“是”的计 1 分，答“否”的计 0 分。

10 ～ 15 分：你是一个性观念非常保守的人。

5 ～ 9 分：你固然有些性压抑的倾向，但不算太强烈，许多时候你仍能以开放的眼光来看待这件事。

4 分以下：你能够以开放的眼光来看待性，任何性观念都能自在接受。

时代在发展，许多人的性观念也随之发生改变。对于大多数人来说，谈性不再会色变，但受不同环境及家庭教育的影响，高职学生对性的认识和接纳程度存在差异。当然性观念的测试并不能完全代表同学们对性的看法，只有科学地认识性与性心理，才有助于加深大家对性的理解。

知识拓展 亨利·哈夫洛克·霭理士

亨利·哈夫洛克·霭理士（Henry Havelock Ellis），1859 年 2 月 2 日出生于英格兰东南部的萨里郡克罗伊登城一个几代都以航海业为生的家庭。父亲是一位远洋海轮的船长，霭理士七岁时就随父亲漂洋过海，幼年时期的霭理士对波澜壮阔的海洋充满了幻想和依恋的感情。霭理士的母亲反对暴力和战争，思想开明，从不对自己的孩子施加压力，开明和宽容的家庭培养了他倔强、自信和酷爱自由的个性。

霭理士十七八岁时，像其他这个阶段的男生一样，开始对男女之间的爱情及朦胧的性刺激产生好奇，并立志要透彻了解这个在知识方面和道德方面都充满神秘色彩的现象的含义，使后来的人能够从他曾经感受过的无知的困境中解脱出来。为了实现这一目标，霭理士付出了特别的努力，包括重新回到学校去学习医学。1894 年霭理士花费 12 年心血写成的专著《男与女》出版。《男与女》从人类学和心理学的角度研究和评价了男女之间的第二性征上的差别的意义。这部专著被后人认为是霭理士之后三十多年著述的七大卷《性心理学研究录》的一个引子，有了这个引子，霭理士开始对人类性心理学的问题进行系统的研究。1933 年，霭理士的《性心理学》问世，这部书的英文版问世以后的头十几年里，每隔一年或两年就重印一次，被译成多种文字在世界各地出版发行。英国著名的数学家和哲学家、1950 年诺贝尔文学奖的获得者罗素在评论这部书的时候说过："以性为题目的书种类繁多，不一而足，却很少有几本能让人放心，但这部作品实在精彩，值得钦佩，我们完全可以有把握向所有人推荐。"

霭理士是当时英国的一位很有影响的科学家、思想家、作家和文学评论家，他终身严肃从事人类性科学的研究和教育，认真探讨人类的精神世界和性的生物学的密切关系，他和弗洛伊德一起被视为性科学领域的先驱。他始终反对宗教、道德和习俗三位一体对于妇女的压迫和禁锢，热烈同情妇女对权利和自由的要求，主张用改良主义的"社会主义"改造英国的社会。欧美各国研究过霭理士的许多著名学者都高度评价他的人品和学问，美国著名评论家孟根称赞他为"当代最文明的英国人"。霭理士一生在哲学、宗教、社会学、人类学、文学、翻译、医学和生物学等学科范围内，都有很大的贡献，许多名著至今仍一再重印发行。

总结案例 对自己的行为负责

石同学是某高职院校大一新生，因心理课缺课被心理老师约谈。石同学走进咨询室时，眼睛红肿着，一看就是刚哭过，自称是被同学从隔壁院校的小山上才找回来。

石同学自诉，寒假在乘车回家的路上结识了隔壁学校的王同学。第一次见面，石同学就被王同学那高高的个子和挺挺的鼻梁所吸引，觉得王同学就是她心目中的白马王子，之后她开始主动联系王同学。随着接触的深入，王同学也开始主动联系她。4 月 1 日愚人节的时候，石同学主动发了一条信息给王同学表明爱意，石同学说之所以选择那天是她怕被拒绝。很快王同学给了回信，同意和她确定恋爱关系。之后的两个月，石同学觉得生活特别甜蜜，每天早起的问候、晚睡前的祝语都让她感觉到浓浓的爱意。但上周末，石同学和王同学谈起了她的前男友，石同学没想到的是王同学特别介意她和前男友曾经发生过性关系的事情，当下就提出了和她分手。石同学苦苦哀求，但王同学的态度非常坚决，丝毫没有回旋的余地。两天过去了，石同学发出的短信如同石沉大海，昨天一夜没睡的石同学来到了男友的学校，在两个人曾经山盟海誓的小山上等待着男友的到来。为什么会是这样？我原以为我们“90 后”是开放的，只要两人是真爱就不会太看重这些，没想到我的男友会是这样，石同学边哭边诉说着，言语之中，充满了悔意。

分析

石同学的个案反映了现阶段年轻人对性的不同的态度，部分同学会觉得爱是完全的付出，包括性；也有部分同学会觉得最神圣的性爱应当留给结婚的对象。同学们可以思考一下对性的看法，或许你会赞同前者；或许你会同意后面的说法。不管你是什么样的观点，通过正确渠道了解性知识，对自己的性观念等有一个自我反思，对于高职学生来说是非常有必要的。此外，对于已经是成年人的高职学生来说，在做任何事情前都应当思考一下有可能出现的后果，当确认自己能为将要发生的后果做好充分的思想准备之后再行动，以免像石同学一样，悔之晚矣。

模块三　课堂反馈

模块四

知晓网事　善用网络

学习指南

从互联网的发展过程来看，网络就是沟通的革新。互联网的发展给我们带了丰富的学习资源，也让我们的生活更加便利，但它就像一把双刃剑，有利有弊。只有充分认识互联网对人类心理与行为的影响，才能正确地认识互联网、使用互联网，让互联网成为日常生活的有益工具，使其更好地为我们服务。

能力标准

分类	具体内容
知识	1. 互联网的形成与特点 2. 网络对高职生行为和心理的影响 3. 高职生常见的网络心理问题
技能	1. 掌握互联网相关知识 2. 学会运用互联网发挥正向作用 3. 有效预防网络心理问题
态度	1. 积极了解互联网的发展趋势 2. 正确识别互联网的利弊 3. 以良好的心态调适网络心理问题

单元 4.1

互联网与网络心理

案例分享 丁同学的网恋

丁同学，男，某高职院校一年级学生，自诉来自一个比较富裕的家庭，但由于身高偏矮，相貌平常，一直很自卑，同学关系也不太好。进入高职院校后，丁同学迷上了网络。不久，在网上结识了一位外省的女生，该女生称自己是一个没人疼爱的人，初中毕业就辍学在外打工，自己养活自己，外出打工期间经历了很多事情，也受到过很多伤害，目睹了未婚夫被车撞死的场景。女生的故事唤起了丁同学极大的同情心，丁同学做出了一个重大的决定，决心为这个女生撑起一片遮风挡雨的天。他给女生寄去了路费，很快女生来到了他的身边。丁同学在校外租了房子，和女生过起了同居的生活。为此，丁同学开始找各种理由问家里要钱，编织着一个拯救女生的美丽的英雄梦。直到有一天，一位自称为女生未婚夫的男子敲开了出租屋的门，丁同学开始诧异，这到底是被撞死的那个未婚夫呢？还是另有其人？带着这样的困惑，第二天，丁同学将这位女生和她的未婚夫送上了火车。看着火车徐徐离开火车站，丁同学的疑惑还在脑海中萦绕。

分析

初入高职院校的许多学生是单纯而善良的，很容易对网络上传递的信息不假思索地相信和接纳。丁同学对网络上结识的外省女孩漏洞百出的故事深信不疑，说明大学生的网络信息鉴别能力还有待提高。现实中的丁同学虽然家境较富裕，但他对自己的许多方面认同感不够，例如身高、相貌等条件，现实中没有找到合适的女孩交往也是促成他与外省女孩很快坠入爱河的一个重要原因。如何正确地认识互联网、合理地使用互联网、辨别互联网上的真假信息，都是值得大学生思考的问题。

当今时代，网络无处不在。网络的迅猛发展极大地改变了人们的生活、学习、工作和思维方式，网络也因其自身独特的优势构架了数字化时代的一道亮丽的科技、文化、教育景观。面对飞速发展的网络技术，我们时而兴奋，时而着急。兴奋的是，互联网为生活提供了极大的便利条件。我们可以通过互联网掌握最新信息、了解最先进的科技，可以借助网络购物、交友、开会、聊天，也可以借助网络学习、游戏等。着急的是，面对复杂的多元的信息，我们难以控制和甄别，有时也会给心理健康带来负面影响。正确的做法是顺应网络时代，趋利避害，培养健康的网络心理。

一、互联网概述

（一）互联网的概念与作用

1. 互联网的概念

互联网（Internet），又称网际网络或因特网，由网络与网络串连而成。这种将计算机网络互相连接在一起的方法称作“网络互联”，在此基础上发展出覆盖全世界的联系系统称为“互联网”，即“互相连接在一起的网络”。

2. 互联网的作用

通过互联网，我们可以查询信息、获取新闻、学习知识、发布信息、收发电子邮件、即时沟通、网络娱乐等。近年来，移动互联网的普及给越来越多的用户带来了生活和工作上的便捷，我们可以进行网上购物、享受网上金融服务；可以在家中进行网上办公、网上会议；可以通过网络进行问卷调查、做各种测试；也可以通过网络预约挂号，享受优质的医疗服务；等等。

（二）互联网的发展

1960 年，美国罗切斯特大学的行为心理学博士利克里德尔在他发表的一篇《人机共生》的文章中写道：“用不了多少年，人脑和电脑将非常紧密地联系在一起。”文中还预测，在不远的将来“人通过机器的交流比人与人面对面的交流更有效”。事实上，在利克里德尔博士大胆预测的同时，互联网的研究已经在美国悄然拉开帷幕。

1969 年，为了能在爆发核战争时保持通信联系，美国国防部高级研究计划署 ARPA 资助建立了世界上第一个分组交换试验网 ARPANET，把加利福尼亚大学、斯坦福大学以及位于盐湖城的犹他州州立大学的计算机主机联系起来，这就是互联网的雏形。1971 年，ARPANET 上的网点数达到 17 个，1973 年网点数达到了 40 个，各网点间可以发送文件。1972 年，第一届国际计算机通信会议在美国华盛顿举行，会议决定成立 Internet 工作组，负责建立一种能够保证计算机之间进行通信的标准规范，即“通信协议”。1974 年 IP 协议和 TCP 协议问世，合称 TCP/IP 协议。该协议的问世，最终促成了互联网的大发展。

1986 年美国国家科学基金会资助建成了基于 TCP/IP 技术的主干网 NSFNET，用以连接美国的若干超级计算中心、主要大学和研究机构，产生了世界上第一个互联网。20 世纪 90 年代，互联网的发展和应用出现了新的飞跃。1995 年以来，互联网用户数量呈指数增长趋势，平均每年翻一番。

互联网在中国起步较晚，但发展迅速。1994 年 3 月，中国教育科研网接入互联网，标志着中国正式加入互联网。2004 年 4—7 月，中国三大门户网站搜狐、新浪、网易相继在美国纳斯达克成功上市，之后，互联网在中国的发展呈现了快速的势头。2008 年，我国互联网用户数量成为世界第一，高达 2.53 亿，占全球互联网用户的 17.3%。中国互联网网络信息中心（CNNIC）第 44 次《中国互联网络发展状况统计报告》显示，截至 2019 年 6 月，我国网民规模为 8.54 亿，互联网普及率达 61.2%，我国手机网民规模达

8.47 亿，手机上网已成为网民最常用的上网渠道之一。

（三）互联网的特征

互联网被称为继报纸、广播、电视三大传统媒体之后的“第四媒体”。互联网的网络媒体集三大传统媒体的诸多优势为一体，是跨媒体的数字化媒体。互联网除具有三大传统媒体新闻传播的“共性”之外，还具有鲜明的“个性”。

1. 开放性

开放性是互联网最根本的特性，整个互联网就是建立在自由开放的基础之上的。任何一台计算机只要支持 TCP/IP 协议就可以连接到互联网上，实现信息等资源的共享。互联网的开放性不仅仅是技术层面上的，它还有更深的底蕴。开放性意味着任何人都能够得到发表在网络上的任何信息，意味着任何个人、任何组织包括国家和政府，都不能完全控制互联网。互联网的开放是对用户开放、对提供服务者开放、对提供网络者开放、对未来的改进开放，是真正意义上的面向全世界的全方位的开放。

2. 全球性

1995 年 10 月 24 日，联合网络委员会通过了一项有关决议：将“互联网”定义为全球性的信息系统。互联网是全球性的，意味着不管它的发明者是谁，互联网都是属于全人类的。事实上，互联网自开始商业化运作以来也就注定成了全球性的产物。它缩短了人与人之间的距离，使庞大的地球在不知不觉中变成了“地球村”“电子社区”，人人都可以进入“地球村”，成为“电子社区”的一员，享受着互联网带来的资源。地球在互联网的使用中，变得更像是一个没有国界的“大家庭”。

3. 虚拟性

网络世界是人类通过数字化方式链接各计算机节点，综合计算机三维技术、模拟技术、传感技术、人机界面技术等一系列技术生成的一个逼真的三维的感觉世界。它是通过对信息的数字化处理、信息的流动来代替传统实物流动，使得互联网具有了许多传统现实中才有的功能。在互联网中，人们可以匿名或虚拟身份，因此，有些情况下可不必考虑对自己发表的言论负责，这就造成了网络中发生的事情、描述的情感和美景等的真实性存疑。

4. 平等性

理论上，在互联网上是“不分等级”的，在互联网上你是怎样的人仅仅取决于你通过键盘操作而表现出来的你。如果你说的话听起来像一个聪明而有趣的人说的，那么你就是这样的一个人。无论你是老、是少、是男、是女、长得如何，无论你是学生、教师、商界管理人士，还是建筑工人都没有关系。所有的人都同等享有自己的网址，都可以拥有网络的一部分，在这里谁都有发言权，可以自由选择议论话题，而不必受到诸多限制。网络上的信息不为某个人独有，而是平等地属于每个用户。

5. 自由性

互联网是完全开放的，它拓展了所有人的公共空间，给了所有人发表意见的便利，每个人都有机会成为网络信息的发布者，每个人都有选择网络信息的自由。在互联网上信息流动自由，用户的言论和信息使用自由，在这样一个自由的王国里，所有人都可以自由地表现自己，上网时间和地点、上网的目的、浏览的内容可以根据自己的需要不受任何限制。当然，自互联网普及以来，“因言获罪”的个案也时有出现，这也在警示互联网用户在享受互联网的自由性的时候，切不可编造谎言，恶意中伤他人，触犯法律。

6. 即时性

即时性就是指能在第一时间获取信息。互联网使即时性成为可能，例如，同学们常常会有这样的经历，你正在上网玩游戏或者看视频的时候突然会蹦出个窗口，说某某地方发生了一起重大事件，这就是即时性。当今社会，互联网已经成为人们最快捷获取信息的重要渠道，人们可以通过互联网的即时性获取第一时间发布的新闻，知晓世界各地发生的大小事情。用户也可以随时上网发表评论、意见，表达自己的观点，并且你的评论、意见、表达也可以在第一时间被其他用户分享。

除了上述特征之外，互联网还具有提供信息的丰富性和专门性、身份的不确定性、个性化等特征。这样的一些特征也使得互联网被越来越多的人所接受、所喜爱。尽管有很多项目已经开始收取费用，但是，互联网上大量的信息和服务依然是免费的，这些免费的信息和服务也成了吸引广大用户的一大特点。

二、了解手机上网的现状，拒做“低头族”

除了传统的台式计算机外，目前能上网的智能移动终端还有智能手机、笔记本电脑、平板电脑等。其中以智能手机最为普及。

（一）大学生手机上网现状

智能手机人际交往是信息时代人们在网络空间进行的一种新型人际互动方式。这种虚拟的人际交往方式极大地满足了学生复杂多样的交往动机。调查表明，大学生中手机拥有率为 100%，手机使用的特点是：使用时间长、依赖度高、使用目的以娱乐为主。智能手机是一把“双刃剑”，虚拟的人际交往对学生的健康成长既有正面效应，也有负面效应。

一是大学生使用手机浪费了大量时间，使得自主学习时间大大缩短，说明手机已经严重影响了同学们的学习。

二是过半大学生对手机和网络已经产生依赖心理，他们认为没有手机、没有网络的日子无法想象，会产生不同程度的焦虑。调查发现，使用手机时间越长，对手机的依赖程度越高。

三是智能手机已经远远超出了通信工具这一基本用途。目前，大学生主要用智能手机来看电影、听音乐、玩游戏、上网与 QQ 聊天、拍照和摄像等。

智能手机的负面作用是每个上课的大学教师都能感受到的。课堂上经常可见学生不是在看书、记笔记、认真听讲，而是在玩游戏、刷微博、发微信，甚至接电话等。智能手机阅读特有的快餐式、娱乐化，正侵蚀着大学生的思维，使他们满足于浅层次的片段式阅读、轻松自在的娱乐，而排斥紧张的学习，不愿意阅读深奥的书籍，不愿意进行深入的思考，对于教材与教学持排斥态度。

（二）认识低头族的危害

“低头族”（Phubbing）这个词由澳大利亚学者麦肯和 Macquarie 大辞典联合创制，形容那些只顾低头看手机而冷落身边的亲友的人。如今无论何时何地，大学生都作“低头看屏幕”状，有的看手机，有的利用平板电脑或笔记本电脑上网、玩游戏、看视频。“低头族”的共同特征是低着头，他们的视线和智能手机相互交感直至难分难解。

随着智能手机、笔记本电脑、平板电脑等在大学校园的普及，“低头族”也大量出现在校园和课堂上。做“低头族”不仅影响学习，也会给自己带来健康隐患。

1.“低头族”的形成原因

以智能手机为代表的移动智能终端提供了丰富的应用程序，带来生活的便利和多样的娱乐手段。智能手机成为“低头族”打发碎片时间的不可或缺的工具：上网浏览、玩游戏、看视频等。由于大学生缺乏自制力等，把握不好玩手机的时间和地点，往往把手机带到课堂上来玩。在社会生活中，我们正在走入一个陌生人的社会，人和人的面对面交流减少，而虚拟社交网络的迅速普及也是“低头族”出现的重要原因。

2.“低头族”的主要危害

（1）安全隐患。

湖北 17 岁的女生商某外出与同伴聚餐，边走路边玩手机，经过一座桥时她一脚踏空，掉入没有护栏保护的深坑，经抢救无效死亡。桥面没有护栏当然是造成商某死亡的主要原因，但她的悲剧也提醒人们，走路千万别玩手机。

这不是个别事件，而具有群体性规律：某地两名青年因过马路时低头玩手机，结果被汽车撞飞；在旧金山的一辆轻轨列车上，“低头族”因太专注玩手机，结果连身旁有凶徒枪杀一名大学生也不知道。

“低头族”在社会中面临越来越多的潜在风险。若是汽车司机也属低头一族，出事概率则会骤增。有调查表明，司机边开车边看手机发生车祸的概率是正常驾驶发生车祸概率的 23 倍，而边开车边打电话发生车祸的概率是正常行驶发生车祸概率的 2.8 倍。

（2）健康隐患。

苏州一名高二女生因长期低头看手机导致颈椎间盘突出 8 厘米，压迫脊髓，患上严重的脊髓型颈椎病。一般来说，颈椎病患者会随着年龄的增长而增多，如今颈椎病开始有低龄化趋势，特别是近年来随着智能手机的普及快速发展。20 世纪 90 年代，某医院推拿科一个月可接诊两三百例颈椎病患者，而且患者以中老年人为主，病因除了年纪增大外，还有躺在床上看电视、看书，或者长期坐姿不正确等。易患人群则为教师、会计等职业人群。如今，他们接诊的颈椎病患者数量翻了几番，每月接诊近千例。其中，20 ～ 35 岁的大学生和白领占了半数以上，几乎所有的年轻患者都喜欢长时间低头玩手机和平板电脑。

据专家介绍，人低头时前屈极限（下巴碰到胸骨的状态）只能是 45°。如果前屈幅度达到 30°，就可能影响到颈椎健康。如果颈椎长期处于极度前屈的异常稳定状态就会对颈椎造成伤害，而这种危害比看电脑还要高几十倍。

长时间低头玩手机、平板电脑等，容易造成颈肩部肌肉僵硬、痉挛。时间久了，可能会导致颈椎曲度变直、颈椎间盘突出等，也可能出现探脖等体征，还可能患上腕管综合征、腱鞘炎等。不仅如此，“低头族”长期沉迷玩手机，还会影响视力，容易引发白内障。

三、了解网络心理

网络心理是指人们在利用网络的过程中产生的各种心理现象，是在虚拟的网络环境里，人的心理活动过程以及由此而形成的人的个性特征的总和。当人类进入网络时代，许多人就习惯于把自己大脑的思想信息通过网络进行储存和传输，并与他人发生思想交流，网络由此开始进入人的精神世界，成为人的大脑的延伸。网络既是一种客观的物质现实，又是人的思想信息载体。人的心理活动必然要与网络这一客观现实发生密切联系。人们对客观世界的认识会随着网络对人类生活、学习、工作领域渗透程度而发生变化，从而使人的感知、记忆、思维、情感、兴趣、信念，以及个性悄然改变，进而产生新的思维方式、行为模式与生活习惯。

大学生网络心理是指大学生作为一类特殊的群体，对网络的认知和对其的情感体验而产生的一种心理反应。对于心理发展还不完全成熟的大学生来说，网络在满足他们的心理需求的同时，也诱发了许多网络心理问题，大学生网络心理状况是其心理健康的重要影响因素之一。大学生健康的网络心理可以使其更好地利用网络获取知识、排解孤独、获得自尊等，大学生不良的网络心理则会导致其产生孤独的心理、猎奇的心理、网络成瘾、网络人格障碍等网络心理问题。

课堂活动 再识网络

（一）目的

加强对互联网的认识。

（二）过程

将全班同学分成若干组，每组选出组长，由组长组织对下列问题进行讨论并推选一名同学在班级进行分享。

（1）回想一下，你是什么时候开始接触互联网的？在互联网的使用过程中，你印象最深的事情是______________________________。你用互联网做过的事情，包括________________________。它对你最大的作用是________________________。

（2）组内推选出一名同学，将组内讨论情况在班级进行分享。

（三）思考

其他同学的分享对你有什么影响？

课后思考

1. 你每天使用互联网的时长是多少？
2. 互联网对大学生的学习生活有什么影响？
3. 你了解互联网吗？

心理知识窗

网络成瘾

网络成瘾是指由于过度地使用互联网而导致的一种慢性的或周期性的着迷状态，伴有不同程度的躯体不适，并在心理上和行为上产生难以抗拒的再度使用网络的欲望，同时会出现想要增加网络使用时间、耐受性提高、戒断反应等症状，对上网带来的快感会产生心理上和生理上的依赖。

单元 4.2

互联网与高职学生

案例分享　王同学的困惑

王同学在家中排行老二，上有一个姐姐，下有一个妹妹和一个弟弟。王同学出生前，父母就和一位亲戚商定，若是女孩子就由亲戚领养。王同学小时候是快乐的，养父母的家里有一个哥哥，一家人都对她很好。上小学的时候村里都在传她是抱养的，身世之谜一直困扰着王同学，她开始排斥养父母，经常和他们吵闹，她和养父母之间的关系也越来越僵。高中的时候，亲生父母找上门来希望认回女儿，和养父母家发生了激烈冲突，亲生父母的举动加剧了王同学和养父母之间的矛盾，但王同学又无法接受亲生父母，因此和两家的关系都搞得很紧张。高三毕业后，王同学考上了某高职院校，在学校里她和同学难以相处，进校不久就要求调宿舍，调过之后还是有很多矛盾。没有朋友的王同学萌发了一个愿望，特别希望能找一个男朋友。可是，王同学和班里的男生关系都不好。现实中找不到，王同学开始结识网友，先是在网络上结识了一位某高校的男生，两人相约见面，令王同学不解的是，见面后那位男网友就在网上将其拉黑，再也不愿意搭理她，这使得王同学很受伤，她开始降低自己网上寻友的标准。很快王同学又结识了一位在省城打工的网友，该网友初中毕业就外出打工，现在有点积蓄，结识王同学后常常给她买点小礼物、充点电话费等，王同学感觉找到了可以依靠的人，开始和网友频繁约会。一次偶然的机会，王同学发现该网友在老家结过婚并有一个儿子，但自己觉得已经无法离开他了，为此王同学开始焦虑、难过，不知所措。

分析

对于一些现实中社会支持系统脆弱的高职学生来说，选择到网络世界去寻找慰藉的并不鲜见，但是网络世界中鱼龙混杂，按照学生的阅历和经验并不能完全分辨。王同学现实生活中和同学相处不融洽，出了问题，没有认真从自己身上找原因，也不考虑如何去修复，而是选择在网上寻求慰藉，这种逃避现实的做法极有可能会使她受到更大的伤害。

一、网络对高职生行为的影响

网络自产生之日起一直在影响和改变着人们的生活，随着网络的发展，这种影响和改变越来越多地涉及人们生活的方方面面。高职学生有一定的知识基础，好奇心强，更容易亲近和接受网络，网络对他们既有积极的影响也有消极的影响。

（一）网络影响着高职生的学习方式

1. 网络提高了高职生学习的主动性

对于高职学生来说，与传统的通过课堂、报刊、书籍获取知识的方式相比，网络获取知识的方式具有快捷、方便、丰富及灵活等特点，而这样一些特点对他们有着极大的吸引力。走在高职的校园里，我们常会看到：一些学生主动地利用网络查询信息、收集学习资料；一些学生主动利用网络就自己学习中遇到的困惑、课堂上没有弄明白的问题进行探讨和寻求答案；一些学生觉得利用网络上的共享软件学习英语，让英语变得生动、有趣而不再枯燥，因此提高了学习英语的兴趣和效率。网络拓宽了高职学生的视野，让学生们学到了许多在课堂上无法学到的东西，极大地激发了部分高职学生的学习热情，让一些学生的学习由被动转向主动。

2. 网络增强了高职生学习过程的互动性

网络为高职学生之间展开互动式交流学习开辟了新的途径，提供了便捷的方式。高职学生已经越来越习惯于通过组建 QQ 群等就学习方面的内容与同学、老师互动；通过网络课堂、网上视频、BBS、电子邮件等多种方式和老师、同学甚至陌生人，就学习方面的问题展开沟通、交流。这种网络上的互动性学习，既符合高职学生的特点，提高了高职学生的学习积极性，又能够部分地改善高职院校学生和老师交流机会少的现状，有利于高职学生在课程开始前对课程的了解、课程进行中对疑难问题的探讨、课程结束后的复习巩固。

3. 网络滋长了高职生的一些不良的行为

进入高职院校的学生，随着学习压力的减小、空余时间的增多，一些自我约束力不太好的学生越来越多地把时间用在网上聊天和网络游戏中。有高职学生坦言：高中时偶尔也偷偷上网玩游戏，那是一个人玩，现在是一个宿舍里的同学联网打游戏，更刺激、更好玩。网络游戏吸引着一些高职学生通宵达旦上网，以至于白天上课提不起精神，学习成绩和学习效率极速下降。有相当一部分学生上课时也用手机在上网，一些学生公然表示，让他们课堂 45 分钟不上网聊天、看小说、玩游戏是一件非常痛苦的事情。这严重影响了部分学生的学习效率和学习效果，一些学生课后通过网络抄袭作业应付差事；也有学生的论文、课程设计，自己不做调查，不动脑筋，不查资料，直接从网络上下载。这使得一些学生不愿扎扎实实把学业基础打牢，养成了投机取巧、弄虚作假等不良的行为习惯。

（二）网络影响着高职生的人际交往

1. 网络扩大了高职生交往的范围

网络人际交往具有超时空性的特点，使得高职学生的人际交往范围有了极大的拓宽。在网络人际交往中，时间和空间发生了分离，空间与场所发生了分离，这就极大地延伸了学生们虚拟中的互动的空间距离。超时空性使整个人际互动的环境成了一个虚拟和真实的混合体，使得高职学生能够突破地域限制，实现“朋友满天下”的梦想。

2. 网络丰富了高职生人际交往的方式

网络为高职学生提供了许多方便、快捷的交往方式，如电子邮件、BBS、网上聊天等，已被高职学生广泛地应用。借助于简单的摄像装置就能在网上进行语音和视频的交流，与传统的交往方式相比，网络交流的自由和神秘感对于心理正处在不稳定期的高职学生来说，非常具有吸引力和诱惑力。

3. 网络导致一些高职生现实人际交往能力减弱

网络为人们提供的是一个既隐蔽又流动的非面对面的情境，人们在其中互动时既不用担心被人监视，也不用太顾忌社会规范的压力。在网络交流中，人与人之间非常平等，这使得一些高职学生乐于在网上交友，而对现实中的人际接触避而远之。特别是一些性格内向、在现实生活中交往存在困难的学生，更乐于沉迷在网络中寻找与人沟通交往的快乐，久而久之，很容易导致这部分学生人际交往的能力越来越差，有可能影响到将来的发展。

（三）网络拓宽了高职生获取信息的渠道

1. 网络提高了高职生的信息占有量和更新速度

网络因其具有信息量大、传播速度快和影响范围广的特点，符合高职学生的心理特点而深受高职学生的喜爱。许多高职学生越来越习惯于靠点击鼠标在浩瀚的信息海洋中方便、快捷地找到自己需要的信息，这极大地提高了高职学生获取信息量和更新信息的速度。

2. 网络信息繁杂，干扰了高职生对信息的准确判断和选择

在铺天盖地而又瞬息万变的网络信息中，每时每刻都会存在着大量的虚假信息和不良信息，这些信息不仅占用了高职学生大量的时间，而且会对高职学生造成精神上的污染和产生行为上的误导。

二、网络对高职生心理发展的影响

（一）网络对高职生认知发展的影响

认知在心理学中是指通过形成概念、知觉、判断或想象等心理活动来获取知识的过程，即个体思维进行信息处理的心理功能，它对一个人的情感、行为都有着非常重要的影响。高职学生的年龄正处于感受能力强、思维活跃而又丰富的时期，其认知发展在很大程度上容易受到网络的影响。网络集视听于一体，改变了高职学生传统意义上的静态的认知模式。在大量网络信息的冲击下，高职学生的思维更具活跃性和敏捷性，想象力也更加丰富。但是，由于受到人生阅历等方面的制约，面对铺天盖地的大量信息，一些高职学生现有的接受能力和判断能力显然不够，在信息严重超载的情况下可能会导致一些高职学生出现认知上的偏差，影响到对事物的正确认识，以及良好判断能力的形成。

（二）网络对高职生个性心理发展的影响

网络世界管理弱化、几乎不受约束的特点，符合高职学生崇尚个性张扬、追求个性自

由的心理。在网络世界里，高职学生感受到的是能够独立地选择网络资源，可以不受老师和家长的干扰来判断各种网络信息所包含的价值取向和文化倾向。对于网络上的热点问题和重大事件，可以独立进行思考和评价，这可以说是为许多从应试教育中一路走来的高职学生长期受压抑的个性，提供了一个很好的释放平台。高职学生正处于自我意识不断增强而又相对不稳定的时期，注重自尊、自信的培养，也注重有机会让自我得到展现，但是有些学生在现实生活中找不到这样的机会，而网络无疑可以让他们充分表现自己的喜好，充分宣扬自己的需要。一些学生按照自己的意愿对网页进行个性化的设计，一些学生在网络游戏中按照自己的喜恶扮演各种各样的角色，这些都会对高职学生个性心理的发展产生积极的或消极的影响。如果在网络世界里只重视自己的感受而没有顾及别人，甚至为了满足一己私利去做损害别人的事情，无疑会让自己的个性心理发生扭曲。

（三）网络对高职生情感的影响

高职学生正处于情感丰富而又情绪不稳定的阶段，其情感的发展变化与环境的改变有着很大的关系。在网络世界中，高职学生可以随意选择情感交流的对象；可以同时向多人表达自己的内心情感；可以不进行直接面对面的交流，也不用随时回应对方；可以不向对方表达自己的真实身份，不用担心危害自身利益。这种情感交流的方式解决了高职学生现实生活中渴望真情又企图封闭自己的心理矛盾。当然也有些高职学生在现实中找不到真情实感会到网络中去弥补，甚至有些高职学生热衷于网恋。但是，网络中很多不确定的因素往往会导致这部分学生的网恋与现实产生较大的差距，有些网恋的学生陷得太深以至于对自己或他人的情感造成伤害。

（四）网络对高职生道德心理培养的影响

道德是一种社会意识形态，是人们共同生活及其行为的准则与规范。道德往往代表着社会的正面价值取向，有判断行为正当与否的作用。人类的道德观念是受到后天一定的生产关系和社会舆论的影响而逐渐形成的。网络作为虚拟社会，同现实中的学校教育、家庭教育及社会环境一样对高职学生的道德心理的发展和培养产生较大的影响。现实中网络常常为一些不道德的行为提供了新的场所，网络的使用冲击了现实的道德规范。遨游在网络中的高职学生不需要真实的姓名，可以隐瞒性别、年龄、身份，在网络中与人交往不需要承担义务和责任，为了吸引人聊天可任意变换自己的角色。如果常常在网上缺乏责任感、不诚实地扮演各种角色，极不利于学生道德意识的形成和道德行为的培养。

课堂活动　关于用网习惯

（一）目的

思考自己的用网习惯。

（二）过程

以宿舍为单位形成若干组，每组选出组长，由组长组织对下列问题进行讨论并推选一位同学在班级进行分享。

（1）互联网对你的心理和行为产生了哪些影响？对于网络产生的负面影响，你的感觉是什么？是想任其影响下去呢？还是想去改变？如果想去改变，你已经尝试和想去尝试的方法有哪些？

（2）组内推选出一名同学，归纳组内同学的讨论并在班级进行分享。

（三）思考

其他同学的分享对你有哪些帮助？

课后活动

1. 上了大学之后，你的作息是怎样的？
2. 你可以不带手机出门吗？为什么？
3. 你喜欢互联网上的自己还是现实中的自己？

心理知识窗

关于生活方式

依据 WHO 在 20 世纪 90 年代初的提法，生活方式包含 4 个要素：膳食、运动、心理、烟酒。然而，近二三十年来互联网的普及使人类生活方式发生了重大的变化，如我国 80%的学生每天睡眠不足 8 小时，上大学后 36%的学生有周末彻夜上网的习惯。

单元 4.3

网络心理问题的预防及调适

案例分享　**辍学的李同学**

李同学是某高职院校大二学生，来自苏北的一个小镇，有一个姐姐，虽然家境不是太好，但在重男轻女思想的影响下，自幼得到了父母及家人的宠爱。李同学很小的时候就显露出聪慧，小学和初中的成绩一直较好，中考考上了县城一所较好的高中。离开了父母视野的李同学，一次偶然的机会和同学一起去网吧上网，一下子就被吸引了，从此经常找理由逃课去上网，成绩也一路下滑。父母看在眼里，急在心上，母亲为了看住儿子，辞去了工作，住到县城陪读。三年后，李同学高分考取了省内一所重点高职院校，当时李同学的分数已经超过了三本线，但因为家庭经济情况不是太好，才选择了公办高职。进入高职院校后，离开了父母的视线，被网络游戏深深吸引了的李同学再次开始逃课，继而出现夜不归宿。起初，还让同学帮其说谎请假，被辅导员老师发现之后索性开始关掉手机玩失踪，再后来吃住都在网吧。面对老师的劝导、父母的眼泪，李同学也曾表示悔改，但终究不能控制自己。

心理老师看到李同学时，他正在办理退学手续，一边是苍老的、含泪的老父亲，一边是头发很乱、目光呆滞、没有什么表情、周身散发着刺鼻气味的李同学。据说，他是刚从网吧被父亲带回学校办手续的。对于退学，李同学的态度很坚决，非常清楚自己的状况是没办法拿到毕业证的。但是，谈到回家后打算做什么的时候，李同学叹了口气说：除了上网，没什么可做的。

分析

李同学最终还是离开了学校，他的辍学是否会给同学们带来一些触动呢？李同学有句话说得发人深省，“他们老让我戒网，老师你说网是可以戒掉的吗？”的确，在高度信息化的今天，互联网已经深层次地走进了我们的生活，我们在依赖网络带来的便捷的同时，必须提醒自己思考：如何正确地使用网络来为我们的生活、学习以及将来的工作提供服务，而不是使自己沉迷于网络，把自己的生活搞得一团糟，做网络的“奴隶”。

一、高职生常见的网络心理问题

（一）网络情感障碍

网络情感障碍在高职学生中，多见于一些长期沉迷网络而脱离现实环境的学生中，主要表现在以下几个方面：

1. 冷漠

这类学生主要表现为对外界刺激缺乏相应的情感反应，对亲友冷淡，对周围事物不感兴趣，严重时对一切都漠不关心。

2. 孤独

主要表现为上网时感到刺激和兴奋，离开网络便觉得孤独和精神无所寄托，花费大量的时间在网上，与网友、游戏中的盟友打得火热，而对于现实世界中的亲人、朋友、同学、老师都漠不关心。

3. 空虚

虚拟世界再精彩，也总得回到现实生活中来，越是沉迷于网络的学生越是会有落差感，这种不断体验着的落差会让回到现实中的学生感到空虚。

4. 抑郁

迷恋上网的高职学生，往往在现实中与人交往出现困难。严重的学生，一离开网络就会出现精神萎靡，对什么事情都提不起兴趣。

（二）网络交往心理问题

有些高职学生沉迷网络，久而久之，习惯了用网络上的语言在网上交流，对于现实中的人际交往逐渐生疏，在人际交往方面出现了心理障碍。主要表现在以下几个方面：

1. 孤僻

言行怪僻不合群，常常是我行我素，全然不考虑别人的看法。

2. 虚伪

网络交往的匿名性淡化了一些高职学生在交往中的责任感，引发或强化了他们隐瞒、伪装的心理，形成虚伪的交往人格。

3. 多疑

网络交往中，常常会遇到欺诈、散布病毒、虚假信息等不道德的行为，这有可能导致一些高职学生交往安全感下降，产生多疑等不良交往行为。

4. 社交恐惧

网络交往和现实交往是有差距的，一些学生习惯了网上的交往方式，现实中竟不知如何与人交往，时间久了，易产生对现实交往的恐惧心理。

（三）网络性心理问题

网络上充斥着大量的黄色信息和色情网站。调查显示，有些高职学生会经常光顾这些网站，受黄色信息和色情视频的影响，有些学生接受了不健康的性知识，产生了一定的性困惑和性心理问题。

1. 性认识偏差

有些色情网站上传播不健康的性知识，这使得一些存在好奇心而又涉世未深的高职学生在性认识上产生了偏差。

2. 性行为放纵

网络上充斥着大量挑战传统性道德、性观念的信息，高职学生很容易受其影响，甚至有些学生以标榜性开放为由，选择放纵性行为来宣泄自己的性需求。

（四）网络人格障碍

美国的一项调查显示，在随机抽选的 2 000 多名青年中，有 40% 的人拥有多个网名，并分别对应不同的个性，甚至不同的性别。可以说，网络造就了两个及两个以上的“我”，“网上的我”和“网下的我”，也可以说是“虚拟的我”和“现实生活中的我”。多种角色的冲突达到一定的程度，或者在角色转换过频时都有可能导致形成双重人格或多重人格障碍。

二、网络成瘾的类型与成因

（一）网络成瘾的定义

美国精神病医师伊凡·戈德堡（Ivan Goldberg）于 1994 年首先借用 DSM- Ⅳ中关于药物依赖的判断标准，提出了“网络成瘾障碍”的概念。随后，匹兹堡大学的教授金伯利·扬（Kimberly Young，1996）从 DSM- Ⅳ对于病理性赌博的判断标准中发展出“病理性网络使用”的概念，将它定义为“无成瘾物质作用下的上网行为冲动失控”，并将其看作一种冲动控制障碍。此外，也有学者称此种现象为“网络过度使用”“问题网络使用”“网络行为依赖”等。台湾学者周荣与周倩根据世界卫生组织对“成瘾”的定义，将网络成瘾定义为：“由重复地使用网络所导致的一种慢性或周期性的着迷状态，并产生难以抗拒的再度使用的欲望，同时会产生想要增加使用时间的张力与耐受性、克制退瘾等现象，对于上网所带来的快感会一直有心理与生理上的依赖。”

上述专家学者为网络成瘾所定的名称和所下的定义虽有不同，但其内涵却基本相同，都是指由过度使用网络而导致的明显的社会、心理损害的一种现象。其主要特征是：无节制地花费大量时间上网；必须增加上网时间才能获得满足感；不能上网时出现异常情绪体验；学业失败、工作绩效变差或现实人际关系恶化；向他人说谎以隐瞒自己对网络的迷恋程度；症状反复发作；等等。

（二）网络成瘾的类型

有研究认为，网络过度使用者有大量行为和冲动控制上的问题。具备不同个人特质的网络使用者会受到不同网络功能特性的吸引，而产生不同的网络过度使用类型。一个网络过度使用者可以是纯粹的某个类型，也可以是几个类型的混合型。其中，混合型居多。

1. 网络游戏成瘾

网络游戏是借助于数字、电子、网络、创意、编剧、美工、音乐等“先进”的道具，对现实生活进行虚拟。在网络游戏中，可以暂时忘却生活中的“角色规则”。对于一些好奇心强、好胜心强，而自控能力相对较差的高职学生来说，极易网络游戏成瘾。

2. 网络聊天成瘾

网络聊天成瘾，指个体着迷于网络聊天，为了消除下网后的烦躁不安而不断延长上网时间，由此获得满足感，致使工作、学习、人际关系甚至就业受到影响。长期上网聊天交友的人，自觉不自觉地“异化”了交往方式，一方面他们是网络交际的高手，与网友侃侃而谈；另一方面他们在现实生活中沉默寡言，封闭内心世界。

3. 网络强迫行为

有些高职学生在现实社会中常常得不到人们的重视，而在网络世界里却可以找到被重视的感觉。这种感觉的不断强化使得一些学生难以抵抗网络的诱惑，总是沉浸于即将胜利的喜悦和期盼之中，或着迷于在线赌博，或着迷于在线购物，不能自拔。

4. 信息收集成瘾

信息收集成瘾指强迫性地浏览网页以查找和收集信息。因惧怕所拥有的信息不足而不停地上网漫游或搜寻信息。其特征有三：

（1）难以自拔的上网渴望与冲动；

（2）上网后难以脱离网络；

（3）有网络使用时，精神较为亢奋。

网络信息种类繁多、数量巨大、质量良莠不齐，让许多高职学生在面对浩瀚如海的信息时常常手足无措，变得非常盲目，只能被动地接收。一些无节制地上网浏览信息的高职学生，他们会强迫性地从网上收集、浏览无用的、无关紧要的信息资料，欲罢不能。

5. 网络性成瘾

网络性成瘾也即网络色情成瘾，指沉迷于网络上的色情内容，包括色情文字、音乐、图片、视频和色情聊天等。互联网上性信息量非常大，有学者调查显示，“SEX”这个词是互联网搜索引擎中查询频率最高的词语。一些色情网站不但可以提供色情资料、交换性经验，甚至可能组织性交易、诱发性犯罪。高职学生正处于性的生理成熟之后性满足却相对滞后的年龄，如果对网络使用不当，极易因为色情内容的诱惑而导致网络性成瘾。

（三）网络成瘾的成因

1. 高职生的个性心理特征是网络成瘾的主观原因

有学者在对网络成瘾的研究中指出：具有不同个人特质的网络使用者，会受到不同网络功能的吸引，因而产生不同的网络成瘾形态，网络成瘾现象是由网络使用者的个人特质与网络功能相互作用的结果。网络依赖的大学生的人格特质倾向于激动、烦恼、忧虑，在生活中表现为焦躁不安、易受环境的支配、易失眠，对所遭受的挫折阻挠悲观沮丧，缺乏与人交往的勇气。在对高职院校的学生进行心理咨询中，我们也发现，性格孤僻、自我封闭的同学更容易产生网络依赖。

2. 网络自身的优势是高职生网络成瘾的客观原因

网络的开放性、交互性、虚拟性、超时空性、仿真性与时尚性对高职学生具有很强的吸引力。对于高职学生来说网络有太多的诱惑，网络上高职学生可以在匿名的状态下自由选择交流的对象，可以无所顾忌的吐露心声，在彼此倾诉成长过程中经历的痛苦、烦恼中，寻求支持和理解。

3. 自身因素是高职生网络成瘾的重要原因

高职学生正处在人生的过渡期，他们的心理发展滞后于生理的发展，这一时期特殊的心理特点也是造成高职学生网络成瘾的重要原因。第一，一些高职学生的自制力比较差，认知和行为常常不能协调一致，表现出意志薄弱，不能控制自己的行为。第二，对高职院校的生活不能很好地适应，总觉得生活缺少情趣，通过网络来满足自己的好奇心，寻求刺激。第三，逃避现实和困难。高职学生的心理发育尚未完全成熟，有些学生在现实生活和学习中遇到困难，不是考虑如何解决而是选择到网络中去逃避。第四，人际交往、社会支持的心理需要是高职学生网络成瘾的原因之一。一些高职学生因为从小缺乏人际交往，长大了不知道如何与人交往，一些学生在现实中找不到交往的对象，转而到网络中去寻求安慰和补偿。调查显示：高职女生更容易热衷于网上聊天、交友，而男生则更着迷于网络游戏，追逐游戏的级别。网络上丰富的娱乐内容很容易让心智发育尚不完善的高职学生沉溺其中，不能自拔。

4. 家庭和社会因素起了推波助澜的作用

高职院校网络成瘾的学生中，有些是因为家庭的过于溺爱，有些是家庭管教过于严格。过于溺爱的家庭，父母很容易放纵孩子，从小就对他们的行为听之任之，以至于养成了不良的习惯。管教过严的学生会产生逆反心理，和家长对着干，反而会产生更大的好奇心，一旦离开父母的管控范围，很容易在好奇心的驱使下，一步一步让自己滑入网络的深潭。走访高职院校我们会发现，学校周围的网吧很多，这给高职学生上网提供了极大的方便，有些网吧的老板想尽办法吸引学生上网，提供上网及吃住一条龙服务，使得部分学生网瘾越来越大，戒断越来越难。

（四）高职生网络心理问题的预防及调适

面对互联网这把“双刃剑”，作为一个高职学生，我们究竟应该怎么做呢？

1. 科学安排上网时间，合理利用互联网

高职学生有必要认识到网络有可能给学习、人际交往等带来的负面影响，应对网络成瘾的危害有一个全面的、深层次的了解，自觉树立正确的网络自律意识。同学们在网络使用前试着明确上网的目标，为了有效地约束自己，可以在上网之前把具体要完成的事情列在纸上，有针对性地浏览信息，避免漫无目的地上网。同学们也可以尝试控制上网操作时间，例如，可规定自己每天上网操作累积时间不超过一个小时，或连续操作一个小时之后，休息30分钟左右再行操作，对自己每天的操作次数设立上限。对于上了网就会忘记时间的同学，可以尝试设定强制关机时间，迫使自己准时下网。

2. 培养兴趣爱好，有效转移注意力

兴趣单一或没有兴趣爱好是一些高职学生过于依赖网络的一个很重要的原因。在高职校园里，常常会听到部分学生谈到无法找到生活的乐趣，不上网的话不知道自己还能做什么。谈到兴趣爱好，也有部分学生明确表示，从小学到中学自己花费了大量的时间在文化课的学习及应付各种考试上，既不会打球也不会唱歌，没有什么特长和爱好。其实兴趣爱好是可以培养的，只要学生们肯分出一点时间用于某一类自己并不讨厌的休闲娱乐项目，一段时间后你就极有可能从中发现乐趣，甚至将其发展为终生的一个兴趣爱好。更重要的是，它可以让学生们以转移和替代的方式，减少或摆脱网络依赖与网络成瘾，会让学生们在离开网络的时候，同样能够感受到生活的精彩。

3. 培养健康、成熟的心理防御机制

研究表明，网络成瘾与人格因素有关，一定的人格倾向使个体易于成瘾，网络只是造成成瘾的外界刺激之一。因此，高职学生有必要积极参加集体活动，多与同学、家人、朋友进行沟通，通过不断完善自己的人格，增强个人的适应能力，学会合理宣泄负面情绪，正确面对生活和学习中遇到的困难。只有这样，才会形成成熟的心理防御机制，不会一味地躲在虚拟世界中进行自我逃避。

4. 一段时间内直接隔断与网络的联系

对于网络成瘾程度较重的学生，一段时间内直接隔断与网络的联系也不失为一个消除网瘾的明智之举。当然这需要有毅力，并付出艰苦的努力。这部分学生可以借助学校、家人、同学、朋友的力量，有可能一开始的时候会非常痛苦，但只要能坚持下去就会看到成效。对于网络成瘾的同学，可以尝试在直接隔断与网络的联系的日子里，学习重新培养其他的兴趣爱好或者重新安排生活，尽可能让自己的生活忙碌而充实，尽量不要给自己多余的时间想网络上的事情。一段时间之后，再尝试按照学习、生活需要科学地安排上网时间，当然这一段时间的长短要根据具体情况而定。

5. 寻求心理帮助和药物治疗

并非一定要等到网络成瘾之后才去寻求心理帮助，当同学们意识到自己有网络依赖的倾向或上网已经开始给自己的学习、生活、交往等带来困惑时，就要有寻求心理帮助的意识了。心理帮助包括心理咨询和专业医院的心理治疗。一般有网络心理问题的同学，可以通过心理咨询，与心理老师之间建立良好的关系，来有效地调动积极性，增强克服依赖的信念，发掘自身潜能，找到适合不同个体的有效消除依赖的解决方法。对于严重网络成瘾的同学，专业医院的强制性心理治疗，甚至要加之药物治疗就显得更为重要。心理治疗的核心是行为干预和习惯矫正。行为干预通常借助行为强化、行为契约、行为消退、厌恶刺激法等行为疗法实现。习惯矫正通常是采取军事化管理、越野跑等方式养成新习惯，一般需要3～6个月时间。由于网络成瘾的发生机制较复杂，治疗和干预效果的评价工具也各不相同。总体而言，国内外对网络成瘾者使用的治疗方法主要包括心理治疗和药物治疗。

课堂活动 网络的依赖程度

（一）目的

探索自己对网络的依赖程度。

（二）过程

以宿舍为单位形成若干组，每组选出组长，由组长组织对下列问题进行讨论并推选一位同学在班级进行分享。

（1）根据本单元内容对自己的网络使用情况进行反思，看看自己对网络的依赖程度有多深。如果1分是完全不依赖，10分是完全依赖，请每位同学给自己打一个分数。

（2）网络依赖对你的学习、生活造成了哪些影响？你曾经采用过哪些策略，有效地帮助自己减少了网络依赖？

（3）组内推选出一名同学，针对组内讨论的问题和策略在班级进行分享。

（三）思考

其他同学的分享对你有哪些帮助？

课后思考

1. 你的学业、生活、人际关系是否因为网络而受到了影响？
2. 谈谈你对“网络成瘾”的理解。
3. 如何用好互联网这把“双刃剑”？

心理知识窗

网络成瘾的10条标准

美国心理学家杨格提出诊断网络成瘾的10条标准，包括：（1）上网时全神贯注，下网后念念不忘“网事”；（2）总嫌上网时间太少而不满足；（3）无法控制自己的上网行为；（4）一旦减少上网时间就会烦躁不安；（5）一上网就能消除种种不愉快情绪，精神亢奋；（6）为了上网而荒废学业和事业；（7）因上网放弃重要的人际交往、工作等；（8）不惜支付巨额上网费用；（9）对亲友掩盖自己频频上网的行为；（10）有孤寂失落感。杨格认为上述10种情况，在1年间只要有过4种以上，便可诊断为网络成瘾综合征。

自我探索

心理学家杨格在总结网络成瘾在线调查与临床治疗基础上，参照DSM-IV中赌博成瘾的鉴别标准，编制了网络成瘾测试问卷。该问卷设有8个题目，要求以“是”或“否”

作答，“是”计 1 分，得分大于或等于 5 分的被诊断为网络成瘾者。

1. 全神贯注于网络或线上活动，并且在下线后仍继续想着上网的情形。
2. 觉得需要花更多的时间在线上才能获得满足。
3. 多次努力想控制或停止使用网络，但总是失败。
4. 当企图减少或停止使用网络时，会觉得沮丧，心情低落，易发脾气。
5. 花费在网络上的时间总比预期要长。
6. 为了上网，宁愿冒着重要的人际关系、工作或教育机会损失的危险。
7. 会向家人、朋友或他人说谎，以隐瞒自己涉入网络的程度。
8. 上网是为了逃避问题或释放一些感觉，诸如无助、罪恶或焦虑、沮丧。

如果你测试的分数已经大于或等于 5 分，请分析原因并将其写下来。看着写下来的原因，觉察一下自己内心的感受，思考一下是想继续让自己深陷网络，还是想趁早改变现状。如果想改变现状的话，请认认真真地为自己制订一份行动计划。

知识拓展 伯尔赫斯·弗雷德里克·斯金纳

伯尔赫斯·弗雷德里克·斯金纳（Burrhus Frederic Skinner），1904 年出生于宾夕法尼亚州的一个小镇，父亲是当地的律师。他从小就喜爱发明创造，富有冒险精神。15 岁的时候，曾与几个小伙伴驾独木舟沿河而下，漂流 300 英里（约 483 千米）。他还试制过简易滑翔机，曾把一台废锅炉改造成一门蒸汽炮，把土豆和萝卜当炮弹射到邻居的屋顶上。在中学和大学期间，他曾立志当一名作家，并曾获得希腊文特别奖，但在写作的过程中他发现自己对人的行为的理解少得可怜，为了更深入理解人的行为，他转向了心理学。在哈佛大学攻读心理学硕士的时候，他受到了行为主义心理学的吸引，成为一名彻头彻尾的行为主义者，从此开始了他一生的心理学家生涯。他在华生等人的基础上向前迈进了一大步，提出了有别于巴甫洛夫的条件反射的另一种条件反射行为，并将二者做了区分，在此基础上提出了自己的行为主义理论——操作性条件反射理论。他长期致力于研究鸽子和老鼠的操作性条件反射行为，提出了“及时强化”的概念以及强化的时间规律，形成了自己的一套理论。

斯金纳在心理学研究方面的成就卓著。他发展了巴甫洛夫和桑代克的研究，揭示了操作性条件反射的规律。他设计的用来研究操作性条件反射的实验装置“斯金纳箱”，被世界各国心理学家和生物学家广泛采用。他根据对操作性条件反射和强化作用的研究发明了“教学机器”，并设计了“程序教学”方案，对美国教育产生过深刻影响，被誉为“教学机器之父”。

斯金纳的著作很多，自 1930 年以来发表了百余篇论文和 12 本专著。他的主要著作有《有机体的行为：一种实验的分析》《科学与人类行为》《言语行为》《学习的科学和教学的艺术》《教学机器》《强化时间表》等。这些著作全面阐述了操作行为主义理论和这种理论在教学领域中的应用。他还用操作行为主义理论阐述社会生活问题，出版了小说《沃尔登第二》《自由与人类的控制》《超越自由与尊严》等。

为表彰斯金纳在心理科学方面做出的重大贡献，1958 年美国心理学会授予他“卓越科学贡献奖”；1968 年他荣获美国国家科学奖章，这是美国最高级别的科学奖励；1971

年美国心理学基金会授予他一枚金质奖章；1990 年 8 月 10 日美国心理学会授予他“心理学毕生贡献奖”荣誉证书。

总结案例　贝索斯与亚马逊书店

1965 年，贝索斯出生于美国新墨西哥州。1968 年，母亲带着 3 岁的他嫁给了一个名叫迈克·贝索斯的古巴移民。贝索斯是幸运的，虽然他不是迈克的亲生儿子，但他们的感情却胜似亲生父子。

1986 年，贝索斯在美国名校普林斯顿大学取得了电子工程学和计算机系双学士学位，进入纽约一家新成立的高科技公司。两年后，贝索斯跳槽到一家纽约银行家信托公司，管理价值 2 500 亿美元资产的电脑系统。经过两年的努力，他成为这家银行家信托公司有史以来最年轻的副总裁，那时他不过 25 岁。

但贝索斯并不为自己的成就满足，1990 年他看准了对冲基金的前途，便投身到华尔街的热潮之中为一家知名券商服务，并成功地替公司建立为数庞大、运作巧妙的对冲基金，并在 1992 年成为该公司最年轻的资深副总裁。

1994 年，贝索斯又将目光瞄准了互联网，他希望自己能成为网络浪尖上的弄潮儿。一天，贝索斯在开车途中无意间看到了一个书店，一个创意浮上了他的脑海：为什么不办一个网上书店，用崭新的方法销售图书和 CD 光盘呢？贝索斯立即行动起来，用父母 30 万美元退休金作为启动资金，在西雅图郊区他租来的房子的车库中，创建了全美第一家网络零售公司——亚马逊公司。虽然公司初创期间，仅有 300 名免费试用的顾客，但贝索斯却用全世界最大的一条河流来命名自己的公司，这寄托着贝索斯的希望，他希望自己的网络书店能成为出版界中名副其实的“亚马逊”。贝索斯做到了，在不到 5 年的时间里，亚马逊书店的市值比上市认购价上涨了 23 倍。击败了创立已经 125 年并拥有 1 000 多家连锁店的业界霸主——巴诺书店。贝索斯获得《时代》周刊 1999 年风云人物，成为美国《商业周刊》评选的互联网时代最具影响力的 25 人之一。

分析

贝索斯无疑成为网络浪尖上的弄潮儿，他的成功让我们看到了互联网上巨大的发展空间，也让我们看到在互联网兴起的年代，有贝索斯这样想法的人也许成千上万，但多数人都停留在空想的层面上。目前我们已经进入了网络时代，拒绝网络会让我们远离正常人的生活，显然不切实际，但滥用网络也会让我们的生活变得一团糟。因此如何正确地认识网络、合理地使用网络，是每个高职学生有必要去思考的问题，因为只有这样才能让网络为我们创造效益，更好地为我们的生活服务。

模块四　课堂反馈

P A R T 2

第二部分

快乐前行

模块五 适应大学 遇见美好

模块六 认识自我 精彩人生

模块七 轻松交往 快乐生活

模块八 恋爱密码 解析应对

模块九 情绪管理 积极调控

模块五

适应大学　遇见美好

学习指南

美国芝加哥大学的心理学家哈维格斯特认为，人类不是天生就有一种能指引生活的本能，要在人类社会中顺利生活，个体就必须学会自我学习、探索。在高职院校学习的过程中，我们有可能会因不适应而产生各种心理冲突。这一模块我们将和同学们一起，学习适应的相关理论，探讨影响高职学生心理适应的因素，寻找适应不良的调适方法，这将有助于高职学生度过不适应期，顺利完成学业。

能力标准

分类	具体内容
知识	1. 心理与心理适应的概念 2. 影响高职学生心理适应的因素 3. 高职学生适应不良的调适方法
技能	1. 掌握心理适应的内涵 2. 学会识别由于不良适应引发的心理问题 3. 能有方法应对适应不良
态度	1. 以正确的心态面对适应问题 2. 积极应对适应不良 3. 提升自我心理适应能力

单元 5.1

适应与心理适应

案例分享 退学的念头

赵同学是某高职院校大一新生，入学不足一个月就递交了退学的申请。在辅导员的引导下，她来到学校心理健康教育中心做心理咨询。

走进心理咨询室后，赵某的第一句话是："老师你知道吗？其实我现在最想做的事情就是退学。""能告诉我你急于退学的原因吗？"看着和蔼的心理咨询师，赵同学开始了她的叙述："我在家里是独生女儿，爸爸、妈妈很疼爱我，在家里我有自己的卧室和书房。我有个习惯，每天晚上 11 点之前必须睡觉，可是同宿舍的同学，总有不自觉的，熄灯之后不睡觉，煲电话粥。我每天晚上都躺在床上翻来覆去睡不着，第二天上课无精打采。每次上课也是我特别焦虑的事情，一堂课老师要讲很多内容，我不知道他在讲什么，根本听不懂。都快一个月了，我不知道自己都做了些什么，不想去食堂吃饭，躺在床上，整夜睡不着觉，我每天都要给妈妈打电话。在这所学校里，我感到一天都待不下去了。尽管我知道这样做会让父母失望，但我还是决定要说服父母让我回去复读，明年争取能上我们当地的学校。"

分析

这是一个典型的适应不良的个案。升入高职院校后，很多同学感到环境改变了、学习的方式改变了等，对于面临的众多改变，同学们觉得一下子难以适应。我们看到的是，有些同学会选择积极应对，改变自己的某些行为习惯来适应新的变化；有些同学会选择给自己一些时间来慢慢适应；也有个别同学会选择逃避、退缩。适应是成长过程中必须经历的，我们不可能永远生活在父母的羽翼之下，当有一天我们想展翅飞翔的时候，遇到的一个很重要的问题就是适应。不同的同学对于适应新环境所需要的时间是不一样的，分析一下自己的状况，寻找自己不能很快适应的原因，给自己一点时间，有可能会改变你的决定。

一、适应

对于适应的概念，一直就存在着目的论和进化论两种解释。英国生物学家、进化论的奠基人查尔斯·罗伯特·达尔文，第一次用自然选择原理来解释"适应"，彻底摆脱了"上帝"或任何超自然的力量。在进化论的发展过程中出现过三种不同的"适应"定义。

（一）用“生存”来定义适应

达尔文在阐述其自然选择原理时曾指出，最适应于环境的个体将存活下来，并将其有利的变异遗传给后代。之后，英国哲学家斯宾塞用“最适者生存”这个术语来概括达尔文关于适应和自然选择的基本思想。

（二）用“繁殖”来定义适应

用能生存下来并繁殖后代来定义适应，同时用繁殖的成功程度来定义适应度，把具有某种基因型的个体的适应度定义为“该个体所携带的基因能传递给下一代的相对值”，这种适应度被称为“达尔文适应度”。

（三）生态学的适应定义

生态学上给适应下的定义是：“可以利用其他生物不能利用的环境条件的生物是最适应者”。

著名教育学家、心理学家朱智贤主编的《心理学大辞典》将适应定义为：“适应是来源于生物学的一个名词，用来表示能增加有机体生存机会的那些身体上和行为上的改变。”

上面的各种解释，让我们了解到“适应”一词原本是一个生物学的概念，指通过生物的遗传组成赋予某种生物的生存潜力。用于表示生物个体或群体为了应对或顺应环境，争取生存和发展空间而引起的机体和行为上的相应变化。从本质上说，是生物个体在环境因素的强势作用下，其感觉能力发生变化的结果。

二、心理适应

心理学范畴里所指的适应概念，往往包含了三层意思：一是生物学意义上的适应，即生理适应，如感官对声、光、味等刺激物的适应；二是心理上的适应，通常是指遭受挫折后借助心理防御机制来使人减轻压力、恢复平衡的自我调节过程；三是对社会生活环境的适应，指的是社会适应，包括为了生存而使自己的行为符合社会要求的适应和努力改变环境以使自己能够获得更好发展的适应。

瑞士心理学家、认识与发生论的创始人让·皮亚杰认为：智慧的本质从生物学来说是一种适应，它既可以是一个过程也可以是一种状态。有机体是在不断运动变化中与环境取得平衡的，它可以概括为同化和顺应两种作用。适应状态则是这两种作用之间取得相对平衡的结果。这种平衡不是绝对静止的，某一个水平的平衡会成为另一个水平的平衡运动的开始。如果机体与环境失去平衡，就需要改变行为以重建平衡。这种从平衡到不平衡再到平衡的动态变化过程就是适应。皮亚杰的定义从心理适应是主体对环境变化所做出的一种反应、心理适应是一个重建平衡的动态变化过程、心理适应的内部机制是同化与顺应的平衡三个方面说明了适应这一心理现象的性质与特点。

对于心理适应的解释还有很多，我们比较认同的是：心理适应是当外部环境发生变化时，主体通过自我调节系统做出能动反应，使自己的心理活动和行为方式更加符合环境变化和自身发展的要求，使主体与环境达到新的平衡的过程。

三、适应的类型

适应的类型可以根据不同的标准予以划分。有学者将适应按照适应对象分为对自然环境的适应和对社会环境的适应；按照适应的基础将其划分为生理适应和心理适应；按照适应的程度将其划分为浅层适应和深层适应；按照适应过程中是否有意识地参与将其划分为有意识的适应和无意识的适应；按照适应效果将其划分为消极适应和积极适应；按照适应表现的方式将其划分为内部适应和外部适应；按照适应的内涵将其划分为狭义适应和广义适应；等等。了解适应的类型对于我们进一步了解适应，认识自己的适应能力，有着一定的积极意义。

（一）积极适应与消极适应

积极适应是一种高级的、主动的适应方式，指主体充分发挥自身的主观能动性，尽最大可能去改变环境使之适合自己发展的需要。消极适应是一种基本的、被动的适应方式，指个体改变自己的行为或态度以适合外部环境的要求，求得一时的内心平衡。在个体发展过程中，这两种适应都有重要的价值，从个体适应能力形成的过程看，通常是要先学会生存适应，然后才能达到发展适应的水平。

（二）内部适应和外部适应

内部适应是指在心理上达到认知和情感上的平衡状态的适应。外部适应是指在行为上能够符合外部环境要求的适应。一般认为，内部适应是外部适应的基础，外部适应是内部适应的外在表现，二者应该是一致的。但在某些特殊条件下，也可能存在不一致的情况。比如，有时候屈从于某种外部压力，尽管内心并不情愿但有可能在行为上暂时遵从某种规范，表现为表面上的顺从或服从。

（三）狭义适应和广义适应

狭义适应是指在遭受心理挫折后人们采用自我防卫机制来减轻压力，恢复心理平衡的过程。广义适应是指当外部环境发生变化时，主体通过自我调节系统做出有效反应，使自己的潜能得以充分发挥，使内外环境重新恢复平衡的心理过程。狭义适应更多地表现为无意识的适应过程，具有一定的自发性；广义适应则主要表现为有意识的适应过程，带有明显的自主性。

课堂活动　觉察生活中的不适应

（一）目的

促进对高职生活不适应的觉察。

（二）过程

（1）每个同学拿出纸和笔，思考下列问题并写下来。

想一想当你感到不适应高职院校生活时，你会怎么做？是设法改变环境？还是改变自己？还是……尝试着把你能想到的让自己尽快适应的方法列举出来。

我的高职生活中，感到不适应的有________________________________。
我能想到的让自己尽快适应的方法有________________________________。

（2）任意找3个同学，分享你觉得有利于适应高职生活的方法。

（三）思考

同学的分享对你有什么启发？

课后思考

1. 你对适应的理解有哪些？
2. 什么是心理适应？
3. 适应的类型有哪些？

心理知识窗

“点”和“线”

史蒂夫·乔布斯（Steve Jobs）曾经说，在大学里你的热情会创造出很多点，在随后的生命中你会把这些点串联起来。乔布斯在大学里选修了看似毫无用处的书法，而十年后，这成了苹果Macintosh字库的基础。乔布斯对书法的探索就是一个点，而苹果Macintosh把多个点联结成了一条线。

单元 5.2

影响心理适应的因素

案例分享　鲁国人的特长

有个鲁国人非常擅长编草鞋，而他的妻子十分擅长织白绢。他们想搬迁到越国去，不过他还拿不定主意，就找朋友来商量一下。这时，一位朋友就对他说：“你到越国去，一定会贫穷的。”“为什么？”“草鞋，是用来穿着走路的，但越国人习惯于赤脚走路。白绢，是用来做帽子的，但越国人习惯于披头散发。到用不到你们的长处的地方去，这样肯定会贫穷的。”鲁国人思考了之后，决定放弃迁到越国的计划。

分析

从这个案例中，同学们可以看到：每个人都有特长，但是我们发展的前提必须是找到一块适合我们的特长生长的土壤，也就是说，你要想有所建树，就必须适合社会环境需要。如果脱离社会环境的需要，特长也就失去了价值。那个鲁国人能够根据需要，适时调整自己，也可以给同学们一些启发。我们要根据社会的需要，决定自己的行动，以便更好地发挥自己的特长，有所成就。

从高中升到高职院校，许多同学都会有不适应的感觉，产生这种情况的原因是多方面的，有共性的也有个性的。从个体身心发展的角度看，这一时期的同学处于青少年向成年的转变时期，是人生中变化最大、心理发展最为曲折、充满了矛盾冲突的时期。从外部环境看，高职院校的学生来自全省乃至全国的各个地方，生活习性等大不相同，中学里形成的人际交往模式在高职院校里已经不能生搬硬套，高职院校的教学模式也和中学有了较大的不同，以自主学习为主的学习方式使相当一部分同学无所适从，这一切都会对学生的心理适应产生较大的影响。尽早克服新环境带来的心理问题，适应高职新生活，是决定我们赢在新的起跑线上的关键所在。

具体来说，影响高职学生心理适应的因素有以下几个方面：

一、打破原有生活模式带来的不适应

每个人都会习惯于长期形成的、固有的生活模式，正所谓习惯成自然，我们会觉得生活就应该是这样的，一旦打破已经习以为常的生活模式，不适应就会产生，这是符合正常规律的。那么，进入高职院校以后，同学们的生活模式会有哪些变化呢？

（一）生活环境的变化

1. 学校环境的变化

学校环境的变化带给来自不同中学的高职学生的感受是不一样的。一部分高职学生的中学生活是在中小城市或乡镇的学校度过的，学校的条件相对较差，高职院校的学校规模和他们原来所在的中学比有了较大的不同。现在发展较好的高职院校的规模都在千亩左右，整体布局及建筑也各有特色，让许多同学感到学校很漂亮，相比之下自己却显得很渺小，挺土气，挺寒酸的。也有部分中学时学校条件比较好的同学，对新的学校期望值太高，到了高职院校后觉得挺失望的。

2. 地域上的变化

高职院校的学生来自全省乃至全国各地，由于各地环境、饮食、语言文化、风俗习惯等方面的差异较大，高职学生的个人生活习惯，如饮食、作息、卫生等也随着学校所在地区的不同有很大的不同。例如：气候上的不适应，南方的多雨让来自北方的同学感到不舒服，北方的干旱寒冷同样困扰着来自南方的同学；饮食上的不适应，尽管许多高职院校已经尽力设法满足来自不同地区的学生的饮食习惯，但事实上还是有相当一部分同学不适应；作息时间上的不适应，有些同学喜欢“卧谈”，熄灯之后就进入了“兴奋期”，但有些同学喜欢早睡，过了一定的时间就难以入睡。有些同学由于上述的不适应，出现了烦躁、郁闷等负性情绪。

3. 生活方式的变化

在中学阶段，同学们普遍是就近入学，吃住在家里，饮食起居都由父母安排好，很多同学有自己相对独立的生活空间。进入高职院校后，远离父母的同学，生活在6个人左右的集体宿舍里，要自己安排日常起居，要自己洗衣服、整理床铺、收拾宿舍、打水、去食堂排队买饭，这一切都与之前的生活有了太大的改变。加上刚入学的高职学生一般都没有理财的概念，对自己的经济开支没有一个合理的计划，往往月初几天大把花钱，月底几天要通过借钱来勉强度日。相当一部分同学感到不习惯，特别想家，想父母，怀念在家的生活。

4. 生活范围的变化

高职院校的学生和中学生相比，在生活范围上发生了较大的改变，中学生生活的内容主要是学习，课余时间很少，基本上过着从学校到家、从家到学校这样两点一线的生活。而进入高职院校后，同学们会发现时间一下子变多了。许多同学突然觉得面对那么多自己在高考时特别期望能够自由支配的时间，不知如何打发，感到空虚、无聊。除了学习之外，同学们还得学会安排业余生活，使自己的生活丰富多彩，才会感到充实。

（二）学习环境的变化

学习环境的变化主要体现在学校环境、学习任务、学习目标、学习方式、学习内容等方面的变化

1. 学校环境的变化

中学一般有固定的教室，甚至连座位都是固定不变的。而高职院校则不一样，为了能够充分利用和发挥各种教学设施和教学资源的功效，非但没有固定座位，上课地点也不固定。中学的教学班级一般都是以行政班级为单位的，而高职院校很多课程都是以大班教学的形式，2个班甚至3～4个班的同学在一起上课。感兴趣的课程，同学可能会去抢前面的座位；不感兴趣的课程，有些同学会去抢后面的座位。对于学习积极性不太高的高职同学，学习效果会受到一定的影响。另外，在高职院校中，已经很难看到像中学那样你追我赶的学习氛围，自我管理能力不太强的高职同学，很容易相互影响。

2. 学习任务的变化

中学教育是基础教育，学习任务主要是学习科学文化基础知识。而高等职业教育是在普通的文化教育的基础上的专门的应用技术教育。高等职业教育不仅要求学生学习基础理论、基本知识，还要求学生学习必要的操作技术，掌握一定的基本技能，要求学生不能只停留在书本知识上，要有一定的动手能力。这对从小接受基础教育、擅长学习书本知识的同学来说感到难以适应。

3. 学习目标的变化

中学的学习目标是非常明确的，就是要考大学。进入了高职院校后，许多同学都感到一下子失去了目标。高职院校不同于本科院校，本科院校中很多同学进校后就铆足了劲要考研究生，高职院校的同学大部分人想获得本科文凭，但目前可以转的本科院校大多数是民办本科院校，对于部分高职学生来说并不具有太大的吸引力。所以部分同学会感到一下子找不到目标了，学习动力也就受到了影响。

4. 学习方式的变化

中学的学习是以老师为主导，学习的内容、课堂练习、家庭作业等都是按照老师和家长安排好的去做。进入了高职院校后，学习的主导地位发生了变化，除了上课之外，

主要靠学生自学。课堂上老师不会像中学老师那样一道题重复多遍，课堂的知识量和信息量大大增加，学生不仅要消化吸收课堂上的知识点，还需要大量地阅读课外参考书籍。与中学相比，课后很少再会有老师指导你课上学习的内容，不再有人给你制订学习计划、学习目标。这对于习惯了被别人安排好了的同学来说，会感到不知道该如何学习了。

5. 学习内容的变化

在中学目前的应试教育中，主要的评价标准是学生的考试成绩，只要你能考到高分，其他方面的能力弱一些没有多大影响。但高职院校更看重的是同学的综合成绩，既包含了考试成绩，也包含了社会活动能力。就是说，要想在高职院校中取得优异的成绩，学习内容已经不限于考试的内容。参与活动的能力、组织管理的能力、人际沟通的能力等都成了高职学生的学习内容。

（三）人际关系上的变化

高职学生人际交往的变化，主要体现在人际交往的对象、人际交往的范围、人际交往的要求等方面。

1. 人际交往的对象

同学们在中学时的交往对象多是父母、亲戚、老师以及一起成长起来的伙伴，进入高职院校后，一下子脱离了生活十八九年的生活和学习环境，远离了熟悉的人和物，一切都得从头开始，包括去认识新的老师、新的同学等。

2. 人际交往的范围

进入高职院校后人际交往的范围扩大到学习、生活、娱乐等多个方面，同学之间、师生之间相互交往，各年级之间、不同专业之间相互往来，大大拓宽了同学们的视野。再加上要参加各种社团，学校的各种课余活动也比较多，结识朋友的机会远大于中学。

3. 人际交往的要求

中学时由于学习的压力较大，许多同学无暇顾及人际交往。但进入高职院校后，学习压力减轻，时间相对宽裕和自由，许多同学迫切希望结交更多的朋友。

二、高职新生社会角色转变带来的不适应

角色原是指演员在舞台上所扮演的戏剧人物。美国著名社会学家乔治·赫伯特·米德（George Herbert Mead）把社会与舞台、社会中的人与舞台上的演员进行了类比。米德告诉我们，演员在舞台上有固定的角色，要按照剧本规定去扮演角色，完成角色的任务。每个人在社会中也有社会角色，要按照社会规范来指导和约束自己的行为。社会角色是指与人们的社会地位、身份相一致的一整套权利、义务的规范与行为模式。中学生是一种社会角色，高职学生是另一种社会角色，从中学到高职院校要经历角色的转变和适应。高职新生的角色转换一般来说要经历下列四个阶段：

（一）角色认知阶段

社会期望每一个特定角色都能够做出与其身份、地位相适应的行为，以维护社会的

有序运行。高职学生在这一阶段的任务是要正确认识和理解社会对高职学生的角色期望与要求，明确哪些事情可以做、哪些事情与高职学生的身份不相符。

（二）角色认同阶段

对于从中学生到高职学生这样一个角色的转换，有些同学是缺乏心理准备的。这包括一些中学时学习成绩较为优秀的同学，高考的“失利”使他们“落入”了高职院校，这使得他们对这样一个新的社会角色不能够一下子产生认同。还有一些高职新生由于对新的角色所面临的困难估计不足，并且由此而产生了许多的冲突与矛盾，这些都会制约或影响到对高职生活的适应。因此，高职新生需要意识到，他们有必要主动地适应和接受自己的新的社会角色，因为只有这样，个体才能在行为上表现出较强的学习自觉性，才可能主动地进行角色实践。

（三）角色实践阶段

角色实践是角色扮演的实质性阶段，是个体在角色认同的基础上以实际行动来实现社会角色。高职学生应在角色认同的基础上，努力学习知识及技能以及相应的行为规范，自觉实践高职学生的社会角色的各项要求和规范。

（四）角色信念阶段

角色信念指高职学生将社会对高职学生的角色期望与要求转化为个人的心理需要，形成高职学生特有的自尊心和荣誉感，目标明确，意志坚定，努力将自己打造成为社会需要的高等技术应用型人才。

高职新生从中学迈入了高职院校，在学习和生活上都要完成角色的转变，如果这种转变不能顺利进行，就会影响到高职学生对新环境的适应。

课堂活动 寻找改变

（一）目的

促进对高职生活不适应的反思，寻找改变方法。

（二）过程

（1）每个同学拿出纸和笔，思考下列问题并写下来。

妨碍你适应高职生活的因素有哪些？写下这些因素给你带来的心理感受以及对你的生活产生了哪些影响？思考一下，你打算如何去改变？写下你想到的改变方法。

妨碍我适应高职生活的因素有______________________________。

这些因素给我带来的心理感受有______________________________。

这些因素对我的生活产生的影响有______________________________。

（2）找 5 个你不太熟悉的同学分享你觉得有利于适应高职生活的方法。

（三）思考

同学的分享对你有什么启发？

课后思考

1. 生活环境的变化，给你带来了哪些不适应？
2. 学习环境的变化，给你带来了哪些不适应？
3. 你是如何理解社会角色的？

心理知识窗

发展任务

发展任务指一个人在发展的某一阶段必须学习的活动，若此项活动成功了，不仅可以使他感到快乐，而且还会促使他完成以后的发展任务。若此项活动失败了，不但使他感到沮丧、不安以及容易被社会不承认，还可能阻碍以后发展活动的进行。

单元 5.3

适应不良的调适方法

案例分享 呵呵和犹犹

好鼻鼠、飞腿鼠和两个小矮人——呵呵和犹犹住在一座可以无限供应奶酪的迷宫里，不过奶酪藏在迷宫的某一个角落，好鼻鼠能用它敏感的鼻子闻出奶酪的大概方位，而飞腿鼠则先冲出去找奶酪。虽然它们经常迷路，找错方向，甚至会撞到墙，然而经过一段时间在迷宫里的摸索，它们在C区找到了非常美味的奶酪。呵呵和犹犹则运用他们思考的能力和对过去经验的学习来寻找奶酪，两个小矮人最终也在C区找到了他们的最爱。可是有一天，奶酪山不见了。

好鼻鼠和飞腿鼠早就注意到了奶酪山在变小，它们对这种状况已经有准备。这两只小老鼠发现奶酪山不见了，并没有多想，对它们而言，问题和答案同样简单。既然C区奶酪的情况已经改变了，那么，好鼻鼠和飞腿鼠也决定跟着改变，它们很快就离开了C区，前往别的区寻找新的奶酪。

但是呵呵和犹犹却被奶酪山的消失给震撼住了，他们不断问自己以及相互讨论“谁动了我的奶酪？”他们一直没有注意到每天C区的微小变化，因此，他们一点心理准备都没有。相反，他们对奶酪消失的反应是抗拒、愤怒、紧张和抱怨。日子在困惑中一天天过去，呵呵决定接受这个事实，去找下一座奶酪山。可是犹犹不愿意，还是坐在原来的地方，希望“搬走奶酪山的人”会将奶酪山还给他们。出去找奶酪的呵呵在路途中几度因为不确定能否找到奶酪山而动摇，但是他发现，当一个人摆脱了自己的恐惧后就会觉得无比畅快和舒适。虽然那时他还没有找到奶酪山，但他不再为失去奶酪山而感到痛苦。最后呵呵在N区与两只智慧的小老鼠汇合，找到了一座新的一样美味可口的奶酪山。当呵呵兴高采烈地回到C区，他的朋友犹犹仍守在旧奶酪山那里。犹犹不仅拒绝离开，而且拒绝吃新的奶酪，因为他仍然想吃旧的奶酪，希望“拿走奶酪山的人”会还给他。

分析

拒绝离开及吃新奶酪的犹犹，最后的结局可想而知。好鼻鼠、飞腿鼠能够关注变化、敢于尝试，虽然历经坎坷但终究能够找到另一座美味的奶酪山，并为之而快乐。呵呵在失去时，有迷茫，有困惑，但是也能够面对现实，自我调适，最终也战胜了自我，找到了自己想要的。同学们如果你在那座迷宫里，你会做出怎样的选择呢？

一、高职新生心理适应不良的主要表现

正如我们在上一节和同学们一起探讨的，造成高职院校学生心理不适应的因素很多，但就每个人而言，可能会有多方面的不适应，也可能只对其中的某个方面不适应。要想使自己尽快地适应高职生活，应该先分析一下情况，找到造成自己不适应的主要原因。

（一）对高职生活缺乏必要的心理准备

许多同学是带着美好的憧憬迈入高职院校的，有些同学甚至说，中学老师一直跟他们说，再努力一把，进了大学就是进了天堂了。但是进了高职院校后，他们发现“天堂”与自己的期望相去甚远，每天要出早操，常常是一天八节课，晚上还要上晚自习；有些同学觉得宿舍的条件不尽人意；有些同学觉得食堂的饭菜不合口味；还有些同学发现高职院校的人际关系变得复杂。这一切都是他们入学前没有考虑到的，心理上因此而产生了较大的落差。有些同学因此出现了消沉、苦闷、抑郁等消极情绪。

（二）角色变化引发心理冲突

高职学生与中学生的社会角色发生了很大的改变，有些高职同学能够顺利地转化角色，但也有相当一部分同学在角色的变化中出现了角色固着、角色混乱，有些同学甚至出现了角色失败。所谓角色固着是指个体在成长、环境在变化，社会期待于个体的角色行为应该改变，但个体仍采用过去的思想观念和行为模式应对当前环境，而不能根据变化调整自己的行为。高职学生出现角色固着，主要源于对自己新角色的认同出了问题。所谓角色混乱是指个体在日常生活、学习和人际交往的行为表现与人们所认同的、所期望的角色行为缺乏协调。高职学生出现角色混乱主要表现在虽然感受到自己角色的改变，但不能确定自己的行为，不知道如何定位自己、对未来目标感到迷茫。角色失败是指角色扮演者无法进行角色扮演，不得不中途退出或尽管没有退出角色，但已经被事实证明角色扮演失败。角色失败是角色失调引发心理冲突所造成的最严重的后果。少数高职学生进校不足一个月就选择了退学，这是角色失败的一种表现。

（三）过度怀旧而导致孤独

进入一个新的群体，就应该考虑如何尽快地融入这个群体之中。同学们远离父母来到高职院校，一方面渴望被新同学所理解，希望能够结识一些说知心话的朋友；但是另一方面，又特别地怀念过去的老朋友，自觉或不自觉地会拿现在的同学和过去的朋友进行比较，一有时间就打电话和中学的朋友聊天，而忽略了现在的同学，时间久了就会发现自己离现在的群体越来越远了，想走进去变得困难，因而感到孤独。

（四）缺乏沟通技巧导致人际关系紧张而感到压抑

部分高职新生缺乏沟通技巧，致使进校不久人际关系就出了问题，包括与老师的关系、与同班同学的关系、与学长的关系、与舍友的关系等。高职学生正处于心理上敏感的阶段，别人的一个眼神、一句不经意的话都可能引发矛盾，这使得部分同学感到压抑，有些同学甚至明确提出要换宿舍、调班级，称走进宿舍就感到压抑。强烈的交往需求与不如意的现状，使得这部分同学感到生活索然无味。

（五）时间安排不当导致负疚与空虚

高职院校的管理模式较中学松散，部分同学觉得时间多了，不知道如何安排也不知道自己该干什么。也有一些同学被眼花缭乱的各类活动所吸引，课余时间都用于去参加各类活动了，把自己搞得很疲劳，上课提不起精神。另有一些自控能力欠缺的同学，放松了对自己的要求，尽可能去“享受生活”，晚上不睡，早上不起，上课睡觉，课余时间又都用于玩乐。随着时间一天天过去，有些同学又会感到自己在“堕落”，在过着一种与以前完全不一样的生活，这种生活不是自己所期望的，因而产生了负疚感。部分高职同学失去了学习和生活的目标，感到迷茫，非常空虚。

（六）对高等职业教育认识不足而导致自卑

长期以来，高等教育在人们的眼里就是研究高深学问的场所。职业教育作为一种新的教学模式，它与人们眼里的高等教育的不同之处在于更重实践、重动手能力，它培养的目标也多是生产一线的技术工人。在许多人的眼里，没有把它看作高等教育的一种类型和重要组成部分，而把它当成一种低层次、低水平的“二流教育”，是一种无奈的选择。带着这样的观念踏入高职院校的同学，难免在与本科生相比时会有一种低人一等的感觉。一些刚入校的新生，甚至不愿意承认自己是高职院校的学生，采取逃避的方式，不敢面对现实，更不能积极主动去适应高职院校的生活。

（七）缺乏“理财”经验，盲目攀比而导致生活压力

中学时期由于大部分同学吃住在家里，衣食住行都由父母亲安排，加之多数同学的时间和精力都在备考上，无暇顾及物质条件。升入高职院校后，空余时间多了，在宿舍里会有一些家庭条件略好一点的同学比较讲究吃穿等物质享受，一些家庭条件不太好的新生经不起诱惑，不顾及家庭现状，盲目攀比，在给家庭带来极大负担的同时也使自身的压力非常大。也有些同学不会合理地安排自己的生活费用，往往月初有钱时不懂得计

划使用，月底没钱时靠借钱度日，同样感到了生活的压力。

二、高职新生适应不良的调适方法

适应高职生活是高职学生顺利完成学业的重要基础。适应新的环境、新的生活、新的人际关系，对于每个高职同学来说都是必修课程，我们需要在适应中学习，在适应中成长。

（一）正确对待自己的不适应

如何看待自己的不适应，是消极被动地对待还是积极主动地调整自己，适应新环境，这会影响到同学们适应的进程。每个同学在面对新环境时，都要允许自己有一个由不适应到适应的转变过程。这个过程有些同学可能会比较短，有些同学可能会比较长，但每个高职同学都有必要意识到，这是适应过程中的正常现象，不要因此而消沉，更不能因此而放弃。

（二）树立角色意识，完成角色转变

理解角色对于社会的意义，对于我们每个同学来说同样是非常重要的。能否清晰地意识到自己角色的变化，对于高职新生的角色转变会有很大的影响。如果一个高职新生还把自己的角色定位在高中生的水平，那么适应就会变得比较困难，因为这样会影响到我们对适应的理解以及对适应的态度。

（三）学习沟通技巧，融入集体生活

良好的人际关系会使我们有安全感和幸福感。良好人际关系的建立在很大程度上取决于我们的沟通能力，学会一些有效沟通技巧会让我们更快地融入集体生活，而融入集体生活又会让自己感觉到轻松。同学之间感情的纽带会冲淡诸多不适应所带来的困惑，帮助自己更快地适应高职生活。

（四）改变学习方法，适应高职学习

高职学习的方式和高中有了很大的不同，自主为主的学习方式、每堂课较大的信息量都要求新入学的高职学生尽快地调整学习方法。高职学生要培养自己带着问题学习的意识，也就是说课前预习变得尤其重要，只有课前很认真地找出学习的难点，带着问题去听课，我们才可能使学习效率最大化。

（五）设立适宜目标，努力有的放矢

有相当一部分高职学生感到生活空虚的原因是：高中时，有明确的奋斗目标，而进入高职院校后，目标一下子没有了，感觉自己不知道该干什么了。经历过高考的同学都有体会，我们为高考付出了太多的努力和辛苦，但是我们都走过来了，那么是什么支撑我们走过来了呢？有人把“高考”比喻成生活中的“灯塔”，我们之所以排除万难前行，是受“灯塔”的指引。升入高职院校的学生，要尽快适应高职生活，还可以做的一件事

情是，尽快地为自己找到一座看得见的“灯塔”，也就是给自己重新设立目标。目标的设立要量力而行，要根据自己的具体情况而定。比较适宜的目标是自己跳一跳能够得着的。

（六）积极参加活动，丰富课余生活

高职院校生活和高中生活相比，业余时间多了，这一方面是许多高职同学所渴望的，另一方面许多高职同学又会由于不会安排多余的时间而感到困惑。有些同学甚至不能适应，感到空虚。高职生活对于大多数同学来说，可能都是系统学习的最后一个阶段，这是我们走向社会的一个过渡期，在这里，学习对我们来说应该是一个更为宽泛的概念。参加学校与社团组织的活动，既能让同学们在其中学到一些课堂上学不到的东西，比如组织能力、管理能力、协调能力等，为将来能更快地适应社会做准备，又能丰富同学们的生活，让同学们感到生活充实，有利于尽快地适应高职生活。

（七）学习理财经验，合理安排生活

一开始“理财”出了些问题，这是很正常的，同学们应该从中吸取一点经验教训，在接下来的生活中，学会“理财”，合理安排自己的生活费用。现在很多家庭会让孩子一次把一个学期的费用都带过来，这样的话，同学们可以考虑先做个计划，把这些费用分到每个月，每个月再细化一下各种开支所需要的费用，还要留出一些机动的费用。对哪些开支是必须的、哪些开支是没有必要的、哪些开支是可有可无的，要做到心中有数，并尽可能地按照自己的安排去做。

（八）接受心理咨询，寻求心理帮助

有些高职同学的心理不适应很快就可以调整过来，但是有些同学需要较长的时间，还有些同学因为不适应而非常痛苦，这些同学可以选择去做心理咨询，因为心理咨询老师都是受过专业训练的，他们有可能帮助你缓解痛苦，帮助你缩短心理适应的时间。

课堂活动　时间管理

（一）目的

促进同学对时间管理的觉察。

（二）过程

（1）按下列要求画出你的“时间饼图”。

回忆并记录进入高职院校后，每天的时间都分配在哪些方面？它们各占用了你多少时间？画出自己的“时间饼图”（见图 5-1）。思考一下，你对目前使用时间的状况满意吗？你现在打算如何调整你的使用时间？再尝试着画一张理想中的“时间饼图”。

（2）和你的同桌分享你的“时间饼图”。

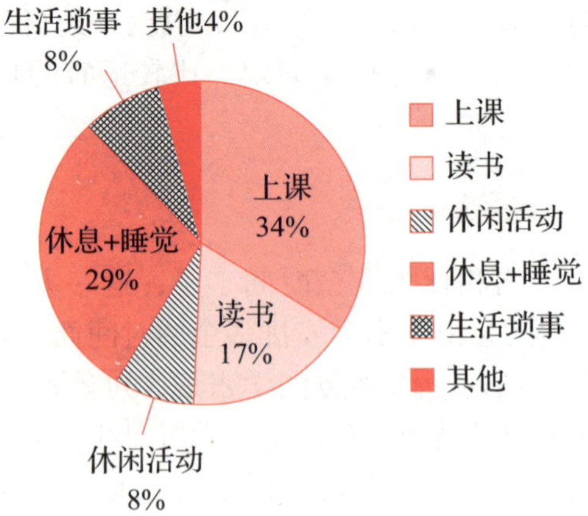

图 5-1　某学生的时间饼图

（三）思考

同学的“时间饼图”和你的不一样的地方有哪些？同学的分享对你有哪些帮助？

课后思考

1. 高职学生适应不良的主要表现有哪些？
2. 高职学生适应不良的主要调适方法有哪些？
3. 你是如何让自己尽快适应高职生活的？

心理知识窗

促使个体发展的三种力量

促使个体完成发展任务包括三方面的力量：第一种力量来自身体成熟和体力发展规律；第二种力量是来自社会文化的压力和社会期望；第三种力量是基于或直接来自个体自身的价值观和抱负。

自我探索　心理适应能力测试

仔细阅读下面的题目，根据与你实际情况的符合程度，分别在“是”“无法肯定”“不是”三个答案中，选择一项答案。

1. 我最怕转学或转班级，每到一个新环境，我总要经过很长一段时间才能适应。
2. 每到一个新的地方，我很容易同别人接近。
3. 在陌生人面前，我常无话可说，并感到尴尬。
4. 我最喜欢学习新知识或新学科，它给我一种新鲜感，能调动我的积极性。
5. 每到一个新地方，第一天我总是睡不好，就是在家里只要换一张床，有时也会失眠。

6. 不管生活条件有多大变化，我也能很快习惯。
7. 越是人多的地方，我越感到紧张。
8. 我的考试或比赛成绩多半不会比平时差。
9. 全班同学都看着我时，我的心都快跳出来了。
10. 对他（她）有看法，我仍能同他（她）交往。
11. 我做事情总有些不自在。
12. 我很少固执己见。
13. 同别人争论时，我常常语塞，事后才想起该怎样反驳对方，可惜已经太迟了。
14. 我对生活条件要求不高，即使生活条件很艰苦，我也能过得很愉快。
15. 有时自己明明把课文背得滚瓜烂熟，可是在课堂上背的时候还会出错。
16. 在决定胜负成败的关键时刻，我虽然很紧张，但总能很快地使自己镇定下来。
17. 我不喜欢的东西，不管怎么学也学不会。
18. 在嘈杂混乱的环境里，我仍然能集中精力学习，并且效率较高。
19. 我不喜欢陌生人来家里做客，每逢这种情况我就有意回避。
20. 我很喜欢参加社交活动，我感到这是交朋友的好机会。

评分方法：对于单数号题，选“是”得 –2 分；选“无法肯定”得 0 分；选“不是”得 2 分。对于双数号题，选“是”得 2 分；选“无法肯定”得 0 分；选“不是”得 –2 分。

35 ~ 40 分：心理适应能力很强；
29 ~ 34 分：心理适应能力良好；
17 ~ 28 分：心理适应能力一般；
6 ~ 16 分：心理适应能力较差；
5 分以下：心理适应能力很差。

也许有的同学测试完后对自己的适应能力不满意，但千万要注意，不要给自己轻易贴上适应能力差的标签。我们应该明白，适应能力是会随着阅历的增加、知识经验的丰富而不断增强的。相信你自己，只要你能找出自己适应能力不强的原因，有意识地去锻炼，你的适应能力就会提高。

知识拓展 让·皮亚杰

让·皮亚杰（Jean Piaget），著名的发展心理学家，发生认知论创始人。1907 年，皮亚杰在公园发现一只患有白化症的小麻雀，经过仔细的观察，11 岁的皮亚杰写了一篇关于白化症麻雀的文章，引起轰动。随后，皮亚杰发表了一系列和软体动物有关的论文，并质疑门德尔的进化论，这些富有挑战性的文字在欧洲动物学界引起了很大的反响。1915 年，皮亚杰获得瑞士纳沙特尔大学生物学学士学位，1918 年获得自然科学博士学位。之后，皮亚杰在苏黎世一个心理实验室中，开始接触心理分析与临床精神医学。

1919 年，皮亚杰到巴黎大学研修心理病理学及科学哲学，并且在 1921 年担任西蒙的助手，在比奈实验室内工作，并负责将英国心理学家伯特的“推理测验”标准化。20 世纪 40 年代，皮亚杰担任日内瓦大学实验心理学教授及心理实验室主任，并当选为瑞士心理学会主席，创办了《瑞士心理学》杂志，出版了《发生认知论导论》。皮亚杰除了“发生认知论”外，主要的观念还包括：同化、适应、平衡、图式、结构的机制。他将儿童发展阶段分为：感觉运动期、前运算期、具体运算期、形式运算期。1954 年，皮亚杰当选为国际心理学会主席，并创立“国际科学心理学联合会”，担任主席。

皮亚杰一生出版了五十多本著作。他的理论对于心理学、哲学、教育学的发展等都产生了深远的影响。他于 1969 年获得美国心理学会颁发的杰出科学贡献奖，1977 年获得心理学界殊荣——爱德华·李·桑代克奖。

总结案例　积极应对环境的改变

爱玛陪伴丈夫住在沙漠的一个陆军基地，丈夫奉命到沙漠里去演习，爱玛一个人留在陆军的小铁皮房子里。天气非常炎热，她没有人可以聊天，身边只有墨西哥人和印第安人，而他们不会说英语。她非常难过，于是就写信给父母，说要丢开一切回家去。她父亲的回信只有两行：两个人从牢中的铁窗望出去，一个看到泥土，一个却看到了星星。爱玛反复读这封信，觉得非常惭愧，她决定要在沙漠中找到星星。

爱玛开始和当地人交朋友，他们的反应使她非常惊奇。她对他们的纺织品、陶器表示感兴趣，他们就把最喜欢但舍不得卖给观光客人的纺织品和陶器送给了她。爱玛研究那些引人入迷的仙人掌和各种沙漠植物，又学习有关土拨鼠的知识。她观看沙漠日落，还寻找海螺壳，这些海螺壳是几万年前当这片沙漠还是海洋的时候留下来的。原来难以忍受的环境变成了令人兴奋、流连忘返的奇景。沙漠没有改变，印第安人没有改变，但是爱玛的念头改变了，心态改变了。她为发现新世界而兴奋不已，爱玛开始把自己的感受写下来，《快乐的城堡》由此而生。她从自己造的“牢房”里望出去，终于看到了星星。

分析

在人生的长河中，每个人都会遇到这样或那样的问题，如何去看待我们遭遇的问题对于心理健康非常重要。爱玛面对环境的改变，由不适应产生了许多情绪问题到通过书信倾诉、主动走出去与他人交流等方式，成功缓解了不良情绪。从这个案例中，我们也可以看到，对问题的解释风格，有利于缓解心理冲突。现实中，我们往往会有自己的解释风格，同样的一件事情，有些高职同学会看到正向的、积极的一面，但有些同学看到的却是负向的、消极的一面。了解自己的解释风格并找到一些适合自己的调整方法，有助于我们尽快融入新环境，健康而快乐地生活。

模块五　课堂反馈

模块六

认识自我　精彩人生

学习指南

自我意识是在个体成长过程中逐步形成和发展起来的，一个人自我意识的不断完善，是其人格发展的核心内容。自我意识水平的高低不仅是个体心理发展水平的重要标志，而且将影响和制约其人生选择和行为取向。大学阶段是个体自我意识迅速发展和趋于完善的关键时期，本模块通过讲解自我意识的概念和作用，探讨提升自我意识的方法和途径，帮助同学们构建积极的自我意识和乐观的人格品质。

能力标准

分类	具体内容
知识	1. 理解自我意识的含义 2. 知晓自我意识的作用 3. 掌握提高自我意识的有效方法
技能	1. 掌握自我意识健全的标准 2. 学会识别自我意识出现的偏差 3. 有方法完善自我意识
态度	1. 积极客观对待自我意识的形成和发展 2. 正确认识自我意识的作用 3. 以良好的心态不断完善自我意识

单元
6.1

意识与自我意识

案例分享　接受与改变

李同学，某高职院校一年级女生。主动来访的她告诉咨询师："我真是太不幸了，母亲生下我后就离家走了，父亲是个残疾人，从小没有母爱的我随着年龄的增长，越发觉得自己很笨。别人整天在玩可考试成绩依然很好，我几乎把所有的时间都用在了学习上，但学习成绩只能勉强达到中等水平。进入大学后，我发现舍友们谈论的明星和服饰品牌我都不懂，显得很土。我很想和她们相处好，所以常一个人默默地打扫宿舍，帮她们打水，想借此讨好她们，却发现和她们的距离依然遥远。我感到非常孤独，十分痛苦，觉得自己一无是处。"

分析

我们每个人的出生和成长环境都无法提前选择，但在各自不同的起跑线上，为了更好的自己而努力奋斗的权利是平等的。因此去尝试接受那些我们不能改变的部分，将目光聚焦在那些我们能够做到且做得相对较好的部分，更有助于我们找到前进的力量，增强自信。努力学习、不断尝试和同学建立良好关系、主动帮助承担和付出、困惑时主动寻求帮助等方面，都是李同学的优点。如果她能跳转目光看向自己的长处，相信一定会发现更多"小确幸"。

一、意识

（一）意识的内涵

意识是人所特有的心理现象，是人除了具有与其他动物相似的对基本需要的反映、感知觉过程、喜怒哀乐等特性之外，所具有的人的本质的特点。意识是人的心理反映的最高形式。

19 世纪末，德国心理学家冯特就将意识列为其研究的心理学主题之一。这期间和之后，众多的心理学家采用内省法等方法开始从事对意识的研究，对意识的论述也非常之多。但意识究竟是什么，至今没有一个统一明确的界定。

精神分析大师弗洛伊德把意识比喻为海洋中冰山露出水面的部分，而水面下看不见的庞大的冰山底部便是无意识。弗洛伊德所指的意识是与直接感知有关的心理部分，而无意识则是指人的原始冲动、各种本能和出生后被压抑的欲望。

美国心理学家威廉·詹姆士（W. James）认为，人的意识像一条属于私人的河流，个体的全部心理活动就是一个不间断的、经常变换的意识流，具有一定的选择性。

觉醒学说认为，意识是在人觉醒时的心理状态，即人对信息的反映能力，意味着你能了解自己并且感知到周围的事物。发展阶段说认为，意识是心理发展的高级阶段，是人脑对客观现实自觉能动的反映，是人与动物心理区别的根本标志。

综上，意识可以被看作个体运用认知和体验等心理活动，对自己的身心状态以及环境中人、事、物变化的觉知。

（二）意识的基本特征

1. 觉知性

觉知性是意识的最基本特征，是指人对于自身的存在包括内部的心理事件，对于周围世界的存在包括自然现象、社会现象等外部刺激，自己和周围世界的复杂关系，是能够觉知的。

2. 能动性

意识的能动性是指意识在人的活动中所起的作用。主要包括对现实的有意识的选择反映，对现实的个人和文化进行建构；保持和监督有目的活动的进行，并使我们能够进行最佳决策和做出最佳行为。

3. 社会历史制约性

人的意识是自然界长期演化的产物，也是社会发展的产物。人的社会存在决定人的意识。意识的发生发展和内容决定了意识具有社会历史制约性。

（三）意识的水平

意识水平是指个体对自己在某一时刻的状态和行为的觉知程度，可以粗略对应为以下三种水平。

1. 基本水平

基本水平指对内部和外部世界的觉知。在这个水平上，意识是你对正在知觉和对可知觉的信息进行反映的觉知。

2. 中间水平

中间水平指对你觉知的一个反映。在这个水平上，意识是将你从真实客体和现在的事件的局限中解脱出来的符号知识。

3. 高级水平

高级水平指对你作为一个有意识的、会思考的个体的觉知，即自我觉知。在这个水平上，如果你个人体验了一个相当有序的、可预测的世界，逐渐地你就可以预期它，而且这种预期使你具备一种能力，即选择目前最好的行动并计划将来。

二、自我意识

（一）自我意识的内涵

自我意识（Self-Consciousness）是自身存在的意识，是一个人对自己以及自己和他人关系的意识。

从意识活动的形式看，自我意识包括自我认识、自我体验和自我控制。其中，自我认识是自我意识最基础的部分，它是指人对自己的认识。自我体验是在自我认识的基础上表现出来的对自己的情绪体验。自我控制则是指个体对自己心理活动和行为的调节与控制，它是个体意志品质的集中体现。自我控制能力强的人，能够很好地克制自己的情绪，行为主动而有节制，遇事沉着冷静，果断而坚毅，不会半途而废。自我控制能力差的人，往往目标不清，易受暗示，缺乏主见，优柔寡断，对自己的情感和行为缺乏控制能力。

从意识活动的内容上看，自我意识可分为生理自我、社会自我和心理自我。生理自我是个体对自己的生理属性的意识，它使得一个人把自我和非我区分开，并意识到自己的存在是以躯体生命作为载体的。社会自我是个体对自己社会属性的意识，包括个体对自己在各种社会关系中角色、地位、权利、义务等的意识。心理自我是指个体对自己心理属性的意识，包括对自己的感知、记忆、思维、智力、性格、气质、动机、需要、价值观和行为等的意识。

从自我认知中的自我概念来看，自我意识又可分为现实自我、投射自我和理想自我。现实自我是个体从自己的立场出发对现实中的我的认识。投射自我是个体想象他人对自己的认识，以及由此而产生的自我感觉。理想自我是指个体从自己的立场出发，对将来的我的认识。

（二）自我意识的形成和发展

自我意识作为人所特有的一种复杂的心理现象，并不是与生俱来的，它的发展经历了萌芽、发展和完善的过程。

1. 自我意识的萌芽（0～3岁）

刚出生的新生儿，他们认识不到自己的存在，分不清自己的身体与外界有什么样的区别。一般来说，婴儿在8个月左右产生“生理自我”，1岁左右产生自我感觉，这是自我意识最原始、最初级的形态。2岁以后，儿童开始学会了用人称代词“我”，从把自己当作客体转化为主体来认识。3岁左右的儿童，“我”的使用频率增加，往往以自己的想法解释外部世界，并把自己的想法和情感世界投射到外界事物上去，产生了一些较为极端的“自我独立”的要求。这一时期，又被称为生理自我时期或自我中心期，是自我意识的萌芽阶段。

2. 自我意识的发展（3岁至青年初期）

这一时期的个体经历了幼儿期、童年期、少年期直至青年初期，每个时期的自我意识都有其特点。幼儿期，个体没有烦恼、困惑和忧愁，单纯而快乐，完全按照成人的影响来认同自己、他人，以及自己与他人的关系。童年期，个体对自己的内心世界有了一些认识。他们能够对自己的行为及与行为相联系的一些品质进行评价，并能初步有意识地调控自己的行为，但是个体还意识不到自己所面临的各种矛盾。少年期，个体的自我意识的发展有了质的变化，不仅意识到自己的内心活动，发现自己并关注自己的发展，而且开始关注周围人的内心体验、动机、想法、个性特点等。青年初期，个体生理和心理日趋成熟、社会角色逐步确定而自我意识也有了显著的发展。这一时期的个体开始把原来主要指向外部的认识活动，转向自己的内心世界，探索自己的内心活动，开始关注“我是一个什么样的人？”“我要成为一个什么样的人？”“我在别人心目中的形象如何？”等问题。

3. 自我意识的完善（青年中期至终生）

青年中期开始，个体的自我意识进入完善与提高阶段。高职学生正处于青年中期，是自我意识完善与提高的关键时期。自我意识的发展正经历着一个特别明显的“分化—冲突—统一”的过程。出现了“主体的我”与“客体的我”、“主观我”与“客观我”、“理想我”与“现实我”的分化。这种分化标志着自我意识已开始走向成熟，高职学生在不断地产生冲突的过程中，关注并逐步完善自我意识。

（三）自我意识发展的模式

自我意识的发展呈现出自我分化、自我矛盾、自我统一再到新一轮的自我发展的螺旋式上升过程。

1. 自我分化

进入青春期后，个体开始关注自己的内心世界。自我被笼统地分化为主体我和客体我。这种分化促进了个体成为思维和行为的主体，个体开始有较多的自我观察和自我沉思行为。

2. 自我矛盾

这一时期的个体往往会发现主体我和客体我之间存在着较大的差距，内心开始产生冲突，个体表现出对自我评价的矛盾性、对自我态度的波动性，有时过高地评价自己，但遇到一点挫折的时候又会过低地评价自己。

3. 自我统一

一般来说，个体在经历一段时间的自我矛盾冲突后，在主体我和客体我，自我认识、自我体验和自我调控，自我与外部等方面会在新的水平和方向上协调一致，达到自我统一。

课堂活动 认识自我

（一）目的

促进对自我的思考和感知。

（二）过程

将就近坐在一起的两个同学分为一组，各自拿出一张纸，在5分钟时间，尽可能多地写下以“我是/会/能……”打头的句子。在完成后和同组的同学交换练习纸，在对方写的句子后面评分，非常符合是10分，完全不符合是0分。在全班同学都完成以后，老师可以邀请3～4组同学来分享练习感受，引导同学发现自我评价与他人评价之间的区别，思考其中原因。

我是____。（　　）分

我会____。（　　）分

我能____。（　　）分

（三）思考

看看自己写的句子，是否对自己有新的发现。尝试去和同组朋友交流，看看他对你的发现有什么样的看法，并想一想他的看法对你有什么启发。

课后思考

1. 你了解你的自我意识吗？你觉得自我意识对自己会产生哪些影响？
2. 你对自己在自我意识发展上的期待是什么？有什么方法可以达成这些期待呢？

心理知识窗

乔韩窗口理论

美国心理学家约翰（Jone）和哈里（Hary）提出了关于自我认识的乔韩窗口理论。该理论认为，每个人的自我都拥有四部分：A 公开的自我；B 盲目的自我；C 秘密的自我；D 未知的自我。一个人的 A 越大，自我认识就越客观准确，心理越和谐；B 越大，就表明对自我认识的偏差大，可能夸大了自己的优点和缺点，盲目自负或自卑；C 越大，表明害怕别人看清楚自己，进而否定自己，总是按照别人对自己的评价或期许来表现自己，隐藏真实的自我；D 的存在使我们无法全面认识自己。

单元 6.2

高职生自我意识的发展

案例分享 如何面对缺点

张同学是某高职院校大三的学生，在校期间她对自己学习成绩排名的要求近乎苛刻，只能接受自己考全班第一名，一想到自己在考试中有可能落后于班里的其他同学就寝食难安。为此，她在高职院校的前两年半时间里努力学习，没有参加过任何社团，也不在班级里担任班级干部，认为那样会浪费时间。临近毕业找工作了，张同学突然发现自己与人沟通的能力相当欠缺，面试了多次都难以让用人单位满意，为此，非常沮丧，对面试也产生了恐惧。

分析

渴望优秀是一种正常的心理动力，能重视学业并努力付出更是值得肯定的，但是如果只把目光和精力集中在考试成绩的优秀上，忽视了个人综合能力的学习与提高，就会像吃饭挑食导致营养失衡一样，影响到自我意识和个人成长的全面发展。一个人只有正视自己的每个方面，拥有自己的兴趣与爱好，追求自我价值的提升，更客观地评判自己，才会拥有更美好的未来。

一、高职学生自我意识发展的特点

高职学生的年龄一般在 19 ～ 22 岁，生理上处于青年期向成年期的过渡阶段，生活上也由于离开父母住校而相对独立。和中学的时候相比，高职学生更多地开始关注自我，较之其他社会群体在自我意识的发展上也呈现出许多特点。

（一）自我认识的主动性增强

进入大学后，大多数高职学生学习和生活都发生了明显的变化。生活上，他们住进了集体宿舍，身边不再有父母的约束；学习上，老师不再紧盯不放，给了个人更大的自由，许多同学都会突然感觉到空余时间多了，有时间开始反思自我。他们开始关注自己的外表、关注自己的内心、关注自己在他人心目中的形象，对“我是谁?”“我为什么是这样的人?”“我今后的发展方向是什么”“我将来要成为什么样的人”等问题产生了浓厚兴趣。

（二）自我评价能力有所提高

自我评价是个体对自我的判断。随着年龄的增长和个体的成长，高职学生明白了社会评价与真实自我之间的区别，可在自我反思的基础上进行更客观、理性的自我分析。

（三）自我控制能力有所增强

对比本科学生，高职学生的自控能力相对较弱，高考之后不少高职学生在自我反思中意识到自我控制能力在他们成长中的作用，并开始有意识地培养自我控制能力，使之逐步增强。

（四）自我意识表现出矛盾性

高职学生由于受到心理及社会因素的影响，自我意识表现出矛盾性。从心理因素看，他们的心理正处于从不成熟向成熟的过渡期。从社会因素看，高职学生没有社会经历、缺乏生活经验，这就特别容易导致他们在理想我与现实我之间、独立性与依附性之间、交往需要与自我封闭之间、自尊心和自卑感之间、强烈的自我改变意愿和意志薄弱之间产生矛盾。

1. 理想我与现实我的矛盾

理想我是“向往中的我”的反映，体现个体的愿望及社会的要求。现实我是“现实生活中的我”的反映，是一个实实在在的我。高职学生中，理想我与现实我的矛盾主要源于理想与现实之间的差距。这种差距主要是部分高职学生对自己的学历的不认同，怀疑自己的社会竞争力，对现实我感到不满意。

2. 独立性与依附性的矛盾

高职学生既希望自己在生活、学习等多方面能够独立，却在面对许多实际问题时，因为缺乏独立解决问题的能力而感到力不从心。一些高职学生尽管主观上有独立的需求，但现实却是他们从经济上无法摆脱对家庭的依赖，从心理上无法摆脱对父母及老师的依附。

3. 交往需要与自我封闭的矛盾

进入高职院校后，同学们离开了原先熟悉的生活与学习环境来到一个全新而陌生的环境里，更期待获得别人的理解与接纳，因而交往就成了许多高职学生的重要需求。同时，他们又因担心在交往中受到伤害而存在着较严重的戒备心理，让对方感到若即若离，进而影响到彼此的正常交往。

4. 自尊感与自卑感的矛盾

自尊感是个体对自己有价值感、有重要感的体验，包括自尊心、尊重感和他人认同两种成分。自卑感则是指个体对自己不满意，对自己持否定的态度。自尊感与自卑感是自我体验中的两种相互对立的情感，但是在高职学生中这两种情感往往是交织在一起的。一方面他们表现出强烈的自尊心及希望得到认同的愿望，另一方面又表现出对自己学历、能力等方面的不认同，触发了自尊感与自卑感之间的矛盾。

5. 强烈的自我改变意愿与意志薄弱的矛盾

一部分高职学生对自己的现状是不满意的，渴望通过三年的学习来改变自己，但由于缺乏坚持性，意志薄弱，往往在制定目标时信誓旦旦，目标制定后却迟迟不见行动，或行动难以坚持。当他们发现时光一天天消逝后，又因为虚度了光阴而自责，由此产生了矛盾。

二、高职学生自我意识易出现的偏差

自我意识水平的高低不仅是个体心理发展水平的重要标志，而且将影响和制约其人生选择和行为取向。当自我意识出现偏差时，个体的心理状态就会发生变化。因而高职学生有必要对在自我意识发展过程中容易产生的偏差有所了解，以便及时地调整偏差的状态，形成健康的自我意识。

（一）过分的以自我为中心

随着自我意识的增强，高职学生越来越多地开始关注自我。但是，有部分同学遇事往往只从自我的角度出发，凡事总认为自己是对的，还会因为其他同学没有按照自己的意愿行事而愤怒，甚至与他人发生冲突。过分的以自我为中心的人，很难赢得别人的信任和好感，人际关系大都比较紧张。

（二）过分的自卑心理

自卑是个体自以为不如他人而产生的一种否定自己的消极心理。适度的自卑可能会促使个体更加努力地通过学习等方式改变自己，但是过分自卑会使人看不到自己的价值，不接纳自我。

（三）过分的依赖心理

高职学生由于没有经济收入，经济上依赖父母是可以理解的。但部分同学表现出了过度的依赖，他们大事、小事都要给父母打电话，让父母替自己做主并代为解决，这不仅限制了自我成长，也阻碍了自我发展。

（四）过分的追求完美

爱美之心人皆有知，但如果苛求自我，过分追求完美，就会让自己陷入烦恼的境地。有些高职学生不顾自己的实际情况，不能允许自己有“不完美”的表现，这样做的后果是让自己常常生活在担心和焦虑之中，生活质量受到了很大的影响。

（五）过分的情绪化

高职学生年龄的特点决定了他们情绪丰富、情绪波动性大，易受情境的影响。但如果经常性的情绪大起大落，不顾时间场合地乱发脾气就会对其学习、交往等产生不良的影响。

课堂活动　社会支持系统

（一）目的

了解自己的社会支持系统。

（二）过程

教师可以在课堂上对同学进行分组，3 ~ 5 人为一组，针对：“如果自己陷入困境，有多大把握能得到他人广泛、及时而又有效的帮助？这些‘他人’都包括了谁？请依次罗列出来。”这些问题进行小组讨论，然后每组推选一个代表就小组的讨论结果进行分享。

（三）思考

你发现自己可以求助的人有多少？如果你的社会支持系统不足 5 个人，你可以尝试问问自己：是什么阻碍了自身拥有更多的社会支持？现在可以做些什么来增强自己的社会支持系统？

课后思考

1. 写出自己最喜欢的一句话、自己的爱好、自己的能力、自己的优点和自己的缺点，看看你能写出几个？
2. 你知道自我意识的偏差有哪些吗？
3. 你想成为一个什么样的人呢？为什么？

心理知识窗

自我意识过剩

Self-Conscious 的意思是“很在意别人的看法”，也可以翻译成“自我意识过剩”。这是一个心理学概念，指对自我存在过分放大，过于在意自己呈现在他人面前的形象，因而产生不自在、不自然、难为情、扭捏、害羞等心理状态。为了避免这样的困扰，可通过区分善意和非善意的评论、换位思考、增强自信、避免反应过度、学会用自我解嘲来化解压力等方法。

单元
6.3

高职生自我意识的完善

案例分享 王同学的困难

王同学是一名高职学院大二男生，性格内向，不善言谈。他主动来到学校的心理中心咨询，对咨询师说：“我是个一事无成的人，学习上，从一年级下半学期开始出现挂科，这次参加英语三级考试又没通过，我可能补考都过不了。交友上，进大学两年了，没有一个好朋友，基本上遇到事情无处可讲，遇到困难无人可求助。估计到大三我连正常毕业都做不到，将来只能随波逐流，没什么可以好好奋斗的，注定没出息。”说完就一脸沮丧地坐在咨询室的沙发里。

分析

生活的每个阶段都会遇到意想不到的困难，当马云还在做一名小小的翻译人员时，一定也没有想到自己未来会成为商界巨鳄。其实一个人自认为是怎样的人比他真正是怎样的人更重要，因为每个人都是按他自己认为是怎样的人而行动的。感到自己的未来没有希望，这常常是因为自卑感在作祟。不及格的课程可以进行补考，没有通过英语三级考试，可以制订每天的打卡学习计划。不去想过于遥远的目标，而是坚持住每天微小的进步，相信一定能遇见一个更好的自己。

一、高职学生自我意识健全的标准

注重塑造健全的自我意识，是高职学生更好地实现自我价值的途径和方法。自我意识健全的标准是相对的，综合多家观点，我们认为，自我意识健全的高职学生应该具备以下几个标准：

（一）自我定位准确

在就业压力不断增大的当今社会，高职学生毕业后就业的工作岗位大多要从基层做起。有相当一部分高职学生是从生产一线的技术工人，一步步成长为班组长或主管的。高职学生应该从在校期间就培养自己从“底层”做起的意识，对自己的未来有一个相对准确的定位，避免在负面情绪中消沉。

（二）有良好的“自我同一性”

“自我同一性”是指生理自我、心理自我和社会自我的整合统一。生理自我、心理自我和社会自我各自都包含着不同的自我认知、自我体验与自我控制，但由于比例和搭配的不同，就构成了个体与个体自我意识之间的差异，也使得每个人都有自己对人、对己、对社会的独特的看法和体验。“自我统一性”是否处于良好状态，这也是形成健全自我意识的重要因素之一。

（三）积极而客观地评价自我

积极而客观地评价自我是健康自我意识形成的重要内容。进入高职院校后，由于学习、生活方式发生了较大的改变，有些学生会出现一些不适应。从学业到就业，来自人际等方面的压力源也很多，如果不能正确地评价自己则会产生消极的自我体验，其后果表现是多方面的，严重的会引发不同程度的心理障碍，甚至是精神疾病。只有用积极的态度去认识和评价人与事件，客观理性地评价自我，才能产生积极的人生态度和健康的观念。

（四）保持适度的自尊与自信

自尊是一个人尊重自己，对自己持肯定态度的情绪体验。它是一种要求尊重自己的言行和人格，维护一定的荣誉和社会地位的自我意识倾向。自信是指一个人在对自己的充分肯定的基础上建立起来的一种信心，它推动人的心理与行为向积极的方向发展。自尊是高职学生获得良好发展的前提条件，它是自信、自立、自强的基础，也是获得心理健康状态的重要条件之一。马斯洛在他的需要层次理论中（见图 6-1），把尊重排在了第四位，尊重的需要表现为自尊、尊重他人和获得他人的尊重三个方面，其中，自尊是基础，没有自尊便不可能获得他人的尊重，更不懂得尊重他人。因此自尊是高职学生的生长性需要，只有自尊才能自信，只有自信才能坦然面对困境，健康向上。

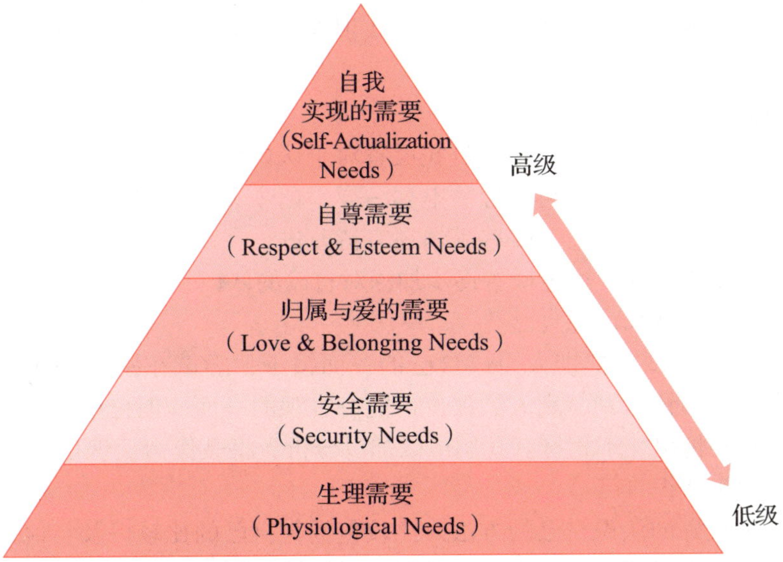

图 6-1　马斯洛的需要层次理论

（五）有自我独立性且又善于合作

所谓合作是指社会互动中，人与人、群体与群体之间为了达到互动各方都有某种益处的共同目标而彼此相互配合的一种联合行动。有研究表明："与同事真诚合作"是成功的九大要素之一，而"言行孤僻，不善与人合作"排在失败的九大要素之首。自主而又善于合作是指高职学生要能够独立分析思考与解决问题，有主见、有见解并能很好地与他人进行合作。有些高职学生意识不到合作的重要性，片面地把独立性理解为凡事完全靠自己，拒绝别人帮助，往往使自己心力交瘁而事倍功半。高职学生要学会正确地认识和对待自己与他人的关系，尤其要能正确地对待自主与合作的关系，使身心得到全面和谐的发展。

（六）能有效地进行自我控制

亚里士多德说："人与动物的区别，正在于行为与理智"。多年的心理咨询工作经验，让我们感受到，高职院校中有相当一部分学生思维敏捷、聪明有见解，但缺少的是有效地进行自我控制。换句话说，不能有效地进行自我控制已经在很大程度上制约了部分高职学生的发展。自我控制能力的培养应从小事入手，当意志成为一种习惯时，自我控制便转变为"自动化"的程序，也就标志着良好的自我控制能力的形成。

二、完善高职学生自我意识的途径和方法

（一）客观全面地认识自我

客观全面地认识自我就是要全面地了解自己的身体和个性，既包括自己的身材、相貌等生理特点，也包括自己的气质、性格、能力、兴趣、爱好、意志品质等心理方面的特质，还包括自己在同学心目中的形象等。认识自我的方法很多，下面给同学们提供几种。

1. 通过自我反省认识自己

古人云："吾日三省吾身。"学会自我反省对于认识自我有着非常重要的作用。我们每天晚上躺在床上的时候，都可以像放电影一样，把今天所做的事情过一遍，思考一下哪些事情做得令自己比较满意，哪些事情还有待改进，在反省中来认识自己的思想有无偏差，了解行为是否正确。通过反省逐步加深对自己的认识，形成正确的自我意识。

2. 通过别人的评价来认识自己

高职同学可以尝试着把别人当成自己的一面镜子，尝试在别人的评价中来认识自己。当然，我们也应该看到，别人的评价可能有客观的一面，但也可能会因所处角度不同，与自己的现实情况并不相符。我们可以加以分析，将其作为认识自己的参考。

3. 通过比较来认识自己

比较是一种较好的认识自己的方法。比较包括与自己的比较以及与他人的比较，与自己的比较主要是与以前的自己比较，可以通过比较看到自己是否有进步、自己的思想是否越来越成熟。在与他人的比较中，我们要选择好比较对象，尽可能地与自己同一层次的人进行比较；不要总拿自己的短处与别人的长处相比较；也不要总拿自己的长处去与别人的短处相比较；与别人相比时，应注意所比较的内容应该是一些可变因素；比较时，还应该考虑行为的前提条件等因素。

4. 通过参加活动来认识自己

通过参加活动可以发现自己的优势和劣势，帮助认识自己；也可以培养与人沟通、交往的能力；还可以锻炼和培养组织和管理的能力，挖掘潜能，培养自信心，不断地完善自己。

5. 通过测试来认识自己

利用测试来认识了解自己也是一种方法，但在测试前，必须清楚测试是会受很多因素影响的，测试的内容只能作为了解自己的一个参考，不能单纯以测试的分数给自己贴“标签”。

（二）积极、快乐地悦纳自我

1. 悦纳自我的含义

悦纳自我是在接受自我的基础上喜欢自己，包括接受自己的一切，无论是好的、坏的、成功的、失败的都要敢于面对和接受。

具体来说，悦纳自我就是：

（1）接受自己，喜欢自己，不苛求自己，有高度的自尊和自信，有价值感、自豪感、愉快感和满足感；

（2）性情开朗，对生活乐观，对未来充满憧憬，积极情绪多于消极情绪；

（3）能平静而又理智地看待自己的长处与短处，冷静地对待自己的得与失；

（4）有远大理想和阶段性目标，并以此激励自己不断努力；

（5）既不以虚幻的自我补偿内心的空虚，也不以消极的态度回避漠视自己的现实，更不以怨恨、自责甚至厌恶来否定自己。

2. 悦纳自我的途径和方法

悦纳自我是自我意识健康发展的关键所在。要想做到悦纳自我，首先是要在客观认识自己的基础上，接纳自己，喜欢自己，欣赏自己，体会自我的独特性，肯定自己的价值，并在此基础上能够体验到价值感、幸福感、愉快感与满足感；其次是理智与客观地对待自己的长处与不足，冷静地看待得与失，坦然面对自身存在的不足、弱点、缺陷甚至错误，不苛求自己，能按自己的能力水平确定自己的发展目标。

在客观地认识自我的基础上，同学们会发现，每个人都有自己擅长的但每个人也都会有自己不擅长的，我们如何去接纳进而悦纳自我呢？同学们可以尝试从以下几个方面入手：

（1）深入了解自己接纳自我的程度。

了解自己能接纳自我哪些方面、不能接纳自我哪些方面，找出并分析自己不能接纳的原因。

（2）尝试无条件地完全接受自己。

同学们可以先以一种客观和诚实的态度举出至少10项自己的优点以及自己喜欢自己的地方。再以客观和诚实的态度列出不喜欢自己的地方，在可以改变的地方标上记号，并努力去寻找改变的方法。对不喜欢却又无法改变的地方，尝试着去接受它。高职学生应该能够清醒地意识到，有些东西是经过我们的努力能够改变的，如学习成绩、意志力等。但是有些东西即便我们努力了，改变起来也是比较困难的，如身高、相貌等。

因此，我们必须学会对自身努力能够改变的东西，积极努力并尽可能地去完善。但是，对自身无法改变的东西，我们必须学会积极面对，尝试接纳。

（3）改变过分追求完美的习惯，不苛求自己。

过分追求完美、过分苛求自己，会压抑自己的情绪，制约自己的行为，使自己总是处于焦虑与烦躁之中，还会因为自己的某一点不完美而自我否定，导致自我拒绝。高职同学要能够认识到，其实完美是相对的，对于完美本身就没有一个统一的衡量标准，因此我们在能够接受自己优点的同时，也要能够接受自己的不完美，要能够接纳真实的自我，在积极的心态中最大限度地把自己的潜能化为现实。

（4）建立和巩固良好的自我感觉。

仔细回忆自己从前的经历，找出各方面比较出色的表现，肯定自己过去就已经具备的良好的素质；找出升入高职院校后，一件或几件自己做过的比较成功的事情，用心体会成功的愉快心情；及时了解自己各方面的发展、进步和成绩，肯定自己的能力；记录别人对你的积极评价和态度，增加自信；尝试着把注意力集中在自己的优点和成功上，而不是集中在自己的缺点和失败上，这些将有助于建立和巩固良好的自我感觉，悦纳自我。

（5）从错误和失败中吸取教训，给自己一个机会。

一个人不可能不犯错误，也不可能事事成功，可怕的不是错误和失败而是被错误和失败击垮。高职学生应该学会平静而又理智地看待自己的错误和失败，并且能从中吸取教训，不要因为一时的错误和失败轻率地全盘否定自己，永远对自己有信心，相信自己是有价值的人，相信“天生我材必有用”。

（6）有效地控制自我

自我控制是人主动地改变自己的心理品质、特征及行为的心理过程，是高职学生健全自我意识、完善自我的基本途径。有些高职学生自我期望值过高，但由于受到主客观条件的限制，特别是缺乏足够的自制力和较强的意志力，经常遭受挫折和打击，无法实现预期的理想目标。高职学生要能够根据自己的实际情况和社会发展的需要，确立适合自我的抱负，对理想的自我实现过程中遇到的身心矛盾和困扰进行合理的控制与调节，通过努力奋斗，达到自我实现与自我成功。

课堂活动　自我评价

（一）目的

引导学生学会正向的自我评价。

（二）过程

将班级同学3～5人分为一组，请同学们在纸上画一棵苹果树，接着思考一下，进入高职院校以来，你所有成功的事情。将你的每一次成功都以画苹果的方式画在树上，有多少次成功就画多少个苹果，小成功就画小苹果，大成功就画大苹果。引导同学们在小组内一起欣赏自己和别人的苹果树，体验一下自己的感觉，看看是否会有一些惊喜的发现，并写下来。然后，请大声说：“我真棒，我真是很棒！”完成小组的讨论和分享后，每组选出一个代表，将小组讨论分享的情况在班级做分享发言。

（三）思考

将每一个苹果与树根连线，在树根上写上你认为形成这个成功的苹果的原因。

课后思考

1. 你认为自己最大的优点是什么？
2. 你最擅长的事情是什么？
3. 其实一个人自认为是怎样的人比他真正是怎样的人更重要，你是如何看待这个观点的？

心理知识窗

斯芬克斯之谜

斯芬克斯是古希腊神话中一个长着狮子躯干、女人头面的有翼怪兽。它坐在忒拜城附近的悬崖上，向过路人出谜语："什么东西早晨用四条腿走路，中午用两条腿走路，晚上用三条腿走路？"如果路人猜错，就被害死。俄狄浦斯猜中了谜底是"人"，由此来告诫人类要"认识你自己"。

自我探索　你了解自己吗？

对下面题目做出"是"或"否"的回答。

1. 你每天照镜子3次以上吗？（　　）
2. 你一点也不在乎别人对你的看法吗？（　　）
3. 你是否感到你其实并不了解你自己？（　　）
4. 你很留意自己的心情变化吗？（　　）
5. 你常把自己与其他人进行比较吗？（　　）
6. 你常在晚上反思自己的行为吗？（　　）
7. 做错一件事后，你常弄不明白当时自己为什么那样做吗？（　　）
8. 你比较注意自己的外表吗？（　　）
9. 你做事情的随意性很大吗？（　　）
10. 在做出一个决定时，你通常很清楚这样做的理由吗？（　　）
11. 你总是努力揣摩别人的想法，并按别人的要求与暗示行事吗？（　　）
12. 你是否总是穿着比较得体的衣服？（　　）
13. 你弄不清自己是脾气好还是脾气坏的人吗？（　　）
14. 你弄不清自己的能力比其他同学强或弱吗？（　　）
15. 你对自己将成为一个怎样的人没有一点把握吗？（　　）
16. 你总是担心自己能否给其他同学留下好印象吗？（　　）

17. 你对自己的外貌有自知之明吗？（ ）
18. 在遭受一次挫折后，你总是要对自己的行为进行反思吗？（ ）
19. 你常控制不住自己而发火吗？（ ）
20. 有时，你自己也不知道自己为什么没有情绪吗？（ ）
21. 考试前，你通常不知道自己能否顺利过关吗？（ ）
22. 不少事情在开了头以后，才发现你是没有能力完成的吗？（ ）
23. 当遇到不快时，能否设法从低沉的情绪中摆脱出来？（ ）
24. 考试完毕成绩出来前，你常弄不清楚自己是否考得好吗？（ ）
25. 大多数情况下，你知道自己行动的动机吗？（ ）
26. 你觉得别人应该对你留下好印象吗？（ ）
27. 你常感到莫名的烦躁吗？（ ）
28. 你不知道自己与班上哪些同学谈得来吗？（ ）
29. 你清楚自己的长处和短处吗？（ ）
30. 一般而言，你很清楚自己吗？（ ）

评分方法：

4、5、6、8、10、12、17、18、23、25、26、29、30 题答“是”计 0 分，答“否”计 1 分。其余各题答“是”计 1 分，答“否”计 0 分。各题得分相加，统计总分。

0 ~ 9 分：你对自己的长处和弱点有较清楚的认识。

10 ~ 20 分：你对自己的了解不够全面。你已经较多地注意到了自己的体验，但需要更好地了解自我，还需要掌握一些客观认识自我的方法。

21 ~ 23 分：尽管自我与你“朝夕相处”，但你看来仍是“当局者迷”。

测试完之后，有些同学会发现对自己真的不是太了解，原因可能是多方面的，有可能是之前部分同学没有思考过“我是不是了解自己”这样一个问题。做这样的测试，也是希望能够促使同学们对自我认识进行反思。通过反思来寻找自己在自我认识上是否还存在着偏差，有意识地去全面地了解自我，尽可能地去完善自我。

知识拓展 西格蒙德·弗洛伊德

西格蒙德·弗洛伊德（Sigmund Freud），精神分析学派的创始人。1856 年出生于奥地利的摩拉维亚，4 岁时随家人迁至维也纳定居。弗洛伊德很早就表现出了远大的志向，希望将来有所作为。中学时代他成绩优异，17 岁时考入维也纳大学医学系。从 1876 年到 1881 年，在著名生理学家约瑟夫·布吕伊尔的指导下，开始从事研究工作。1881 年获得医学博士学位，并开办了私人诊所，担任临床神经专科医生。弗洛伊德的婚姻很幸福，有三个儿子、三个女儿。最小的孩子安娜，在父亲心中占有特殊的位置。她追随父亲的足迹，最终凭借自己的努力取得了精神分析运动的领袖地位，成为令人尊敬的精神分析理论家。1938 年德国入侵奥地利，弗洛伊德与家人为逃离纳粹的迫害，被迫背井离乡，逃往伦敦。1939 年 12 月 23 日，弗洛伊德因口腔癌在伦敦去世。

弗洛伊德的著作《歇斯底里症研究》（1895 年）、《梦的解析》（1900 年）、《性学三论》（1905 年）、《论无意识》（1915 年）、《自我与本能》（1923 年）、《焦虑问题》（1926 年）、《自我防御机制》(1936年)等，对后人产生了深远的影响。读弗洛伊德的书，可以使我们认识现代生活中造成人们某种精神疾病的根源，从而有效地调节、完善自己的人生。

总结案例 索菲亚·罗兰的成就

2000年，出生于意大利的索菲亚·罗兰，这位曾经荣获奥斯卡最佳女演员奖的伟大女性，被评选为千年美人。索菲亚·罗兰是一位受全世界影迷喜爱的女影星，她主演的《两妇人》《卡桑德拉大桥》在中国拥有广大观众。可是，在她16岁第一次拍电影时，却遇到了不少麻烦。

索菲亚·罗兰在第一次试镜的时候就失败了，所有的摄影师都说她够不上美人的标准，都抱怨她的鼻子和臀部。没办法，导演卡洛只好把她叫到办公室，建议她把臀部减去一点儿，把鼻子缩短一点儿。一般情况下，演员都对导演言听计从，可是索菲亚·罗兰却没有听导演的，她相信自己，对自己有信心，认为这就是她自己的特色。

在试了三四次镜后，卡洛导演又叫索菲亚·罗兰上她的办公室。卡洛导演以试探性口气说："我刚才同摄影师开了个会，他们说的结果全一样，噢，那是关于你的鼻子的，还有建议你把臀部削减一些，如果你要在电影界做一番事业，你也许该考虑一些变动。"

索菲亚·罗兰对卡洛说："说实在的，我的脸确实与众不同，但是我为什么要长得跟别人一样呢？我要保持我的本色，我什么也不愿意改变。至于我的臀部，无可否认，我的臀部确实有点过于发达，但那是我的一部分，那是我的特色，我愿意保持我的本来面目。"

大导演卡洛被说服了，电影拍成了，索菲亚·罗兰逐步走上了成功之路。

"我为什么要长得跟别人一样呢？"的确，这个世界上找不到第二个与我们完全一样的人，就如同这个世界上找不到两片完全相同的树叶。独特是一种美，我们每个人都应该庆幸自己是独一无二的。

分析

就像世界上没有两片完全相同的树叶，我们每个人都是不一样的。不论高矮胖瘦，我们没必要羡慕别人，人在价值上是平等的。每一个生命的到来都是奇迹，每个人都具备与生俱来且独一无二的灵性，而人们正是借由彼此的差异性获得学习。所以珍惜你的与众不同，成为独特而美好的自己，是值得我们每一个人努力的方向。

模块六 课堂反馈

模块七

轻松交往　快乐生活

学习指南

卡耐基说："一个人事业上的成功，只有百分之十五是由于它的专业技术，另外的百分之八十五要靠人际关系、处世技巧。"美国哈佛大学学生就业指导小组的调查表明，在几千个被解雇的毕业生中，人际关系不好被解雇的毕业生比因不称职被解雇的毕业生人数高出2倍。另外，一些研究报告还证明，在每年调动工作的人员中，因人际关系不好而无法施展才能的占90%。这说明人际关系对于一个人的重要性。本模块，我们将和同学们一起探索人际交往的意义，了解影响人际交往的心理因素及应对方法，让同学们掌握人际交往的原则及技能，做一个受欢迎的人。

能力标准

分类	具体内容
知识	1. 人际交往的概念 2. 影响人际交往问题的心理因素 3. 建立良好人际关系的方法
技能	1. 理解人际交往的意义 2. 能够应对处理人际交往中的问题 3. 掌握维护良好人际关系的方法
态度	1. 积极乐观地应对人际关系 2. 客观理智地处理人际矛盾与冲突 3. 真诚开放地走进他人

单元 7.1

人际交往的概念

案例分享 严格要求的李同学

李某，男，20岁，某高职院校二年级学生。大一时成绩非常优秀，到了大二时成绩逐渐下滑，在学期末有两门功课挂科。他自认都是由于自己不会与别人相处造成的。刚考入大学时，小李竞选班级学生干部，后来成功当选为体育委员。为了做好本职工作，小李对周围同学要求都比较严格。在学校早操、体育课等活动中如果有哪位同学缺席，他就理解为同学不支持他的工作，故意给他出难题，因而特别生气，就去指责和教训别人，即使是同宿舍同学，他也毫不留情。他的这种“认真”，使得他和舍友关系变得紧张，最后导致宿舍成员排挤他，谁都不愿意和他来往。连班上的同学也开始讨厌他，都故意不理他。为此，他非常难过，想找同学了解情况，可是已经没有同学愿意和他沟通了。在这样的环境下，小李开始失眠、头痛，不愿意做事情，上课也无法集中注意力，学习成绩也日益下滑。

分析

作为体育委员的小李，对自己的本职工作认真负责是值得肯定的。然而，为了做好工作一味地只站在自己的角度去考虑问题，而不为他人所考虑，也不去了解他人的情况及难处，总以专横的态度去处理事情，这暴露出小李同学缺乏人际协调与组织能力，也不擅长人际沟通。在这样被排挤的环境下，小李同学成了“寡人”，没有人搭理，进而产生了各种心理问题，不仅影响了他的生活，对其学业也产生了很大的影响。

一、人际交往和人际关系

（一）人际交往

人际交往是指人与人之间沟通信息的过程，即人们运用语言、非语言符号交换意见、传达思想、表达感情和需要的交流过程。它是人类活动的一种最基本的形式，也是人类所特有的一种心理现象。人作为社会的生物，必然要同他人发生这样或那样的关系，彼此相互接触、相互传递信息、相互联系、相互作用，从而实现共同活动成员之间的协调一致。因此，人际交往是社会成员所必需的。

（二）人际关系的形成

在心理学上，人际关系是指人与人交往互动时的心理距离。在整个人际关系发展过程中，大致可以分为五个阶段。

（1）第一阶段。彼此陌生，互不相识，甚至彼此均未注意到对方的存在。

（2）第二阶段。单方（或双方）注意到对方的存在，单方（或双方）也可能知道对方是谁（如同校同学），但从未接触。

（3）第三阶段。单方（或双方）受对方的吸引，与之（或彼此）接近，构成表面接触。在表面接触时，作为他们彼此间媒介物的往往是学业或工作上的往来，即使当时单方（或双方）心存情意，但也只是很表面化的人际关系。不过这一阶段所获得的第一印象对于人际关系的发展很重要。如单方（或双方）对对方的第一印象不深，可能他们之间的人际关系就到此为止，很多人同窗多年，彼此交往泛泛，就是因为他们间的关系只停留在第三阶段的缘故。一个人的日常生活中，与很多人维持着这种关系。

（4）第四阶段。双方交感互动，开始了友谊关系。在此阶段，双方在心理上有一个重要的改变，开始将对方视为知己，愿意与对方分享信息、意见和感情。这种对人开放自我的心理历程，称为自我表露。人际关系发展到彼此都能自我表露的程度时，那就到了友谊的阶段。个人在日常生活中，能使一个人自我表露的对象并不太多。因此，同学虽然很多，其中难得有几个知心的朋友，原因就在于此。

（5）第五阶段。朋友之间的感觉，也有程度深浅之分。就朋友间自我表露的程度而言，有的朋友间重在信息与意见的交换，而在感情上则表露得较少。这是以事业或学业为基础的友谊关系。当我们处在痛苦或快乐等激动的情绪状态时，会很渴望身边有朋友的陪伴。人际关系发展到第五阶段，也就达到了“你中有我，我中有你”的地步。通常同性之间会成为莫逆之交，而异性之间如果在感情上又添加了性的需求，那就成为爱情。

二、人际交往的意义

人际交往对高职学生的发展具有重要的意义，主要体现在：

（一）人际交往有利于高职学生维护身心健康

美国心理学家 W. 巴克说：“人离不开人——他要学习他们、帮助他们、支配他们，总之，人需要与他人在一起。”如果剥夺了一个人与他人交往的机会，不仅不利于这个人的成长与发展，而且还会极大伤害这个人的身心健康。美国心理学家沙赫特·斯坦利曾经做过这样一个实验：他以每小时 15 美元的酬金请人到一个小房间去住。这个房间与外界完全隔离，没有报纸，没有电话，不准写信，也不让其他人进入。有 5 个人应聘参加实验，实验结果是：有 1 个人在小房间里待了两个小时就出来了，有 3 个人待了两天，另一个人待了 8 天。这个待 8 天的人出来以后说：“如果我在里面再多待一分钟，我就要发疯了”。可见一个人正常的交往需求一旦被剥夺，将会导致这个人不同程度的心理障碍。

（二）人际交往有利于高职学生更好地认识自我、完善自我

古人云：“以铜为镜，可以正衣冠；以古为镜，可以知兴替；以人为镜，可以明得失。”

也就是说在与他人的交往中，他人对自己的评价和态度以及与他人的比较能让我们更好地认识自我。《史记》有个故事说，齐国的宰相晏子有一个车夫，这个车夫相貌堂堂、身材魁梧，整天给宰相驾车很风光。晏子的个子矮矮的，相貌也不是那么出众，天天坐在后面的车棚里，谁也看不见，而那个车夫始终坐在前面，觉得自己很了不起，所以非常傲慢。有一天车夫回家，看见夫人收拾东西要回娘家。他很疑惑地问为什么，夫人说："我觉得和你在一起特别丢人，很耻辱！""我现在给齐宰相'开车'，你不觉得光荣吗？""你一点学问都没有，却傲气冲天、趾高气扬，宰相有那么好的修养和学问，但一点也不炫耀自己。令人遗憾的是，你整天跟那么好的人在一起，却越来越傲慢，根本得不到任何学问和功德。"车夫听了非常惭愧。

（三）人际交往有助于高职学生走向社会化

社会化即个人学习社会知识、生存技能和文化，从而取得社会生活的资格，开始发展自己的过程。人际交往是个人社会化的起点和必经之路。一旦我们脱离了人类这个群体，不和他人产生联结，那么我们社会化的进程也将被阻断。

例如，1920 年，在印度加尔各答东北部一个名叫米德纳波尔的小城，人们常见到有一种"神秘的生物"出没于附近的森林，往往是一到晚上，就有两个四肢走路的"像人的怪物"尾随在三只大狼后面。后来人们打死了大狼，在狼窝里发现这两个"怪物"原来是两个女孩，其中大的约七八岁，小的约 2 岁。这两个小女孩被送到米德纳波尔的孤儿院，孤儿院的人给她们取了名字，大的叫卡马拉，小的叫阿玛拉。第二年阿玛拉就死了，卡马拉活到 1929 年。这就是曾经轰动一时的"狼孩"事件。她们到了孤儿院，依然不会直立行走，只能用四肢爬行；白天睡觉，晚上活动，怕光怕火；不吃素食熟食，只吃生肉等，保持着和狼一样的习性。卡马拉在孤儿院用了 2 年才学会站立，用了 9 年才学会 45 个词和几句简单的话。在最后的 3 年中，卡马拉终于学会在晚上睡觉，她也怕黑暗了。很不幸，就在她开始朝人的生活习性迈进时，她死了。死的时候已 16 岁左右，但她的智力只相当于三四岁的孩子。从"狼孩"的故事中我们能深切地感受到，人的发展离不开人类这个社会背景。为了将来能够自立于社会，应对社会的竞争与压力，解决人际冲突，大学生要充分利用在校生活学习的机会，积极参加各种组织与社团，扩大自己的交际圈，学会处理各种人际关系和人际冲突。

（四）人际交往有助于高职学生满足自我的归属感需要和实现人生价值

心理学研究表明，每个人都害怕孤独和寂寞，希望自己归属于某一个或多个群体，如有家庭，有工作单位，希望加入某个协会、某个团体，这样可以从中得到温暖，获得帮助和爱，从而消除或减少孤独和寂寞感，获得安全感。对于只身在外地求学的高职学生来说，与他人建立良好的人际关系才能在心理上产生归属感，让自我有安全感，在这些条件得到满足的情况下，才能更好地投入到学习中去，努力实现人生价值。

课堂活动　互相认识

（一）目的

促进同学之间互相认识。

（二）过程

（1）将班级同学分成两组，一组同学站在内圈，一组同学站在外圈。

（2）将内圈和外圈的同学一一对应，面对面站好。

（3）当老师指令响起时，请外圈的同学先作自我介绍，介绍自己的名字、来自哪里、最喜欢做的事情，内圈的同学认真倾听。外圈同学介绍完后，轮到内圈同学介绍，介绍相同的内容。一人2分钟。

（4）当内外圈中一组同学介绍完成后，根据老师的指令，外圈同学不动，内圈同学按顺时针方向移动一个位置，重新认识一个新的同学。介绍顺序和内容同上。

（5）当内外圈同学介绍回到原点时，活动结束，接下来请每个同学写下自己记住的同学姓名，记住名字最多的同学将成为本次活动的最佳人气王。老师给予适当的奖励。

（三）思考

什么样的自我介绍会让别人特别容易记住你？你学会了哪些好的自我介绍的方法？

课后思考

1. 简述人际关系对于我们的重要意义。
2. 谈谈当和自己喜欢的朋友在一起时，你体验到最多的感受是什么。
3. 请分享一位你成长过程中最好的朋友，以及他（她）对你的影响。

心理知识窗

人际关系的黄金法则与白金法则

黄金法则："你想人家怎样待你，你也要怎样待人。"

白金法则："别人希望你怎样对待他们，你就怎样对待他们。"

单元 7.2

影响人际交往的心理因素

案例分享 举例创造美

一个心理学家做过这样的一个实验。在一个刚刚开门的阅览室里，当里面只有一位读者时，心理学家就进去拿椅子坐在他或她的旁边。看看进入的这位读者面对如此情景会有怎样的反应。试验整整进行了80人次，结果发现，在这样一个只有一两个读者的空旷阅览室里，没有一个被试者能够忍受一个陌生人如此近距离地挨着自己坐下。在实验者坐到他们身边时，被试者中的大多数人都默默地选择换到别的地方坐下，少数人的情绪很反感，表示："你想干什么？"

分析

这个案例说明，人和人之间需要保持一定的距离，正如人们常说"距离产生美"，与别人的交往中恰当的距离是保持友谊长存的一个要素。我们常用"亲密无间"来形容很要好的朋友，其实真的亲密到了不分彼此时往往会适得其反。叔本华曾说过这样一段话："社交的起因在于人们生活的单调和空虚。社交的需要驱使他们聚到一起，但各自具有的许多令人厌憎的品行又驱使他们分开。"

人际交往的好坏往往能反映出一个人的心理健康水平和社会适应能力的强弱。人际关系的好坏与诸多因素有关，影响大学生人际关系问题的心理因素主要有以下几种：

一、猜疑心理

猜疑是指没有事实依据而凭主观想象进行判断推测，对他人怀疑和挑剔的一种不良心理。《三国演义》中有这样一段描写：曹操刺杀董卓败露后，与陈宫一起逃至吕伯奢家。曹吕两家是世交。吕伯奢一见曹操到来，本想杀一头猪款待他，可是曹操因听到磨刀之声，又听说要"缚而杀之"，便大起疑心，以为要杀自己，于是不问青红皂白，拔剑误杀无辜。这是一出由猜疑心理导致的悲剧。可以看出有猜忌心理的人，往往爱用不信任的眼光去审视对方和看待外界事物，每每看到别人议论什么，就认为人家是在讲自己的坏话。猜忌成癖的人，往往捕风捉影，节外生枝，说三道四，挑起事端，其结果只能是对他人失去信任，对自己也同样心生疑窦，损害正常的人际关系，影响个人的身心健康。

猜疑的人通常过于敏感。敏感并不一定是缺点，对事物敏感的人往往很有灵气，有创造力，但如果过于敏感，特别是与人交往时过于敏感，就需要想办法加以控制了。具体可采用以下方法：

（一）培养自信心

世界上没有两片完全相同的树叶，正如佛家所说"一树一菩提，一花一世界"，每个人都有不同于别人的地方。如果我们想让别人喜欢自己，首先，你要喜欢你自己，接纳你自己。很难想象一个连自己都讨厌自己的人，别人怎么会喜欢你呢？一个自信的人犹如冬日的阳光，在人群中散发着光芒与热量，感染着别人、温暖着别人。自信原本就是一种美丽，但有的人却因为太在意外表或者外在的东西而失去很多快乐。决定一个人是否自信并不是外在的财富、出身、权力等因素，而是一个人的内心，一个人对自我的正确认知、对自我的人生价值的定位。无论自己是贫穷还是富有，无论自己是貌若天仙还是相貌平平，无论自己前途是一路平坦还是荆棘泥泞，自信的人都能够挺起胸、昂起头，怀揣着对生活的期待与未来的憧憬快乐地生活。

（二）及时沟通，解除疑惑

"耳听为虚，眼见为实。"然而在生活中我们常常也会有这样的感触，就是自己亲眼看见的东西也不见得就是真实的。这个世界上人与人之间的误会随时都在发生，这是不可避免的。关键我们要有消除误会的能力与办法，如果误会得不到尽快解除，就会发展为猜疑；猜疑不能及时解除，就可能导致不幸。现实生活中许多猜疑被解除后发现很多都是很可笑的，但在没有消除之前，由于猜疑者的头脑被封闭性思路所主宰，只会凭借自己的猜测转进死胡同。所以如果可能的话，最好同你“怀疑”的对象开诚布公地谈一谈，以便弄清真相，解除误会。

二、自卑心理

自卑是个人由于某些生理或心理缺陷及一些条件的限制和认识的偏差而产生的轻视自己、失去自信、畏缩的一种情绪体验。自卑的人总认为自己在某个方面或几个方面不如他人，自愧无能，害怕与别人交流。克服自卑我们应该做到：

（1）正确认识自己，充分发挥自己的特长与优势，增强自己的自信心。

（2）意识到自卑的积极作用。自卑带给我们的不仅仅是消极作用，它往往能激发我们的某些潜能，引发积极的补偿行为。

（3）在实践中证明自己的能力与价值。一个人的价值往往是由这个人的行动所决定的，当你能通过自己的努力将事情做成功时，它会带给你喜悦和自信力。

（4）积极弥补自己的弱点。所谓“金无足赤，人无完人”，每个人都会存在某些方面的不足，对于不足我们可以采取积极的心态，扬长避短。

三、嫉妒心理

嫉妒是一种普遍的社会心理现象。嫉妒是一种负性情绪，是指自己的才能、名誉、地位或境遇被他人超越，或彼此距离缩短时所产生的一种由愤怒、怨恨等组成的情绪体验。嫉妒者由于把别人的优势视为自己的威胁，因而往往对他人带有明显的敌意，有的甚至会产生攻击诋毁行为，这样不但伤害自己，同时也危害他人，给人际关系造成极大的障碍。在地位相似、年龄相仿、经历相近的人，比如宿舍、社团等组织的同学之间容易发生嫉妒。克服嫉妒心理应注意几点：

（一）正确认识嫉妒

嫉妒本身并不是一件坏事，嫉妒让我们看到与被嫉妒者存在的差距，让我们感受到自己存在的不足。它可以鞭策我们时刻努力去赶超对手，提醒我们不断地努力拼搏。但如果让自我的嫉妒之心无限膨胀，认为被嫉妒者的存在就是对自己的否定，对自己是威胁，损害自己的利益和“面子”，这种可怕的思想会引发自己丧失理智，做出一些损人损己的事情。

（二）客观评价自己

当嫉妒心理萌发时，能够积极主动地调整自己的意识和行为，从而控制自己的动机。这就需要客观、冷静地分析自己，找出差距和问题。

（三）看到自己的长处

聪明人会扬长避短，寻找和开拓有利于充分发挥自身潜能的新领域，这样在一定程度上补偿先前没能满足的欲望，缩小与嫉妒对象的差距，从而达到减弱乃至消除嫉妒心理的目的。

（四）见贤思齐

一个人不可能在任何时候都比别人强，人有所长也有所短。人固然应该喜欢自己、接受自己，但也要客观看待别人的长处，这样才能化嫉妒为竞争，才能提高自己。

（五）经常将心比心

嫉妒，往往给被嫉妒者带来许多麻烦和苦恼，换位思考就会收敛自己的嫉妒言行。

（六）学会自我宣泄

最好能找知心朋友、亲人痛痛快快地说个够，他们能帮助你阻止嫉妒朝着更深的程度发展。另外，可借助各种业余爱好宣泄和疏导，如唱歌、跳舞、练书法、下棋等。

四、害羞心理

害羞心理是指一个人在与他人交往时过分束缚自我的行为，以致无法充分地表达自我的思想感情，从而阻碍交往的心理倾向。有些高职学生由于受害羞心理影响，导致过于内向，在大庭广众之下不善于自我表达。有的同学甚至过于敏感和自卑，在交往中畏首畏尾，胆怯不自在。印第安纳大学东南分校害羞研究中心的教授伯纳德·卡尔杜奇（Bernardo Carducci），专门研究害羞心理，他说："害羞完全可以克服。这是因为害羞心理的形成需要一种自我感觉，而这种感觉要在出生后 18 个月才会出现，表现为过度忸怩、低估自己、不自信等，就好像随时都有一面镜子在他们面前。"其实对于害羞心理我们可以辩证地来看，在西方有些哲学家、艺术家把害羞这种行为视为一种美德；而在我国社会中也流传"沉默是金"等观念，因此可以看出有些人不把害羞心理视为问题，甚至相反地认为那是一种良好行为。美国心理学家沃伦·琼斯博士也认为，害羞虽是一个人的弱点，但这弱点并非有害无益，恰恰相反，它可变成许多优点。哈佛大学心理学家杰罗姆·卡格恩建议，远离害羞先从跟陌生人交谈开始，在参加聚会或集体活动时要尽量多和不熟悉的人坐在一起，并找机会与之交谈。

五、孤僻心理

有的高职学生在和别人交往时，总是不能敞开自己心扉，与他人进行心理的沟通和交流。他们往往比较孤僻，不愿意和他人交往，喜欢独来独往，喜欢把自己的真实想法和情感掩饰起来。特别是随着互联网的广泛应用，很多高职学生把大部分时间都投入到网上，通过上网建立虚拟的人际交往关系。在这种虚拟关系中他们往往能表现自如，受到网友的称赞和夸张，得到一定的归属感。这就更加加剧了他们与现实生活的脱节，也造成他们在现实生活中人际关系的冷淡与紧张。如果我们想要打破自己的孤僻心理，可以参照以下建议：

（一）自我剖析，找出孤僻的根源

孤僻性格的形成往往是事出有因的，或受家庭环境的影响，或受过刺激、伤害，或身患疾病等。找出原因后尝试改变自我的生活习惯，尝试主动与别人聊天，主动和他人玩游戏、打扑克、下象棋、打篮球等。与别人接触多了，从他人那里学到的知识和得到的快乐就多了，这样就更会促使自我与他人交往。

（二）多参加集体活动

集体是矫正孤僻的良好环境，集体活动可能使人变得活泼、快乐，可以使我们寂寞的情感得到补偿。因而在自我的空余时间内，要鼓励自己多参加集体活动，并争取表现自己的机会。

课堂活动　信任

（一）目的

促进同学之间的信任。

（二）过程

将班级同学分成两组，一组扮作“拐棍”，一组扮作“盲人”，并随机搭配成两人一组。

请“拐棍”带着“盲人”按照教师之前设定的路线，进行一次户外远足，在这次远足的路途中，教师在安全的前提下，最好安排一些对双方来说有挑战的路线，比如翻越障碍、转地道、爬楼梯等项目。其间要求“拐棍”不能说话，只能借助动作进行提醒。

完成远足后，双方轮换角色再次进行体验，教师对远行路线重新设计，要求同上。

当双方都完成这次盲行远足，接下来，让我们一起分享：

作为“盲人”，在这次活动中你有什么感受？

作为“拐棍”，在这次活动中你又有什么感受？

作为“盲人”，你信任你的“拐棍”吗？他为何取得了你的信任？他为何没有取得你的信任？

作为“拐棍”，你感受你的“盲人”是否信任你？为什么？

（三）思考

在这次活动中，我们学习到了什么？对我们今后在与别人的相处中又有怎样的帮助？

课后思考

1. 简述影响人际交往的心理因素。
2. 影响你与他人建立良好人际关系的心理因素有哪些？
3. 如何看待人际交往中的自卑心理？

心理知识窗

罗森塔尔效应

罗森塔尔等人于1968年做过一个著名实验。他们到一所小学，在一至六年级各选三个班的儿童进行煞有介事的“预测未来发展的测验”，然后实验者将认为有“优异发展可能”的学生名单通知教师。其实，这个名单是随机抽取的。8个月后，再次智能测验的结果发现，名单上的学生的成绩普遍提高，教师也给了他们良好的品行评语。人们把这种通过教师对学生心理的潜移默化的影响，从而使学生取得教师所期望的进步的现象，称为“罗森塔尔效应”。

单元 7.3

建立良好人际关系的方法

案例分享 苏轼和佛印

宋代大文豪苏轼非常喜欢谈佛论道，和佛印禅师关系很好。有一天他登门拜访佛印，问道：“你看我是什么。”佛印说：“我看你是一尊佛。”苏轼闻之飘飘然，佛印又问苏轼：“你看我是什么？”苏轼想难为一下佛印，就说道：“我看你是一坨屎。”佛印听后默然不语。于是苏轼很得意地跑回家，向苏小妹吹嘘自己今天如何一句话噎住了佛印禅师。苏小妹听了直摇头，说道：“哥哥你的境界太低，佛印心中有佛，看万物都是佛。你心中有屎，所以看别人也就都是一坨屎。”

分析

正如孔子所云：“三人行，必有我师焉！择其善者而从之，择其不善者而改之。”在这个世界上没有一无是处的人，正如也没有完美无瑕的人一样，每个人都有自己的长处与不足。然而，在与别人交往中，如果你总是看朋友的缺点和不足，那你的生活就充满了抱怨。如果你能善于发现别人的优点，内心一定豁然开朗，生活充满阳光。

每个人都希望自己与他人能建立良好的人际关系，希望友谊地久天长，然而在人与人的交流和交往中，总会有一些人际关系的问题困扰着我们。如何避免友谊的破裂，建立自己的朋友圈，享受朋友给我们带来的幸福和快乐呢？可以试着从以下几个方面去做：

一、积极改善人际关系的冲突

由于每个人的成长经历、生活背景、家庭环境和所接受的教育等不同，各自都会有自己的理解和独特的体验。在交往中，双方出现分歧、冲突都是在所难免的。对于人际关系中的冲突，我们不能够消灭它，但是可以采取有效的方法减少或避免冲突，进而避免由冲突带来的人际关系的恶化和破裂。

在遇到冲突时，首先，我们可以采用换位思考的方法，站在对方的角度看待发生的事情，客观地了解冲突的原因，提出可能解决的方法；其次，可以采用冷处理的方法，尽量避免争论，先将事情放置在一边，等调整好自己的情绪时，再来处理问题。

二、掌握人际交往的基本技能

在人际交往的基本技能上注意以下几点：

（一）积极的自我暗示

在心理学上，自我暗示指通过主观想象某种特殊的人与事物的存在来进行自我刺激，达到改变行为和主观经验的目的。积极的自我暗示可以帮助我们拥有成功的心理、积极的心态，是每个人都拥有的法宝。许多年前，一个小姑娘应聘到位于美国纽约市的一家裁缝店打杂。她每天开始工作之前，都要对着试衣镜很开心、很自信地微笑。只能穿粗布衣裳的她假装自己是身穿漂亮衣服的夫人，待人接物落落大方、彬彬有礼，深受光顾店铺的女士们喜爱。她工作积极投入、尽心尽责，仿佛那裁缝店就是她自己的，因而深受老板信赖。不久，许多客户开始在女老板面前说："这位小姑娘是你店中最有头脑、最有气质的员工。"女老板也说："她确实很杰出。"又过了不久，女老板就把裁缝店交给小姑娘管理了。光阴荏苒，这个小姑娘渐渐成了服装设计师"安妮特"，最后终于成了"著名设计师安妮特夫人"。如果想成为一个受别人欢迎的，你不妨现在就用"我是一个受人欢迎的人""我喜欢和别人交往""我可以交到很多的朋友""我的朋友会因为有我而感到快乐和幸福""我有能力应对交往中的各种问题"等积极自我暗示的话去激励自己，并带着轻松、开放的心态去学习、去工作，最后你就可能真的得偿所愿了。

（二）主动交往，给对方留下好的第一印象

实践表明，一个不欣赏别人的人，也是一个不被别人欣赏的人；一个不喜欢别人的人，也是一个不被别人喜欢的人。也就是说在人际交往中，人们更喜欢那些欣赏自己、喜欢自己的人，也更容易成为他们的朋友。如果你想交到更多朋友，不妨放下害羞、胆怯、畏惧，主动地走近那些你感兴趣的人，关注他们的需要、兴趣和感受。正如卡耐基所说："如果我们想交朋友，就要先为别人做些事——那些需要花时间、体力、体贴、奉献才能做到的事。"除此之外，当你主动走近别人的时候，还需要给别人留下好的第一印象。第一印象，在心理学上也叫"首因效应"，它是指两个人第一次相见所形成的印象会对今天彼此关系的进展、相互之间的评价产生重大的影响。它不仅会固定一个人对另外一个人的看法，还会影响两人交往的态度，以及未来的发展程度。

如何给别人留下好的第一印象呢？心理学家卡耐基在其著作《怎样赢得朋友，怎样影响别人》一书中总结出给人留下良好的第一印象的六种途径：一是真诚地对别人感兴趣；二是微笑；三是多提别人的名字；四是做一个耐心的听者，鼓励别人谈他们自己；五是谈符合别人兴趣的话题；六是以真诚的方式让别人感到他很重要。你也可以尝试一下“SOLER”技术。S（sit）代表“坐要面对别人”；O（open）表示“姿势要自然开放”；L（lean）的意思为“身体微微前倾”；E（eyes）代表“目光接触”；R（relax）表示“放松”。美国社会心理学家艾根（Egan）1977 年根据研究发现，在同陌生人相遇的初期，按照 SOLER 模式来表现自己，可以明显增加别人对于我们的接纳性，使我们在别人心目中建立起良好的第一印象。

（三）恰当的语言表达和有效的沟通

恰当的语言表达和有效的沟通可以帮助我们建立和谐、融洽、真诚的朋友关系。要学会用恰当的语言来表达自己的所思所感。在注重颜值的娱乐圈，电影演员黄渤外貌平平，可他为什么会成为大众心目中的“男神”？因为他很会说话。说话让人舒服，使人如沐春风正是黄渤的魅力所在。大家都夸黄渤情商高，然则他自己却说：“我根本不是一个情商有多高又多么会说话的人。其实有时候，所谓高情商，是你不想伤害别人。”

三、把握人际交往的原则

人与人交往都要遵循一定的原则。建立良好的人际关系要遵循以下原则：

（一）平等原则

平等是和谐人际关系的前提，任何一方都不能居高临下、盛气凌人，要正确看待自己和他人。萧伯纳有一次写作休息时和邻居小女孩一起玩耍。当送小女孩回家时，他对小女孩说：“知道我是谁吗？回家告诉你妈妈，就说和你一起玩的是萧伯纳。”小女孩天真地回应说：“知道我是谁吗？回家告诉你妈妈，就说和你一起玩的是克里·佩丝莱娅。”大文豪不禁惭愧。

（二）宽容原则

宽容是我们在与别人相处时要能包容、忍让对方，在相处中求同存异、取长补短，更好地完善自己。相传古代有位老禅师，一日晚在禅院里散步，突见墙角边有一张椅子，他一看便知有位出家人违犯寺规越墙出去溜达了。老禅师也不声张，走到墙边，移开椅子，就地而蹲。过了一会儿，果真有一小和尚翻墙，黑暗中踩着老禅师的背脊跳进了院子。当他双脚着地时，才发觉刚才踏的不是椅子，而是自己的师傅。小和尚顿时惊慌失措，张口结舌。但出乎小和尚意料的是，师傅并没有厉声责备他，只是以平静的语调说：“夜深天凉，快去多穿一件衣服。”我们可以想象听到老禅师此话后，他的徒弟的心情，在这种宽容的无声的教育中，徒弟不是被他的错误惩罚了，而是被感化了。

（三）互利原则

人际交往是一种双向行为，彼此间的关爱与照顾是我们保持关系的重要纽带。身边重要他人的肯定、接纳与认可，是我们生命活力的来源。我们不仅要从朋友那里获取这些对于我们生命有价值的东西，而且还要给予对方。曾经有一个小故事，故事讲的是一个十六岁的少年，去向一位年长的智者请教："我如何才能变成一个自己愉快，也能带给别人愉快的人"。智者微笑着送给这位少年四句话："把自己当成别人；把别人当成自己；把别人当成别人；把自己当成自己。"从这个故事里，我们能深深地感悟到自己、他人是分不开的。考虑自己利益的同时，心怀他人，创造一个和谐互惠的人际关系才是最好的原则。

（四）诚信原则

曾子杀猪的故事，相信大家并不陌生。故事讲，有一天曾子的妻子要去市场，儿子非闹着要一起去，为了安抚孩子，曾子的妻子便说："你别去了，等我回来以后，杀猪给你吃。"孩子听后高兴地回家了。等妻子从市场回来，发现曾子正在捉猪来杀，便赶紧上前拦住他说："杀猪的事，不过是跟孩子说着玩的，你怎么还当真了。"而曾子却说："绝不可以跟小孩子说着玩。小孩本来就不懂事，要照父母的样子学，听父母的教导。现在你骗他，就是教孩子骗人。做妈妈的骗孩子，孩子不相信妈妈的话，那是不可能把孩子教好的。"曾子说完便把猪杀了。诚信自古以来被奉为做人最重要的品质。在生活中我们也都喜欢和诚信的人交朋友，诚信的朋友会带给别人安全感，容易让人信赖。

四、掌握人际交往的艺术

人际交往的艺术可以分为语言艺术和非语言艺术。

（一）语言艺术

所谓"良言一句三冬暖，恶语伤人六月寒。"这两句话告诉我们交往时要注意运用语言的艺术。良好的语言艺术可以帮助我们优化人际关系，相反，如果不注意语言艺术，往往在无意间就出口伤人，产生矛盾。这就要求我们做到：

（1）正确运用语言，表达清楚、生动、准确、有感染力、逻辑性强，少用土语和方言，切忌平平淡淡、滥用辞藻、含含糊糊、干巴枯燥。

（2）语音、语调、语速恰当，要根据谈话的内容和场合采用相应的语音、语调和语速。

（3）讲笑话要注意对象、场合、分寸，以免笑话讲得不得体，伤害他人的自尊心。现在的大学生由于受网络文化的影响，喜欢调侃对方、黑对方、涮对方，有些同学认为这样可以促进彼此的交流，加深关系。实则不然，有些同学自尊心较强，语言表达能力较弱，这样的方式他们往往很难接受，反而会造成关系破裂。

（4）适度地称赞对方。心理学家威廉·杰尔士说："人性最深切的需求就是渴望其他人的欣赏。"每个人都希望别人赞美自己的优点。赞美是一种不可思议的推动力量，如果我们能够发掘对方的优点进行赞美，他会很乐意与你多交往。但是赞美要适度，要有具体内容，绝不能曲意逢迎。真诚的赞美往往能获得出乎意料的效果。

（5）避免争论：有两只羊在山上吃草，本来各吃各的挺好。后来它们同时发现在前面山坡上有一大堆又绿又新鲜的草，都想独占，就大打出手，最后两败俱伤。和这个故事类似，高职学生喜欢争论，但争论往往是互不服输、面红耳赤、不愉快甚至演化成直接的人身攻击，最后给双方带来不利的后果。这个时候就需要冷静地分析问题，指出误会或者主动提出让步，所谓“退一步，海阔天空”。

（二）非语言艺术

俗话说：“眼睛是心灵的窗户”，“眼睛像嘴一样会说话”。非语言艺术对于高职生搞好人际关系是不可缺少的。非语言一般包括眼神、手势、面部表情、姿态、位置、距离等。正确运用非语言艺术，巧妙地表达自己的思想感情，有时能起到“此时无声胜有声”的作用。心理学的研究表明，拥抱和触摸有利于心理健康。人类的快乐、悲伤、痛苦、关爱、怜悯、关怀等多种复杂的情感，都可以通过肢体间的相互接触来传递。拥抱是人原始本能的需求，它拥有神奇的力量，有人说：拥抱就像一个人的营养，每天给一个人4次拥抱，仅是生存需要；给他8次拥抱，他能保持好的状态；给他16次拥抱，他才会成长。在英语的谚语里也有：“每天需要3个拥抱才能活下去，另外3个拥抱才能神采焕发”的说法。拥抱是我们人类之间最简单的接触方式，拥抱可以帮助我们消除沮丧、疲劳，增强勇气、注入活力。当你不知道该如何安慰一个朋友时，不妨把手臂放在他肩头上拍一拍或者抱一抱。

五、努力提升自我的人际魅力

人际魅力，是指在人际交往过程中形成的，个体对他人给予的积极和正面评价的倾向。如何提升自我的人际魅力呢？首先，要给别人留下美好的第一印象。其次，内外兼修，注重自我形象，完善自我人格。亚里士多德曾说：“美丽是比任何介绍信更为伟大的推荐书。”因此，大学生应恰当地修饰自己的容貌，扬长避短，注意在不同场合下选择样式和色彩符合自己的服装，形成自己独特的气质和风度，并且注意克服性格上的弱点。

六、完善自我的人格特质

人格是人的心理的重要组成部分。它是人的行为的重要基础之一，是个人所具有的意识倾向及经常出现的较稳定的心理特征的总和。它的结构有多个层面，包括人的思想、信念、世界观、兴趣、爱好、性格、气质、能力等。它影响人的认知过程、人对外界的应对方式和调节机制的运用、情绪反应状况等。奥地利心理学家阿尔夫·阿德勒说：“对别人不感兴趣的人，他的一生困难最多，对别人的伤害也最大。”在交往中如果你对别人不感兴趣，就会导致双方情感上的疏远，继而产生感情的隔阂，有了隔阂自然就格格不入，因此会倍感孤独，也得不到别人的关心与帮助。

我国的心理学工作者黄希庭教授采用社会测量、访谈和观察等方法对大学生进行了研究，考察了有利于人际吸引与不利于人际吸引的个性特征，并进行了排序：

（一）有利于人际吸引的个性特征排序

（1）尊重他人，关心他人，对人一视同仁，富于同情心；
（2）热心班集体活动，对工作非常负责；
（3）持重，耐心，忠厚老实；
（4）热情，开朗，喜爱交往，待人真诚；
（5）聪颖，爱独立思考，乐于助人；
（6）重视自己的独立性和自制性，谦虚；
（7）有多方面的兴趣和爱好；
（8）有审美眼光和幽默感；
（9）温文尔雅，端庄，仪表美。

（二）不利于人际吸引的个性特征的排序

（1）以自我为中心，有极强的嫉妒心；
（2）对班集体工作缺乏责任感，敷衍了事或浮夸不诚实或完全置身于集体之外；
（3）虚伪，固执，爱吹毛求疵；
（4）不尊重他人，操纵欲、支配欲强；
（5）对人淡漠，孤僻，不合群；
（6）有敌对、猜疑和报复的性格；
（7）行为古怪，喜怒无常，粗鲁、残暴，神经质；
（8）狂妄自大，自命不凡；
（9）学习成绩好，但不肯帮助别人，甚至瞧不起别人；
（10）自我期望很高，气量狭小，对人际关系过分敏感；
（11）势利，想方设法巴结领导而不听取群众意见；
（12）学习不努力，无组织无纪律，不求上进；
（13）兴趣贫乏；
（14）生活无拘束。

通过这个排序表，我们可以清楚地看出，要想与他人相处，让别人喜欢你，你必须具有一些好的性格特征，同时要积极改变不良的性格特征。

课堂活动　人际沟通觉察

（一）目的

促进同学对人际沟通的觉察。

（二）过程

（1）给每位同学发两张 A4 纸，请每位同学拿到纸张后，根据老师的指令去做活动。

（2）请同学们先拿出一张 A4 纸，老师给予指令："请同学们将纸对折，再对折，撕掉一个角，挖出一个洞"。学生根据指令完成任务。活动期间要求大家不能交流，也不能向老师提问，根据自己听到的信息独自去完成作品 1。

（3）请同学们去观察自己和周围同学的作品 1，并将自己的观察结果记录下来。

（4）接下来请同学们拿起另外一张 A4 纸，老师给予指令：“请同学们将纸对折，再对折，撕掉一个角，挖出一个洞”。学生根据指令完成任务。活动期间大家可以自由交流，也可以向老师提问，甚至在不理解的情况下可以寻求同伴的帮助，完成作品 2。

（5）请同学们观察自己和周围同学的作品 2，又会有怎样的发现呢？

（6）对比自己两次的作品，有什么差异吗？是什么原因带来的？

（7）将两个作品和同学的作品对比后，你发现哪幅作品的相似性更大些？为什么？

（三）思考

通过这个活动，你对人际沟通中的信息传递有了怎样的新认识？

课后思考

1. 分享自己在交朋友过程中好的经验。
2. 整理与描述你最喜欢和具有怎样个性品质的人交朋友。
3. 谈一谈给朋友留下好的第一印象的小技巧。

心理知识窗

互惠关系定律

给予就会被给予，剥夺就会被剥夺。信任就会被信任，怀疑就会被怀疑。爱就会被爱，恨就会被恨。

自我探索 人际关系综合诊断量表

这是一份人际关系行为困扰的诊断量表，共 28 个问题，每个问题做“是”（打√）或“非”（打 ×）两种回答。请你根据自己的实际情况如实回答，并填入表 7-1，答案没有对错之分：

1. 关于自己的烦恼有口难言。（　　）
2. 和生人见面感觉不自然。（　　）
3. 过分地羡慕和妒忌别人。（　　）
4. 与异性交往太少。（　　）
5. 对连续不断的会谈感到困难。（　　）
6. 在社交场合，感到紧张。（　　）
7. 时常伤害别人。（　　）
8. 与异性来往感觉不自然。（　　）
9. 与一大群朋友在一起，常感到孤寂或失落。（　　）
10. 极易受窘。（　　）
11. 与别人不能和睦相处。（　　）

12. 不知道与异性相处如何适可而止。 (　　)
13. 当不熟悉的人对自己倾诉他的生平遭遇以求同情时，自己常感到不自在。 (　　)
14. 担心别人对自己有什么坏印象。 (　　)
15. 总是尽力使别人赏识自己。 (　　)
16. 暗自思慕异性。 (　　)
17. 时常避免表达自己的感受。 (　　)
18. 对自己的仪表（容貌）缺乏信心。 (　　)
19. 讨厌某人或被某人所讨厌。 (　　)
20. 瞧不起异性。 (　　)
21. 不能专注地倾听。 (　　)
22. 自己的烦恼无人可倾诉。 (　　)
23. 受别人排斥与冷漠。 (　　)
24. 被异性瞧不起。 (　　)
25. 不能广泛地听取各种各样的意见、看法。 (　　)
26. 自己常因受伤害而暗自伤心。 (　　)
27. 常被别人谈论、愚弄。 (　　)
28. 与异性交往不知如何更好相处。 (　　)

表 7-1　人际关系综合诊断记分表

题目	题号							小计	分数
Ⅰ	1	5	9	13	17	21	25		
Ⅱ	2	6	10	14	18	22	26		
Ⅲ	3	7	11	15	19	23	27		
Ⅳ	4	8	12	16	20	24	28		
总分									

评分标准：

打“√”的计 1 分，打“×”的计 0 分。

如果你得到的总分是 0 ~ 8 分，那么说明你在与朋友相处上的困扰较少。你善于交谈，性格比较开朗，主动关心别人，你对周围的朋友都比较好，愿意和他们在一起，他们也都喜欢你，你们相处得不错。而且，你能够从与朋友相处中，得到乐趣。你的生活是比较充实而且丰富多彩的，你与异性朋友也相处得比较好。一句话，你不存在或较少存在交友方面的困扰，你善于与朋友相处，人缘很好，获得许多的好感与赞同。

如果你得到的总分是 9 ~ 14 分，那么，你与朋友相处存在一定程度的困扰。你的人缘很一般，换句话说，你和朋友的关系并不牢固，时好时坏，经常处在一种起伏波动之中。

如果你得到的总分是 15 ~ 28 分，那就表明你在同朋友相处上的行为困扰较严重，分数超过 20 分则表明你的人际关系困扰程度很严重，而且在心理上出现较为明显的障碍。你可能不擅于交谈，也可能是一个性格孤僻的人，不开朗，或者有明显的自高自大、讨人嫌的行为。

知识拓展 阿希和从众实验

社会心理学家阿希（Asch）在研究群体压力时，报告了一个经典的从众实验。

阿希将7个男大学生被试者组成一个小组，请他们围在一张会议桌周围，参加所谓的直觉判断实验。试验的真正目的是考察群体压力对从众的影响。7名被试者中，只有编号为6的被试者才是真的被试者，其他均为实验助手，也就是同谋者。

实验者一次呈现50套卡片，每套卡片有两张。一张卡片画有一条标准直线，另一张画有3条直线，其中一条同标准直线一样长。被试者的任务是判断3条直线中哪条与标准直线一样长。

实验开始后，头两轮都很顺利，所有人的判断都一致，让被试者觉得判断很容易。但第3轮开始后，虽然正确答案还是很明显，但被试者的判断开始出现问题了。首先1号做出了错误回答，接着2号也做出了同样的回答，这时真被试者有点紧张了，他端坐在椅上，紧盯着卡片；第3号也表示同意前面两位的看法，真被试者开始出汗了。“为什么是这样，这些人眼睛有问题？”他开始问自己；然后4号、5号，同样也“睁着眼睛说瞎话”，这时真被试者的立场开始动摇；轮到6号，也就是真被试者判断了，结果怎样？实验表明，数十名被试者自己判断时，正确率超过99%，但跟随他人一起判断时，76%的被试者至少有一次迫于群体的压力，做出了从众的判断。

总结案例 小刘的转变

小刘，男生，大二，学业成绩优秀，现担任某社团负责人。由于做事认真负责，组织协调能力强，人际关系好，多次被指导老师推荐为优秀学生干部、社团活动积极分子。谁曾想过这样一名优秀的学生在大一时是沉默寡言、极其自卑的一个学生。当时小刘进入大学后，认为自己和周围同学相比，没有优点和长处，自己的长相也不好，肯定没有人喜欢。和别人交流不知道该找些什么话题，也不知道如何和陌生的同学聊天，所以他不敢也不愿去接触别的同学。他的人际交往圈子就是宿舍的几位同学。由于极度自卑，他主动到心理中心咨询，在近一个学期的咨询下，小刘发生了很大的变化。他开始扩大自己的朋友圈，认识学校里的其他专业的同学，由于他本人非常热情，愿意帮助别人，而且做事情肯吃苦，不怕麻烦，所以很快赢得了一批学生的认同。同学的认同、朋友的赞赏、老师的肯定让小刘对自我的人际交往能力产生了自信，他明白只要你带着一颗真诚温暖的心走近别人、温暖别人，别人也一定会走近你、温暖你。在良好的人际关系氛围下，小刘的学业成绩越来越好，所负责的社团影响力也越来越大。

分析

对于刚进大学的同学来说，很多同学都认为人际关系很重要，极力地想维持一个好的人际关系氛围。但对于自己的人际关系前景也很担心，怕自己和舍友、同学、朋友相处不好，怕宿舍同学不喜欢自己而被排挤、怕和别人闹矛盾等。这些问题也都是小刘同学所遇到的。我们都很想有一个良好的人际关系圈，然而，在现实生活中能像小刘这样面对自己的人际问题，愿意去主动接触别人，愿意去尝试、去改变自己的同学却很少。希望大家也能像小刘同学一样，勇敢地面对自己的人际问题，走出现有的人际圈，创造更多别人可以认识你的机会！

模块七　课堂反馈

模块八

恋爱密码　解析应对

学习指南

爱情是人类美好而永恒的话题，一段美丽的爱情是人生中最难忘的经历。古往今来，在许多的文艺作品里都对爱情有着动人的描写。不可否认，爱情是青年人成长中所必经的阶段。作为新一代的高职学生，我们正值青春年华，对爱情的憧憬和渴望也会变得异常强烈。因而，树立起正确又健康的恋爱观将是高职学生打开幸福之门的钥匙。本模块将和同学们一起探讨恋爱心理与问题解决，通过学习让同学们拥有正确的择偶观，学会爱的表达、爱的维护及爱的困惑处理。

能力标准

分类	具体内容
知识	1. 爱情的含义与特征 2. 恋爱心理及特点 3. 恋爱心理困惑的处理
技能	1. 学会运用爱的语言 2. 学会识别恋爱中的心理误区 3. 掌握恋爱困惑的应对方法
态度	1. 树立科学的恋爱观 2. 正确地看待恋爱中的心理困惑 3. 以积极的心态处理恋爱问题

单元
8.1

爱的含义与特征

案例分享 低姿态换不来爱情

近日，某高职院校的宿舍旁，一个女生正低头不语，而一边的男生则不断地在哀求着什么。但是很长一段时间里，那个女生都不说话，并将头转向了另一边，最后男生无奈之下给女生跪了下来。然而，女生仍无动于衷，最后扬长而去。看到这一幕周围的人都讨论纷纷。

分析

这是爱情的表现吗？“90后”孩子的个性更张扬，对待爱情时情绪感受往往快过理性分析。在爱情中，有些同学认为激烈的方式才能证明自己的敢爱敢恨。其实，我们更应该选择一些健康的方式来表达自己的爱。在爱情里，男女双方首先应该是平等的，一味采取低姿态是换不来爱情的。

一、爱情的含义

爱情是建立在一对男女相互充分了解的基础上，基于一定的社会关系，有着一定的共同人生理想和兴趣爱好，在各自内心中形成的对对方最真挚的钦慕，并渴望对方成为自己终身伴侣的最强烈的感情。它是双方在各自内心里形成的对对方长期的、稳定的、专一的爱恋及情感，是一种人际间特殊的感情需要和联结。

艾里克·弗洛姆在《爱的艺术》里提道：“爱情是一种个人体验，每个人只能通过自己得到这种体验。”他认为爱是一门艺术，人们应当具备这方面的知识和能力并需为之付出努力。但是大多数人都错误地将爱理解为仅仅是一种偶然产生的令人心旷神怡的感受，是不受主观控制的。人们产生这种错误的想法有三种原因：一是大多数人认为爱情首先是自己能否被人爱，而不是自己是否具备爱的能力。二是认为爱的问题是一个对象问题，而不是能力问题。三是人们不了解“堕入情网”同“持久的爱”这两者的区别。

从心理学的角度来看，爱情应该是内心潜在激情的一种宣泄和表达，是人们成长过程中一种感情的需要，它具有正面积极的意义，能够激发出人们更好生活的意愿，甚至可以成为改变生活目标的动力。心理学家罗洛·梅（Rollo May）在他的《爱与意志》中分析指出：爱情是一种主动的感情而不是被动的接受。人类的爱情需要四个方面的因素：彼此间的关心、相互的责任感、彼此尊重和彼此需要。

（一）爱情动机

爱情动机即爱情行为背后的需求动力，对个人而言是一个复杂的综合体。感情需要、生理需要，以及其他方面的诱因组合成了爱情的动机。此外，异性的容貌、品行和社会地位等也是爱情动机的组成部分。

（二）情感需要

爱情本就是个人的一种感情体验，它以一种复合的情绪反映出来，这就是所谓的酸甜苦辣的爱情滋味了。

（三）爱情认知

爱情认知，即对待爱情的看法和理解，也是爱情里起着决定作用的因素。如果将动机与情绪分视为蜡烛与火花，那么认知就是火柴，蜡烛可以因为火柴而擦亮，也可以因为没有火柴而失去燃烧的动力。

在美国著名心理学家斯坦伯格看来，虽然爱情没有统一的格式和模板，但一定会包括亲密、激情、承诺三种成分，他还进一步将爱情分为了七种形式，如图 8-1 所示。

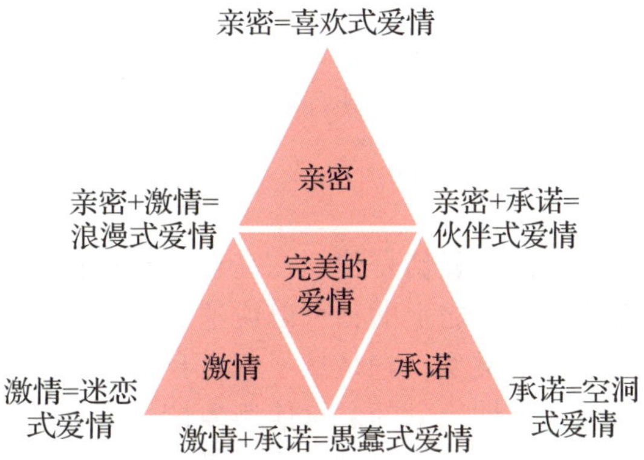

图 8-1　完美爱情的结构

（1）喜欢式爱情：主要是亲密，没有激情和承诺，如友情关系。

（2）迷恋式爱情：主要是激情，没有亲密和承诺，如初恋。

（3）空洞式爱情：以承诺为主，缺乏亲密和激情，如纯粹为了结婚的爱情。

（4）浪漫式爱情：有激情和亲密，没有承诺。

（5）伙伴式爱情：有亲密和承诺，没有激情。

（6）愚蠢式爱情：有激情和承诺，没有亲密。

（7）完美式爱情：激情、承诺和亲密兼有。

二、爱情的基本特征

（一）彼此吸引

爱情总是从双方相互吸引开始的。男女双方在生理或心理上具有吸引对方的特质，如女性的容貌较好、身材苗条，男性相貌英俊、挺拔高大；也可能是由于内在的思想或人格而产生的吸引力，如男性气度潇洒、正直善良、有责任感，女性性格端庄而温柔等。这些都是相互吸引的条件，也是爱情萌生的基础。但是这些吸引条件却是因人而异的，比如某位女生的某种条件可能对男生甲起到吸引作用，男生乙却可能对此完全没有感觉。

（二）情感依恋

男女之间一旦产生了爱情，依恋也就随之而来了。恋爱中的男女总是希望两个人在一起的时间能多一些长一些，不能忍受分离，分别时总是渴望很快重逢。情感的依恋还表现为，在遇到高兴的事或是悲伤的事，总是第一时间想与对方分享或倾诉。

（三）互相忠诚

爱情有强烈的排他性，任何身陷爱情中的男女都要求对方对自己忠贞。爱情是两个人纯洁感情的联系，是不能容许第三者同行的，也只有两个人的爱情才能称为真正的爱情，“情人眼里容不得沙子”就是指这个意思。

三、爱情的四种类型

著名的心理学家岳晓东博士在《爱情中的心理学》一书中谈到了爱情的类型。他将人的爱情分为了四种类型（见图 8-2），并对每种类型加以分析，总结了每种爱情所具有的不同特点。

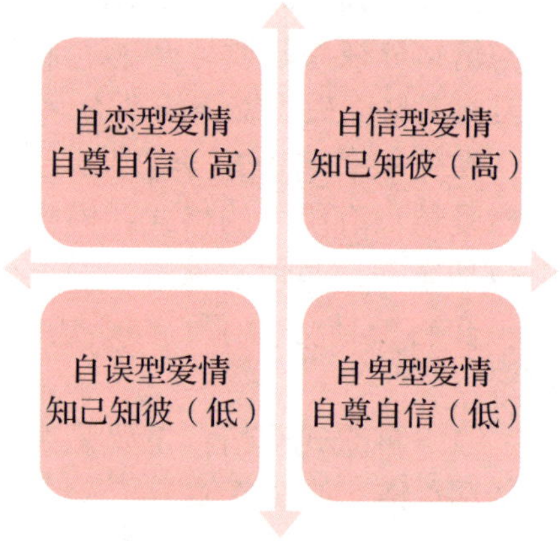

图 8-2　爱情的类型

（一）自信型爱情

自信型爱情是建立在高自尊与自信和充分了解对方的基础之上的，可以说这是一种更为成熟和理性的爱情类型，它是从了解自身感情需要和了解对方感情特性出发的。自信型爱情最为突出的特点是它的爱情指向性明确，爱得理性和自然，是一种彼此间真正的感情依恋。

（二）自恋型爱情

自恋型爱情的特点是爱得霸道、爱得任性。在这种类型的爱情中，爱的一方只片面强调自己的感受，总是从自己的需要出发，给对方的爱是控制性的、独占性的。这种爱情虽然高调而热烈却难以长久。

（三）自误型爱情

在自误型爱情里的人，往往都是将对方的感情需要放在第一位，无视自己的尊严和需要。自误型爱情里的人总是将自己的幸福和快乐全部与爱人的喜好连接在一起，爱得无比辛苦、满心委屈。

（四）自卑型爱情

自卑型爱情的特点是陷入爱情中的人既没有充分了解自己又没有充分了解对方，爱情的过程满是困惑。陷入自卑型爱情的人总是习惯用自己的方式来解读对方的感情，拼命地压抑住自己的想法，希望能够迎合对方，而结果往往是一场美丽的误会。这种类型的爱情不但苦而且累，最终还很有可能成为单方痴恋。

课堂活动　我的爱情

（一）目的

了解在恋爱中有哪些品质受异性欢迎。

（二）过程

请同学们在花盘上（见图 8-3）写下你喜欢的异性品质，在花盘旁边写下你不喜欢的异性品质。请同学自由组合，一组 10 人分组讨论（不够 10 人一组的同学加入其他小组）。充分讨论后，小组内选出前三项，请小组代表在班里分享。

（三）思考

这些异性喜欢和不喜欢的品质，对你有什么启示？在你眼里，最美的爱情应该是什么样的？

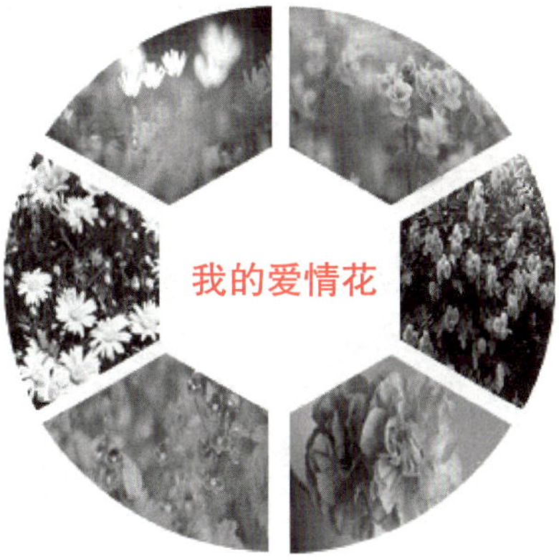

图 8-3　花盘

课后思考

1. 爱情的含义是什么？
2. 你是如何理解“爱情三元论”的？
3. 爱情的基本特征有哪些？

心理知识窗

爱情三元论

美国心理学家斯坦伯格认为爱情由亲密、激情、承诺这三个基本成分组成。这三种成分的不同排列组合构成了不同种类的爱。

单元 8.2

恋爱心理

案例分享　都是浪漫惹的祸

王同学和林同学都是某高职院校大一的学生，同时也是一对恋爱不久的情侣。林同学是个喜欢浪漫的女生，总是对爱情有着很多想象，对男友王同学也有很多要求。一次，两个人发生了很激烈的争吵，原因是林同学在过生日时，没有收到王同学送的玫瑰花。面对女友的指责，王同学很难理解，并表示她并没有和自己说过要花，自己没有送花很正常，没有错。可是林同学却坚持认为，如果王同学爱自己，就应该猜得到自己的心思，如果什么话都要说出来那么爱情就不浪漫了。为此，两人一直争吵不休，差一点闹到分手。

分析

爱情其实就隐藏在平凡而真实的生活之中，现在有些高职学生常常将自己的爱情想象得过于浪漫，对自己的伴侣提出一些不切实际的要求，这往往会造成双方的痛苦。爱情就是在平淡的日子里一起携手走过的记忆，它可以不精彩但一定会长久。正如赵咏华在《最浪漫的事》里所唱的那样：我能想到最浪漫的事，就是和你一起慢慢变老，老的我们哪儿也去不了，你还依然把我当成手心里的宝。

高职学生正值青春期，对于爱情抱有十分美好的想象和向往，曾经有人把在大学谈一场恋爱列为大学阶段必做的二十件事之一，而朝夕相处的校园生活和日渐开明的家长及老师，也让高职学生们加快了追求爱情的脚步。

一、恋爱心理的发展阶段

恋爱心理是一个渐渐发生发展的过程，可分为三个恋爱发展阶段：

（一）渴望期

渴望期即爱情吸引阶段。一方面，才进入大学的学生刚脱离了苦闷的高中学习阶段，远离了父母的管束，从心理到生理上处于一种极度放松的状态。但同时在面对新的校园生活和同学时，心理上也会产生出一种孤独感，渴望着与某人建立起一种更为亲密的关系。另一方面，高中阶段积压的爱情渴望在大学期间集中暴发，在与异性频繁接触的过程中，容易产生感情。在这个阶段，同学们会增加对异性的关注度，从单纯的好奇转向有目的性的交往。

（二）建立期

从相互产生好感到彼此间不断加深了解，为进一步确立恋爱关系做准备，就是恋爱的建立期。男女双方随着接触时间和次数的增加，在思想观念、生活态度、为人处事和人生目标上都具有了一定的默契和共识后，双方从好感逐渐转变为感情的依恋，自觉地扮演起恋爱中的角色（即男友或女友的角色），进入恋爱的状态。如果说渴望期的感觉是一种喜欢的话，那么建立期的感受就渐渐转向了爱。在这个阶段，男女双方逐渐认同对方，确认自己的感情，这也是一个现实感受与理想恋爱匹配的阶段。双方不断地将对方的现实状态与自己的理想感受相匹配，例如大家是否有较为一致的兴趣爱好、思想观念、行为模式，或是相互是否能在某些方面实现互补等。双方各方面信息与自己的理想对象和感受匹配度越高，爱情建立得越快。从这个层面来看，同质性高的两个人更容易建立起爱情。

（三）成熟期

成熟期是恋爱建立完成的标志，即男女双方从热恋状态向理性恋爱状态过渡。在这一阶段里，男女双方在感情上高度依恋，公开恋爱关系，向对方充分开放自己。在面对各种问题时，能够协调互助地解决，恋爱态度趋于理性化，双方关系更为稳定。这个阶段的男女双方已经充分确认了自己对对方的感情，彼此签订了爱情的心理契约，即公开承认对方男女朋友的身份，并能够承诺保持爱情关系中的唯一性。但也是在这个阶段，男女双方从情人眼里出西施，逐渐发展到理性全面地看待对方的优缺点，开始相互进行性格、思想、行为等方面的磨合。爱情在这个阶段较为稳定，但也开始出现各种问题。

二、高职生恋爱心理的特点

（一）恋爱关系高调

随着社会观念的改变，特别是允许在校大学生结婚生子之后，人们越来越能够理解和接受高职学生恋爱的行为了。高职学生也从过去的“地下战”转向了“地面情”。现在的校园里随处可见卿卿我我的学生恋人，他们一起上课，一起去图书馆，一起去食堂，在校园里形影不离。他们不再顾忌他人对自己的评价，恋爱行为高调而公开。

（二）恋爱年龄偏小

随着社会信息的极大丰富和高职学生生理发育的提前，高职学生恋爱年龄越来越呈现出低龄化趋势。很多学生一进大学就开始谈恋爱，有的高职学生甚至在高中阶段就已经谈恋爱了。

（三）恋爱行为普遍

当前，在大学校园里，许多人形容恋爱就像是一门“必修课”，是大学阶段所必须经历的人生事件。大部分同学都认同恋爱行为，对校园恋爱持有接纳的态度。有些同学刚入校时本没有马上恋爱的想法，但是看到身边的同学都成双成对，甚至宿舍里就剩下自己形只影单，时间一长便也加入到了寻爱的大军之中。恋爱已成为当代高职学生校园生活的重要内容之一。

（四）恋爱动机多元

现在的高职学生仅因为相互倾慕而确立恋爱关系的人数不到一半，其他的非情感因素在恋爱动力里占有越来越多的比重。有些高职学生并不注重恋爱的结果，他们更加享受追求恋爱的过程和追逐这一过程所带来的新奇感。一些高职学生甚至把追求异性看作丰富人生经历的一种活动，并借此来为单调的学习生活增加趣味性。这种恋爱态度是个人需要大于情感理智的，所以很多高职学生的恋爱周期较短，更使得有些高职学生频繁变换恋爱对象。还有些高职学生并没有明确正向的恋爱动机，只是为了恋爱而恋爱，这就决定了校园恋情问题频发，爱情并不如同学们想象中那么美好。

（五）恋爱关系脆弱

高职学生恋爱往往无法以现实情况为前提条件，只是单纯地从情感或是个人需要出发，浪漫主义色彩较为浓厚，以自我感受为第一位，责任感和约束力不够。这样的恋爱态度致使很多高职学生的恋爱关系难以稳定，往往在面临一些现实的境遇性问题时，无法妥善解决和理性对待，最终使得恋爱失败。特别是在面对一些暂时无法解决的困难时，更是感到恋爱关系无力发展，如毕业工作问题、异地恋、感情维护问题、第三者介入问题等都会成为恋爱进行下去的阻碍，所以在学校里由恋爱关系发展为婚姻关系的为数不多。

（六）性爱观念开放

高职学生的生理成熟日渐提前，而当下社会的性观念与过去相比，开放性和包容性更强。这些因素的产生直接影响了高职学生的性观念，他们对性已没有过去的谈性色变，更不会一味地指责了，更多同学是将它理解为恋爱关系的催化剂。高职学生的生理虽然已经成熟，但心理却尚未完全成熟，在对待性问题上享受观大于责任观，往往为了满足一时的欢愉而背上不应有的沉重。特别是在缺乏相关的生理卫生和性保健常识的情况下，有的同学会因为意外怀孕而承受很大的身心压力。在对待恋爱中的性问题时，男女双方也存在着不同的心理反应，男生更积极主动、开放程度更高，而女生更为谨慎小心。

三、高职学生恋爱中的心理问题

高职学生在恋爱过程中心理上也充满了各种各样的矛盾。恋爱是创造和谐美满婚姻的前奏，能否通过它来实现理想的目标，心理因素十分重要。不少学生恋爱失败，往往是由于心理问题造成的。以下几种心理问题需要及时发现、努力调整。

（一）恋情中太过自我

在恋爱中有这种心态的人，希望恋人围着自己转，听自己的话，满足自己的感受，为自己服务，为迎合自己的需要而改变性格。这种恋人往往不顾对方的需求、兴趣、爱好和价值。这种一味要求别人付出的爱情，会让对方无法体会到爱的甜蜜，因而也很难得到异性长久的爱。有这种心态的人，只有改变这种只顾自己感受的价值观念，同时学会关心、尊重恋人，才能说具备了恋爱成功的基本条件，也只有这样才能收获爱情的美好。

（二）对恋情过分理想化

有的同学对爱情或是恋人过于理想化，把标准定得太高，超过了实际可能性。对于想追寻爱情的同学来说，这会极大地缩小择偶范围，减少恋爱成功率。对于有恋人的同学来说，这种心态会直接影响到两人的沟通，破坏两人相处的和谐性，增加恋人的心理负担。希望自己的爱情或恋人完美这是人之常情，但是不切实际地去追求这种爱情，或是无限度地拿自己恋人的缺点与别人的优点比较，就不利于爱情的发展了。

（三）恋爱中的自卑心理

在爱情中有自卑心理的人，并不一定就是条件差。这些同学往往在心理上有较低的自我认同，或是由于生理缺陷，或是基于学业原因，或是源于社会现实，或是曾有过某些错误或不幸的境遇而产生自卑心理。有这种心态的同学，往往从内心深处否认自己的优势，在爱情中将自己设定为劣势方。有些同学遇到理想异性时因自卑心理作祟，担心对方看不起自己，不敢大胆追求而失去时机。有的同学在恋爱中处处觉得自己低恋人一等，因为怕对方抛弃自己，所以压抑自己的情绪，事事无原则地顺从。其实，爱情应该像《致橡树》这首诗里写的那样，比肩而站，各自繁盛。如果在一段爱情中，你没有变得更加自信，没有变成更好的自己，那么这种爱情或是相处模式需要思考和调整。

（四）恋爱中的从众心理

恋爱中的从众心理是指在恋爱对象选择、恋爱问题处理及恋爱相关事件评价时，自己的想法、行动易受大众言行左右的心理现象。有这种心态的同学一方面需要通过周围人对其恋人或恋情的好评获得心理满足，在择偶标准、求爱方式、恋爱关系等方面都存有受到他人好评的心理期待；另一方面，有些同学认为自己涉世未深在面对爱情问题时，广泛听取多数人的意见往往有助于正确处理问题。这种心理有其积极的一面，也有其消极的一面。其实，每个人的恋爱标准和方式都不一样，正如莎士比亚说的“一千个人心里，有一千个哈姆雷特”。我们不能全凭外界评价左右自己的恋爱，一味地随波逐流只会断送了自己的爱情。正确做法是参考、借鉴他人的意见和方式，结合自己的实际感受做出适合自己的正确选择。

（五）恋爱中的男权思想

在恋爱中有了这种思想，男女双方便无法处于平等的地位。男生会自觉主动地占据恋爱的主导地位，用自己的喜好去规定女生的言行，并把女生的服从程度作为是否爱自己的衡量标准。这是封建社会夫权思想的残余。克服这种心理的关键在于青年男女要真正领悟爱情的真谛，树立男女平等的思想。爱情不是战争，不是谁强谁弱的比较，而是共同分担困难、共同分享快乐、共同成长发展的良性人际关系。

四、高职学生恋爱表达中的心理误区

高职学生正处在对爱情渴望的青春时期，在此阶段一旦遇到心仪的对象或是正处于热恋期，都会急切地想向对方表达自己的爱，但在选择爱的表达方式时有些学生却不够理性和成熟。其实，爱的表达方式不仅体现了一个人的心理成熟度，而且会直接影响到恋爱双方的心理关系。不适当的恋爱表达往往会事与愿违，最终让爱的甜蜜渐行渐远，所以在恋爱建立和维护期如何正确地表达心中的爱也是高职学生值得学习的一门课。

（一）不会倾听爱的语言

要表达心中的爱，首先就要学会认真倾听对方的心声，爱的表达不是一厢情愿的事情。爱的表达需要建立在相互了解、相互沟通、相互尊重的基础之上，爱情不是把自己的喜好强加在对方身上。有不少同学在恋爱中会有这样的困扰，为什么我这样对他（她），他（她）却不理解不高兴？其实，这就是因为没有去倾听对方的心声而造成了爱的误解，我们本能地觉得对方应该喜欢和感动于我们的言行，却忘记了有些时候爱不仅仅需要做还需要听。

（二）习惯用自己喜欢的方式去表达爱

曾经有一对相爱的情侣，男生总是想着要让女生了解自己的爱，于是他用身上所有的钱去买了一箱苹果送给女孩，他幻想着女孩看见这箱爱的苹果时会多么高兴，可当女孩看到苹果时却并没有表现出他所期待的开心。为此，男生很难过，他不解地问："为什么我费尽心意，你却不高兴？"女生淡淡地回答："其实我只是想要一箱香蕉而已。"故事里的男生就是在用自己的方式去爱对方，而有些高职学生在表达爱时也常犯这样的错误。当我们习惯了用自己的方式去爱对方时，对方往往不能感受到你的爱意，做出的反应与你的预期就会不符，这时表达的一方就会产生心理失落，不及时沟通的话还会产生更加严重的矛盾或冲突。

（三）认为对方应该了解自己的想法

与上述独断又大胆的爱的表达不同的是，有些高职学生不喜欢将自己需求爱的方式表达出来，他们（她们）固执地认为如果对方爱我，那么他（她）就应该了解我的想法，知道我现在的需求。本单元的案例分享就最能说明这种恋爱心理了。其实，我们每个人都有独立的成长背景和思想，就是结婚多年的夫妻也不可能默契到只要一个眼神或是一个动作就知道对方在想什么需要什么，所以片面地将对方了解不了解自己的想法作为对方是否爱自己的判断标准是不可取的。这种秘而不宣的表达方式也会让爱情的甜蜜打折扣。

五、学会正确地表达爱情

什么样的恋爱表达才是合情合理的？其实，爱的表达要符合三个基本的条件，即适地、适时、适度。

（一）适地的表达

所谓适地，也就是需要在适合的场所去表达。曾经在南京某大学的课堂上，一名男生不顾正在上课的同学走上讲台念道："黄金万两易得，知己一个难求。"随后走向心仪的女孩表白。这个男生的行为让很多在场的同学摇头，追求爱的心没有错，但是不顾别人正在上课直接表达就让这种爱有些变味了。还有些同学在食堂里公开相互喂食，在教室里上课时也要搂抱在一起。恋人亲密无间本无问题，但是全然不顾周围环境，只是为了满足自己感情的需求，想表达就表达，还是缺少了一点自律和自省力。其实，能够选择合适的场所表达也是一个人高情商的体现，在不合适的场所表达爱情有时会事与愿违，而合适的场所则能增加表白的成功性和爱情的甜蜜度。

（二）适时的表达

适时的表达是指爱的表达应该在适合的时间里进行，特别是身处校园的学生，更是要注意适时的原则。有些同学不顾别人是否在休息，只想着自己需要向爱人表达，深夜都会想尽一切办法去对方宿舍楼下表白，而有些同学则是很晚了还在用电话诉衷情。这些表达的方式，有些违反了学校的管理规定，有些则全然没有考虑到身边同学的感受。虽然爱情是两个人的事情，但是我们身处校园环境，在享受爱情甜蜜的同时，也需要尊重周围同学。

（三）适度的表达

一个人能否适当表达自己的爱是衡量其心智是否成熟的一个标准。例如，在南京某高校女生宿舍楼下，一名大二的男生为了给过生日的女友一个惊喜，在女友宿舍楼下的草地前用上百根蜡烛摆起了一个大大的“LOVE”。校保安随后赶到用水将蜡烛全部浇灭，该男生及同学因不满保安所为而与保安发生了冲突。我们可以看到，这位男生所用的表达方式就不太适度，在校园内点那么多根蜡烛极易引起火灾。其实，浪漫的表达并不一定要用这种极端的方式来实现，也并不是所有爱侣都喜欢将自己的爱情放在大众的眼里，更多的人还是喜欢更为理性、更为温和的表达方式。

课堂活动 爱要怎么说出口

（一）目的

了解自己喜欢的爱情表达方式，并理解每个人对表达方式喜好的差异性。

（二）过程

请同学们就近分成10人小组，在组内充分讨论分享（不够10人一组的同学加入其他小组）。最后由每组组长在班级内分享本组观念。

正确地向对方表达爱意是爱情顺利的秘诀，反之则会为你的爱情带来困扰。下面这则小故事也许会让你理解到这一点，在读完这则故事后，请你在纸上写下真实感想。

一对夫妇庆祝结婚50周年，他们的子孙和亲朋好友在礼堂为他们开了个盛大的庆祝会。他们坐在厨房餐桌前，老先生拿出一条新鲜的面包，切下尾端递给结婚50年的老伴。老太太一时之间怒火大发。她对老先生吼道：“50年来，你总是将面包的尾端切给我，我受够了，你一点儿也不关心我的喜好！”老先生坐在一旁，对自己所听到的抱怨惊讶不已。老太太终于止怒后，老先生小声地对她说：“亲爱的，我最喜欢的就是这一片。”

请你在纸上写下你所喜欢的爱的表达方式，你能接受对方表达的程度是什么样子的？例如：喜欢语言表达还是喜欢对方为你做些什么；希望对方公开表达还是私下表达等。写好后，与周围的人相互交换看一看是不是有所区别，从而理解每一个人对爱的需求都是有所不同的。

（三）思考

通过分享，你能否更好地理解每一个人对爱的需求都不同？

课后思考

1. 高职学生恋爱心理有哪些特点？
2. 高职学生恋爱中的心理问题和误区有哪些？
3. 正确表达爱意的三个基本条件是什么？你是如何理解的？

心理知识窗

爱情心理学

自古以来人类就在不断探索着爱情真谛，许多文学、哲学作品中都会出现与爱情相关的主题和讨论，如《诗经》、柏拉图的《文艺对话集》及至19世纪司汤达的《论爱情》。但是将爱情当作一门学科进行专门的研究是近代才开始的。20世纪初，随着心理学的不断发展，以及对于爱情心理研究的实际需要，弗洛伊德撰写了《爱情心理学》，自此开启了爱情心理学研究的新局面。

单元 8.3

处理恋爱中的困惑

案例分享　不堪打击的女同学

包同学品学兼优，是学校学生会文艺部的部长，不管从哪个方面来看，她都应该是个幸福快乐的女孩子。可是，这一切在她遇到男友之后发生了巨大的改变。男友介意她不是处女，便开始对她进行精神的贬损和控制。包同学一开始也曾反驳，但后来却渐渐认同了男友对自己的负面评价，进而直接影响到了她的自信心。2019年10月9日包同学服药自杀并陷入昏迷，医生向包同学的家人宣布其“脑死亡”。2020年4月11日，包同学不幸死亡。包同学自杀后，她和男友的聊天记录被其家长发现，她的母亲这才发现女儿已被这段恋情折磨得面目全非。

分析

爱情本该是美好的，特别是校园中的恋爱，更应该是纯洁甜蜜的，可是包同学的案例告诉我们，无论你有多爱对方，都不能在爱情中迷失自我。爱别人先要学会爱自己，在上一单元中，我们就曾提到过爱情中的自卑心理。很显然，包同学的男友就是抓住了她不是处女这件事，营造了她的自卑心理，进而在爱情中被男友改造成了卑微的罪人。高职学生没有太多的人生经历，有时会被社会上或恋人不正确的观念所影响，这就要求同学们在爱情中也要保持一定的理性，选择合适的恋人，敢于对恋人不正确的想法和行为说“不”。

一、爱情错觉

“爱情错觉”俗称单相思，又叫单恋，是指一方对另一方以一厢情愿的倾慕与热爱为特点的爱情。单恋多是一场情感误会，是“爱情错觉”的产物。其原因主要是受异性言谈举止或自身各种主观体验的影响而错误地涉入爱河。单相思有两种情况：一种是毫无理由的“单相思”，对方毫无表示，甚至对方还不认识自己，而自己却执着地爱着对方，追求对方，这种恋爱是纯粹的“单向”；另一种是自认为有“理由”的单相思，错认为对方对自己有情，于是“落花无情”遇上“流水有意”，这是假“双向”真“单向”。

克服单恋的痛苦，重要的是防患于未然，应采取积极的办法来处理。

（一）准确识别

要主动避免“恋爱错觉”，学会准确地观察和分析对方的表情，用心明辨；要正确对待有关信息，某种信息的经常出现可能意义很深，但偶尔出现一两次就不足为凭了；要学会用联系的观点去探讨问题，把某种信息和其他因素结合起来考虑。如有位女生经常帮助一位男生，如果这位女生是副热心肠，对谁都乐于帮助，那么男生大可不必胡思乱想，如果这位女生只对这位男生区别对待，那就可以慎重考虑两人发展的可能性了。

（二）敢于承认

当单恋已发生就需要拿出十足的勇气，克服羞怯心理和自我安慰心理的折磨，勇敢地去表达。

在咨询中，也曾有同学问道：“老师，我遇到了喜欢的男生，但是不敢对他表白，我怕他拒绝，我们连朋友都没得做了。”面对这种担心，我劝同学们可以问自己两个问题：一是你希望和他做普通朋友或是好朋友吗？二是在你的心里是不是更期待他能做你的男朋友？如果答案是肯定的，那么你的目标从来就不是为了和他做好朋友，所以也不用再纠结能不能和他保持朋友的关系了。也许你应该找个机会让你喜欢的男生更多地了解你。如果你觉得遇到了自己喜欢的人，可以尝试着勇敢表达，有时被拒绝会比被错过要好。当然，也有一些同学会谨慎看待表白的问题，认为没有把握对方能接受自己时，还是先做朋友更好。其实，任何一种选择都没有问题，但在选择时我们需要确定的是这种决定是否会增加自己的心理担负。

（三）适度争取

如果你决定表达时，可以先通过他（她）的朋友了解一下他（她）的喜好，争取用他（她）能接受的方式来表达。如果对方有意，单恋则转化为“双恋”，爱的快乐就会取代单恋的痛苦。如果是“落花有意，流水无情”，则应该坦然面对现实，勇敢地抛弃幻想，用理智主宰感情转移，把主要精力放在学习上或自己喜爱的文体活动上，尽量从距离和环境上远离痴心所爱的人，通过感情的转换和升华来获取心理平衡。

二、失恋

爱情是美好的，但通往爱情的道路总是不平坦的，有成功的希望也有失败的可能。所谓失恋，就是指恋爱的一方被其恋爱对象抛弃。失恋引起的主要情绪反应是痛苦不堪和失落悲伤。如果不能及时排解这种强烈的情绪，就容易导致心理失衡，性格反常。具体到不同的个体，常出现以下几种心态：

（一）失恋的常见心态

1. 失落消极

失恋者感到羞愧难当，陷入自卑和迷惘，心灰意冷，走向怯懦封闭，既不愿意学习，也不愿意与人交往，严重者会感到绝望。

2. 自欺欺人

失恋者对抛弃自己的人仍然一往情深，对爱情生活充满了美好的回忆和幻想，否认失恋的存在，从而陷入单相思的情绪泥潭。

3. 不爱即恨

失恋者或因为失恋而绝望暴怒，失去理智，泄私愤，图报复，造成毁坏性的结局；或从此嫉俗厌世，怀疑一切，看什么都不顺眼，发牢骚；或从此玩世不恭，得过且过，寻求刺激，发泄心中不满。

失恋的种种不良心态会严重影响青年人的身心健康，甚至会导致一系列社会问题，因此，失恋者必须学会自我调整，自我拯救。

（二）失恋的调整方法

1. 倾诉

失恋者精神遭受打击，被悔恨、遗憾、惆怅、失望、孤独等不良情绪困扰，应该找一个可以交心的对象，一吐为快，以释放心理的负荷，并听听他们的劝慰和评说，这样心情会平静一些；也可以写日记和书信，把自己的苦闷记录下来，或大哭一场，从而寻求心理安慰和寄托。

2. 移情

即及时适当地把情感转移到失恋对象以外的人、事或物上。例如，多接触一些朋友，建立友谊，交流思想，倾吐苦闷；积极参加各种娱乐活动，陶冶性情；或投身到大自然中，把自己融入大自然的博大胸怀中，从而得到抚慰，缓解内心的压力。

3. 修通

修通指的是借助理智来获得解脱，即理智的“我”提醒、暗示和战胜感情的“我”。

爱情是以互爱为前提的，不可强求，应尊重对方选择爱人的权力，也可以进行反向思维，多想想恋爱中双方不合适的地方。处理失恋最重要的是，让自己明白失恋不代表自己不好，也不代表自己失去了被人爱或是爱人的能力。

4. 立志

失恋者积极的态度会使“自我”得到更新和升华，全身心地投入到学习、工作中，可使自己在失恋的痛苦中奋起。贝多芬等历史上的名人都曾饱受失恋的痛苦，但他们把精神的创伤化为奋斗的动力，终于成就事业并赢得了新的爱情。

三、恋爱中的嫉妒心理

爱情生活中的嫉妒，是由于担心他人插足，害怕所爱的人感情转移以致使自己的爱落空而产生的。爱情与嫉妒是一对双胞胎，正如人们所说，“恋人的眼里容不下半点沙子”，轻微的嫉妒可以促进爱情，一旦妒火过盛则容易使爱情之花烧灼枯萎，甚至导致严重的后果。

克服嫉妒心理的最好方式首先是消除猜疑。恋人之间一旦产生误解，应及时进行沟通，敞开心扉，及时把嫉妒的苗头打消在萌芽状态。其次，要胸襟豁达，不应该阻止对方与其他异性朋友正常交往，要信任对方，自己也应扩大交往，走出狭窄的小圈子，在双方相互独立中增进情感。再次，就是要加强自身修养，学会控制自己的情绪，倘若对方爱上了别的异性，确实无法挽回，应尊重对方的选择。最后，如果还有希望，就必须以自己的真情打动对方，找回失落的爱情。

四、三角恋情或多角恋情

三角恋情或多角恋情是指一个人同时与两个或多个异性保持恋爱关系。它会使当事人形成多种形式的冲突，并带来许多心理上的问题。要妥善解决这个问题，必须具体问题具体分析。倘若两个异性同时向你求爱，你有选择的权力，但必须从多方面进行比较和考察，然后尽快做出抉择，如果总是模棱两可、举棋不定，会让两个爱你的人都受到伤害。

倘若自己明知对方正在恋爱，却对其产生了感情，那更需要冷静处理，不能只顾自己幸福，不管他人痛苦。

倘若自己正在恋爱，却又有异性主动求爱，如果你珍视自己原来的感情，没有和爱人分手的打算，就应该对后者坚决拒绝。如果你的恋爱正处于摇摆期，而自己又对后者有较多好感，你仍然有重新选择的权力，但一个重要前提就是要果断地与前者断绝恋爱关系。否则，脚踏两只船，最终害人害己，甚至会造成难以预料的严重后果。

倘若自己正在恋爱，却有另一位异性主动向自己的恋人求爱，你可以向恋人坦诚你的感受和担忧，两个人可以共同协商解决这种情况，这样也可以避免你和恋人心生嫌隙。同时，你还可以多注意自己恋人的态度，如果恋人支支吾吾、态度暧昧，那么你应该明确地向他（她）提出感情专一的要求。如果恋人无法给你足够的安全感，那么你就需要重新审视你们的爱情了。假如自己的恋人忠贞不渝，那么自己就应该坚守爱情的阵地，共同维护两人的感情。

五、终止恋爱关系

虽然我们都期望自己的爱情一帆风顺，恋爱中的第一个人也能够是一生相恋的那个人。但现实往往不尽人意，有些人在恋爱交往过程中，随着相互了解的不断加深，会产生出对方不太合适的感觉，这时如何冷静地处理分手问题，艺术地终止恋爱关系就变得尤为重要了。

分手对于恋爱中的男女双方来讲都是一件不愉快的事情，尤其是恋爱时间较长或是一方较为执着的情况下，分手更是需要讲究技巧性。

（一）把握恰当的时机

谈分手问题的场合和时机都要把握得十分准确，做到既能妥善处理事情，又可以顾及双方的颜面。分手时最好不要选择在公开的场合或对方伤心的情况下，可以选择在放假前或是长时间离别前谈论分手，这样可以给对方充分的时间接受。

（二）巧妙地运用策略

在分手时，语言一定不要生硬，要尽可能委婉一些，特别要注意肯定和感谢对方在这段感情里的付出。努力控制自己的情绪，不要简单而冷漠地指责对方或争吵，不将分手的责任完全地推给对方。在讨论分手问题时应理智对待，在处理经济纠纷时应相互协商。

（三）不回避自身责任

恋爱失败是由多重原因造成的，不能一味强调自己的无辜，要勇于分担责任。如果是自己的问题造成了分手，应真诚地向对方致歉，取得对方的谅解。

（四）果断地说“再见”

对于恋爱关系的终止行为，最忌当断不断拖泥带水。给分手事件中的另一方留有复合的想象，或是由于不好意思拒绝而与对方“兄妹相称”等，这些行为都会给双方带来精神上的困扰，是不利于恋爱关系顺利终止的行为。每个人都有被爱的权力，当然也有不爱的权力，在断绝恋爱关系时，果断的分手是一种善良的行为选择。

六、高职学生应具备的爱的能力

弗罗姆在《爱的艺术》一书前言中写道：“人必须竭尽全力促成自己完善的人格，形成创造性的心理倾向，否则他追求爱的种种努力注定要付诸东流。”这段话，证明了世间最好的爱情必须是有助于个人成长的，在爱情关系中恋爱的双方都应该得到滋养，在爱情中完成人格的发展，双方以恋爱关系为动力努力成长为更好的自己。这段话，同时也说明，想要拥有美好的爱情，还必须具备一定的爱的能力。在爱情中我们会面临着种种困扰和问题，想要得到一段美好的恋爱关系，就一定要提升自己的接受、拒绝、维护以及运用爱的能力。

（一）接受爱的能力

接受爱必须慎重，具体体现在：一是要确立一个正确的择偶标准。选择爱人最重要的是志同道合，默契相投，要把对方的心灵美放在自然美与其他社会条件之上。二是及时准确地对求爱信息做出判断分析，善于把握自己，以便做出接受、拒绝或再观察的选择。三是要具有良好的心理承受力，能坦然地表达爱、接受爱，承受求爱的拒绝或自己拒绝接受爱所引起的心理冲击，保持内心的平衡。

（二）拒绝爱的能力

当生活中出现了你所不愿得到的求爱时，你应该理智、婉转地拒绝对方。此时，一定要掌握恰当、适度的拒绝方式，善于运用一种充满关切、尊重和机智的方式向对方表示自己的意愿和歉意，要求对方理解并能及时中断爱情要求，这样既维护了自己的利益，也维护了他人的利益，既尊重了自己，也尊重了这份真挚的情感，切不可优柔寡断，藕断丝连，贻误他人。

（三）维护爱的能力

在爱情发展的过程中，双方要有意识地培养自身的人格美，这种内在的品质对个性发展及对社会家庭均有积极的意义；要展示个性美，因为建立在个性相互辉映基础上的爱情才能长久；还要保持和谐美，只有两心相悦，取长补短，才能奏出和谐完美的爱情乐章；要提高处理各种爱情问题的能力，化解矛盾，使爱情稳定发展，充满温馨和幸福。

（四）运用爱情语言的能力

爱情能否一直甜蜜很大程度上是由两个人的维护能力决定的，在具体的相处过程中，时间不免会冲淡最初的激情也会让问题凸显。美国盖瑞·查普曼在《爱的五种语言》一书中细致描绘了五种爱的语言，他认为恋人间不仅要知道这五种语言，还需要学会运用。

1. 肯定的语言

有时两个人相处时间长了，彼此间便缺乏了欣赏的眼光，眼里看到的往往都是对方不好的地方。有些同学会觉得恋人是自己人，不必老是说表扬的话，应该直接指出对方的错误，表达自己的不满。其实，感情很大程度上是维系在对方给予的肯定鼓励和赞美的感受中，谁都有被欣赏的心理需求，恋爱中的双方要习惯去赞美、肯定对方。

2. 认真的陪伴

一起去图书馆，一起吃饭，一起逛街……这是恋人们相处时常常会做的事情，但是你有没有认真对待过这些时刻？曾经，有位女生来咨询恋爱问题时，抱怨每次让男友一起陪自己看电影，男友差不多到最后都会睡着，当这位女生向男友提出意见时，男友反怪她小题大做，说自己已经在陪她了，不知道她为什么还不满意。认真的陪伴是指在这一刻专心地和恋人一起做一件事情，而不是人在心不在；认真的陪伴指的不是时间上的简单叠加，而是感情上的沟通和共鸣。

3. 精心的礼物

恋人们常常会通过送对方小礼物来表达自己的爱意，特别是在一些特殊的日子里，如生日、纪念日等，能收到恋人的礼物会让对方增加对这段恋情的安全感，有种被对方在意的感觉。这方面，女生的需求会比男生强烈。

4. 具体的行动

为恋人做点他（她）期待的事情，也能让彼此感受到爱意。比如，帮恋人打一份饭、打一次水等。有时，爱情美好的感受不光需要动听的话语，也需要实实在在的具体行动。

5. 肢体的接触

肢体接触也是一种爱的语言，恋人间牵手、拥抱都可以增加彼此间的亲密感，从心理层面上讲只有对对方完全信任、全心接纳才能做到与其发生肢体接触。有时，在特定的情景下，肢体语言会比语言更有效力，比如恋人伤心难过时，一个拥抱远比一大段安慰的语言更让对方舒服。

课堂活动 恋爱困扰

（一）目的

学会正视自己的恋爱困扰，帮助自己寻找应对失恋的资源。

（二）过程

请同学们按学号分成10人小组（不够10人一组的同学加入其他小组）。在组内完成下列两项练习，并充分讨论。最后，请每组选一名代表在班级内分享恋爱困扰及应对失恋的策略。

回想一下，你曾经出现过哪些恋爱方面的困扰？请按照困扰程度，依次排序列出：

第一条 ______________________________。

第二条 ______________________________。

第三条 ______________________________。

面对这些困扰，你能想到的处理策略是什么？请试着列一列。

第一条 ______________________________。

第二条 ______________________________。

第三条 ______________________________。

（三）思考

同学的分享对你有什么样的启示？

课后思考

1. 失恋的自我调整方式有哪些？
2. 高职学生需要具备的爱的能力有哪些？
3. 爱的语言有哪些？面对恋人时，你会如何运用？

心理知识窗

煤气灯效应

美国心理学家罗宾·斯特恩（Robin Stern）在《煤气灯效应：远离情感暴力和操纵狂》一书中提到，煤气灯效应多见于亲密关系中，通常通过自觉或不自觉的否定来贬低对方的自信心以达到精神控制。

自我探索 恋爱观自测

请在最符合自己心理状态的一项答案上打“√”，并填写表 8-1。

1. 你想象的爱情是：
（1）具有令人向往的浪漫色彩
（2）能满足自己的情欲
（3）使人振奋向上
（4）没想过

2. 你希望同你的恋人的结识是这样开始的：
（1）在工作和学习中逐渐产生感情
（2）从小青梅竹马
（3）一见钟情，难舍难分
（4）随便

3. 你对未来妻子的主要要求是：
（1）别人都称赞她的美貌
（2）善于理家
（3）顺从你的意见
（4）能在多方面帮助自己

4. 你对未来丈夫的主要要求是：
（1）有钱或有地位
（2）为人正直有上进心
（3）不嗜烟酒并体贴自己
（4）英俊有风度

5. 你认为完美的结合应该是
（1）门当户对
（2）郎才女貌
（3）心心相印
（4）情趣相投

6. 你认为巩固爱情最好的途径是：
（1）满足对方的物质要求
（2）用甜蜜的语言讨好对方

（3）对爱人言听计从
（4）努力使自己变得更完美
7. 在下列格言中你最喜欢的是：
（1）爱情的意义在于帮助对方提高，同时也提高自己
（2）有福同享，有难同当
（3）为了爱，我什么都愿意干
（4）生命诚可贵，爱情价更高
8. 你希望恋人同你在兴趣爱好上：
（1）完全一致
（2）虽不一致但能互相照应
（3）服从自己的兴趣
（4）互不干涉
9. 你对恋爱中的意外曲折是这样看的：
（1）最好不要出现
（2）自认倒霉
（3）想办法分手
（4）把它当作对爱情的考验
10. 你发现恋人缺点时，你的态度是：
（1）无所谓
（2）嫌弃对方
（3）内心十分痛苦
（4）帮助对方改进
11. 你对未来家庭的向往是：
（1）能同爱的人天天在一起
（2）人生有了归宿
（3）能享受天伦之乐
（4）激励对生活的追求
12. 当自己有了异性朋友时，你是：
（1）告诉恋人，并在对方同意下继续进行交往
（2）让恋人知道，但绝对不允许对方干涉自己
（3）不告诉恋人，认为这是自己的权力
（4）可以告诉，也可以不告诉，要看恋人的气量和态度
13. 当一位比恋人条件更好的异性对自己有好感时，你是：
（1）讨好对方
（2）保持友谊，但在必要时说明情况
（3）十分冷淡
（4）听之任之
14. 当你迟迟找不到理想的恋人时，你是：
（1）反省自己择偶标准是否符合实际

（2）一如既往
（3）心灰意冷，对婚姻问题感到失望
（4）随便找一个算了
15. 当你爱的人不爱你时，你是：
（1）愉快地与对方分手
（2）毁坏对方的名誉
（3）不知所措
（4）千方百计缠住对方
16. 你的恋人对你变心时，你是：
（1）采取“你不仁，我不义”的报复手段
（2）到处评说对方的不是
（3）只怨自己瞎了眼
（4）从中吸取交友择偶的教训
17. 当你发现自己所爱的人已有恋人时，你是：
（1）更加热烈地追求
（2）用一切手段拆散对方
（3）若对方尚未确定关系，就进行合理的竞争
（4）不管对方是否确定关系，都主动退出情场
18. 你认为理想的婚礼是：
（1）能留下美好而有意义的回忆
（2）有排场，为别人所羡慕
（3）亲朋满座，热闹非凡
（4）双方父母满意

表 8-1 计分表

题号	选项（1）	选项（2）	选项（3）	选项（4）	题号	选项（1）	选项（2）	选项（3）	选项（4）
	得分					得分			
1	2	1	3	0	10	1	0	2	3
2	3	2	1	1	11	2	1	1	3
3	1	2	1	3	12	3	2	1	1
4	0	3	2	1	13	0	3	2	1
5	1	1	3	2	14	3	1	0	1
6	1	0	2	3	15	3	0	1	1
7	2	2	1	2	16	0	1	2	3
8	1	3	1	2	17	1	0	3	2
9	1	2	0	3	18	3	0	2	1

如果你的总得分在 46 分以上，说明你的恋爱观是正确的（优良）；42 ～ 45 分说明

你的恋爱观基本正确（一般）；如果总分在42分以下，就说明你的恋爱观不够正确（不合格），应注意改进。倘若这18个问题中有一半你不知道如何回答，那么说明你的恋爱观还游离不定。

知识拓展　斯坦伯格和他的恋爱心理

美国心理学家斯坦伯格（Sternberg）是耶鲁大学心理系、教育系的教授，以其“爱情三元论”享誉国际，被美国大众读者追捧为恋爱心理学研究的领军人物。

早在1980年年初，斯坦伯格就开始用心理计量学的观点去探讨爱的本质了。80年代末，里德商业出版公司出版了斯坦伯格的《爱情三元论》，书中提出了一种全新的爱情理论，改变了人们以前的观念。按照该理论，爱由三种成分构成：亲密、激情及承诺。这三种成分的排列组合，能构成不同种类的爱。他指出，激情是指男女之间本能的异性吸引，与生俱来，而亲密则是指两个人通过相互沟通，能够经常彼此分享自己的内心世界，并得到对方的接纳。正是因为不断深化的相互了解，两个人变得越来越亲密。终于有一天，双方愿意为对方承担责任，并与对方保持恒久的关系，这就是承诺。只有激情而没有亲密和承诺的“爱”是不能永恒的。当激情消退的时候，留下的只是伤害。在他看来，亲密和承诺都是后天培养的能力，与人的心理成熟程度息息相关。一个人越自信，就越能向别人敞开心扉，越能接纳别人与自己的不同，也就越有能力与他人保持亲密的关系。同时，他也有能力对自己负责，对所爱的人负责。

总结案例　符合自己心意的选择

曾同学是某高职院校大一的学生，刚入校时便对同班女生章同学产生了好感，一直热烈追求她，可惜章同学总是不给他明确的答复，为此曾同学痛苦不已。此时，同班的女生张同学常常安慰他，又帮他出主意追求章同学，一个学期后，渐感追求无望的曾同学，觉得张同学也不错，便想着和她表白。这时，章同学感觉到曾同学心生退意后，竟主动来找他，一时之间曾同学不知道该如何选择了。在心理咨询了四次后，他渐渐清楚了自己的爱情观，也做出了符合自己心意的选择。

分析

在追求爱情的过程中，最重要的是清楚自己的爱情观，也就是我们本模块重点谈到的爱情动机问题。面对恋人选择时，应该遵从自己内心的感受，要从理性和感性两个维度去综合考虑，在遇到恋爱难题时要学会寻求资源求助，咨询老师或是家人、朋友。

模块八　课堂反馈

模块九

情绪管理　积极调控

学习指南

情绪如同我们的影子，时刻以某种形式伴随着我们。日常生活中，每个人难免因遇到各种各样的问题而产生复杂多样的情绪，喜、怒、哀、惧早已成为我们常见的情绪，倘若个体能够拥有较好的情绪管理能力，积极应对情绪的困扰，那么快乐就会多一些，烦恼就会少一些。本模块，我们将与同学们一起走近情绪，了解情绪与情绪管理、高职学生情绪的特点及常见的情绪困扰，我们还将共同寻找资源积极调控情绪。

能力标准

分类	具体内容
知识	1. 情绪与情绪管理 2. 情绪的特点及常见的情绪困扰 3. 积极寻找资源，有效调控情绪
技能	1. 掌握健康情绪的特征 2. 学会觉察情绪变化的影响因素 3. 有方法有效调控情绪
态度	1. 正确了解情绪与情绪管理 2. 理智看待常见的情绪困扰 3. 以积极的态度调控情绪

单元 9.1

情绪与情绪管理

案例分享　伤心的王同学

王同学是某高职院校大一的女生，文静、内向，中学时学习认真，一心想考上理想的本科院校，但因为高考发挥失利最终决定上高职院校。在大一上学期，她给自己制定了明确的学习目标和计划，希望通过用功学习，在期末考试中取得优异的成绩并拿到一等奖学金，希望自己将来通过转本考试考入本科院校深造。现实中的她确实这样做了，期末考试专业课成绩优异，可是因为综合测评中平时参加社团活动的分较少，所以仅以零点几分之差没能获得一等奖学金。王同学非常难过，回到宿舍后，终于控制不了自己的情绪，伤心地哭泣。舍友陪伴和安慰她，希望她尽快走出失落的情绪。

分析

从王同学目前的情况看，很显然她的情绪很低落，导致这种情绪的直接诱因是没能获得一等奖学金。实际上，我们可以更深一层感受到她此时的难过在于自己内心的需要没有能够得到满足与实现，对过去一阶段努力刻苦的自己有委屈、有抱怨，她的情绪表达方式是哭泣，适当的哭泣在很多时候是缓解内心压抑的一剂良药。

生活中，我们时常会遇到各种各样的情绪。我们如果能走近它们，多一些了解，也许就能更好地应对问题，积极地调控情绪。

一、情绪

（一）情绪的含义

情绪是非常复杂的心理或生理状况的感受。当代心理学家将情绪（Emotion）界定为一种复杂的身体和心理变化模式，包括生理唤醒、感觉、认知过程、外显的表达（包括表情和手势）以及特殊的行为反应，这些反应都是针对个体认为具有个人意义的情境做出的。

本书对情绪概念的界定采用心理学家黄希庭的定义：人对待认知内容的特殊态度，它包含情绪体验、情绪行为、情绪唤醒和对情绪刺激的认知等复杂成分。

在了解情绪概念的同时，我们需要对与它相关的几个概念做澄清。比如心境（Mood）、情感（Feeling）、感情（Affection）等。通常，情绪持续的时间比较短，但比较强烈，与认知内容关系紧密。心境通常持续的时间比较长，但不太强烈，与激发事件关系较弱。情感是情的感受方面，即情绪过程的主观体验（情绪体验）。而情绪通常不仅包括情的主观体验，还包括行为表现和生理机制等。感情这个概念较为口语化，通常是用来表示情绪、情感这一类心理现象的笼统称谓。

（二）健康情绪的特征

健康的情绪，即拥有良好的情绪状态。首先是情绪上的成熟，个体情绪的发展、反应水平和自我控制的能力与其年龄和社会对此的要求相适应，并被社会所接受。美国著名的心理学家马斯洛曾提出了六条健康情绪的特征。具体如下：

（1）平和、稳定、愉悦和接纳自己；

（2）有清醒的理智；

（3）有适度的欲望；

（4）对人类有深刻、诚挚的感情；

（5）富有哲理、善意的幽默感；

（6）有丰富、深刻的自我情感体验。

对高职学生而言，健康的情绪具体表现为以下五点：

1. 了解和接纳自身情绪的变化

每个人的情绪都不是一成不变的，内在或外在因素的变化经常导致一个人的情绪变化，喜怒哀惧时常发生，我们首先能做的就是了解和接纳自身情绪变化的特点，不过度放大或缩小自身的情绪。

2. 培养积极乐观的人生态度

善于寻找和发现自身和他人身上的闪光点，积极聆听和汲取生活中能够给人带来力量的话语，逐步培养自己更多的积极情绪。

3. 拥有良好的情绪调控能力

能够在情绪变化的过程中采取适当的方式方法合理调控情绪，不要让激烈的情绪出现。

4. 能够拥有宽容的心态对待自己和他人

宽容是人类的美德之一，拥有宽容和包容态度的人会拥有更多的人际资源，也会让自己的生活道路越走越宽，从而积极的情绪也就会不断增加。

5. 掌握调整情绪的方式

在学习中适当掌握自我认知的方法、行为调节的方法，也可以在学校做情绪放松、情绪宣泄等方面的心理训练，在心理老师的帮助下得到积极的心理疏导。

（三）情绪的产生

情绪如同我们的影子，时刻伴随着我们。从呱呱落地伴随着嘹亮的啼哭开始，我们就拥有了属于自己的情绪，在成长的环境中，我们逐渐学会了以喜、怒、哀、乐、惊、思、恐等丰富复杂的情绪面对周围的世界。那情绪到底是如何产生的呢？

需要是情绪产生的重要基础。需要是否获得满足，情绪具有肯定或否定的性质。能够满足已经激起的需要或能促进这种需要得到满足的事物，便会引起肯定的情绪，如高兴、快乐、赞叹等；反之则会引起否定的情绪，如难过、伤心、失落等。由于很多时候人的需要是多样的，满足了一种需要并不能一定获得肯定的情绪，还要看其主导需要与从属需要之间的关系。

对情绪的产生研究的理论很多，事物是否符合个人的需要有赖于认知的评估作用。相同的外部刺激未必引发不同个体相同的情绪状态，比如甲乙两人同时来到花园，他们对花园中盛开的玫瑰花做出如下的评价，甲说："这个世界真悲惨，这么漂亮的一朵花，竟然开在这么难看而又带刺的梗上。"而乙却说："这个世界真美好，这么难看而又带刺的梗上竟然开出这么漂亮的一朵花。"不同的人在同样的事物面前，往往会做出不同的情绪反应。因为在诱发情绪的刺激与当事者的情绪之间还存在着当事者认知因素的影响和制约。一般来说，刺激符合人的需要，就会引起积极的情绪，反之则引起消极的情绪，与自己无关的刺激则一般不引发情绪反应。

个体内在因素及其变化也可以诱发不同的情绪状态。内在因素包括生理因素和心理因素两方面。生理因素如激素分泌及其改变、疾病等，都可以成为内在刺激而影响情绪，如月经前期紧张症就是由雌激素分泌变化引发的情绪失常；心理因素包括记忆、回忆、联想、想象等心理活动，会令活动个体产生不同的情绪，"境由心造"即指不同的心理活动引发不同的情绪反应。可见，主观的情绪反应不仅与刺激相关，还与个体的经验、知识等心理因素相关。

二、情绪管理

（一）情绪管理的含义

已有的相关研究表明，情绪会影响工作绩效，尤其是消极情绪可以阻碍工作成绩。但是也可以通过情绪提高唤醒水平，因此情绪可以成为更高工作绩效的激励物。对情绪管理的关注，最早可以追溯到 20 世纪 80 年代初期的组织行为学研究。从社会学家霍奇柴尔德（Hochschild）对航空公司空服人员的情绪表达进行深入个案研究后至今，越来越多的企业开始重视对员工的情绪管理，旨在帮助员工缓解工作压力、改善工作情绪。

同时，心理学领域也对情绪管理做了大量的研究。汤普森（Thompson，1994）认为，情绪管理是个体为了实现既定目标，从而监控、评价和修正情绪反应的内部和外部过程。格拉茨（Gratz）和罗默（Roemer，2004）认为，情绪管理是指管理情绪体验的效价、强弱程度与持续时间的能力。王健荣（2018）将情绪管理定义为个体使用一定的策略，对情绪的产生与发展过程进行管理和调节，从而使生理唤醒、主观体验与外在行为符合当前所处的环境，使个体有效适应环境。

马向真、王章莹（2012）在《论情绪管理的概念界定》一文的研究中，专门对情绪管理概念的界定、内涵及外延进行了澄清：个体情绪管理能力是一种心理特征，是使人顺利实现情绪和情感活动所需的心理条件，并且包含内容、对象、操作、产品四个维度。其中，内容维度包括所有正性和负性的具体情绪——快乐、悲伤、愤怒、惊奇、厌恶和恐惧等。对象维度包括个体自己的情绪、他人的情绪、自己与他人之间的情绪以及个体对物的情绪等。操作维度指用以操作正性和负性情绪的心理活动，主要包括对情绪的识别、理解、调控三方面。产品维度是操作情绪管理得到的结果或者效果，也是通过主观体验、外显行为和生理唤醒的改变得以体现。

综上所述，情绪管理指个体在对待认知内容的态度上，能够调动自我觉察、自我控制、自我调适的能力，使自身情绪与社会环境相适应，从而达到促进自我发展的目的。

（二）积极情绪与消极情绪

情绪对我们的身心影响是非常大的，一般来说，个体的行为都是在特定的情绪背景下进行的，行为的方向、强弱都受活动主体情绪状态的影响和调节。积极的情绪可以使人工作效率提高，有利于身心健康；相反，消极的情绪则通常会使人工作效率降低，不利于身心健康和个体发展。对高职学生而言，了解情绪的一般规律以及情绪发展的特点，对进一步认识自己、培养良好健康的心态是非常必要的。

积极情绪（Positive Affect）反映个体体验积极感觉的程度，如高兴、喜悦、热情等。消极情绪（Negative Affect）则代表个体对某种消极的或厌恶的情绪体验的程度，如过度紧张、悲哀、烦恼等。

我们对待情绪如同对待周围的世界一样，要学会使用客观辩证的观点去看待。对任何情绪都要适度把握，否则会产生过犹不及的结果。我们在现实生活中遇到的负面情绪有时候也会帮助我们调适自我，比如经常遇到的情绪——焦虑，适度的焦虑有利于个体对活动目标的专注与投入，在一定程度上能够激发人的潜能，使人的活动效率得到提升；哭泣在很多时候也有利于减缓人的内心压力和释放内在的抑郁情绪。

（三）情绪管理对个体发展的意义

1. 良好的情绪管理有利于个体自我意识的发展

个体自我意识的发展与完善，有赖于个体自身及其所处的成长环境。情绪与认知都会影响个体自我意识的形成，拥有良好的情绪管理能力，必然会促进个体树立正确的自我认知观念，有利于个体积极地自我接纳与自我实现。

2. 良好的情绪管理有利于个体人际交往

情绪在人际交往的过程中发挥重要的影响作用，无论是积极情绪还是消极情绪都会在人际关系中进行传递和扩散。拥有良好的情绪管理能力，不仅使人善于觉察自我情绪，同时对觉察他人的情绪也十分有益，容易成为受别人欢迎的人。

3. 良好的情绪管理有利于个体身心健康

亚里士多德曾言：生活的本质在于追求快乐，而让自己的人生变得快乐的途径有两种：不断地发现有限生命中的快乐时光，并增加它；发现那些令自己不快乐的时光，并尽量减少它。拥有良好的情绪管理能力的人最大的优势就在于面对相似生活情境的时候，他们会更多地寻找事情的积极面。不是困难不存在，而是我们终究选择了什么样的态度与应对方式，因此，情绪管理的过程是一个不断调整自我身心健康发展的历程。

课堂活动 情绪的自我觉察

（一）目的

促进同学们对情绪的自我觉察。

（二）过程

将全班同学自由组合为 2 ~ 3 人一组，请大家思考与分享以下练习。

请慢慢地闭上眼睛，深呼吸，感觉周围一切都慢慢地安静下来，回想一下过去的一段时间，发生了哪些事情或遇到了哪些人，让你觉得有意义。该过程为 6 ~ 8 分钟，指导老师可以搭配一些轻音乐，然后请同学们慢慢睁开眼睛，完成以下练习。

（1）记得，那天，你遇到了 ________________，你发现自己挺开心的。

（2）记得，那天，你完成了 ________________，你发现自己还是挺不错的。

（3）记得，那天，因为 ________________，让你一直以来思考的问题获得了一些帮助。

（4）记得，那天，因为 _______________ 你有点不开心，但后来 _______________，你觉得情绪好多了。

（5）如果让你对过去的一个月遇到的 ________________，你会真诚地说一声“谢谢！”。

（三）思考

请大家完成以上练习后，在内心允许的范围内，和同组的伙伴相互分享，在分享的过程中仔细聆听与觉察，思考通过这个活动你感受到了什么。

课后思考

1. 你是如何理解情绪与情绪管理的？
2. 你觉得情绪管理对个体发展的意义体现在哪些方面？
3. 联系这一单元的知识，请自我检测一下你的情绪管理的状况。

如果 10 分代表情绪管理能力非常好，0 分代表情绪管理能力非常差，那么你会给目前的自己打几分？想一想，在当前得分的基础上，尝试做些什么能够让自己的得分提高一些呢？

心理知识窗

情绪与外在因素

情绪容易受到外在环境因素的影响，许多不经意的因素都会影响情绪。颜色对人的情绪会产生影响，如蓝色、绿色使人感到幽静、安谧，故有“心理镇静剂”之称。除了颜色之外，音乐、衣服等也会对人的情绪产生一定的影响。事实上，天气也是影响情绪的一种常见因素，情绪也会像我们的身体一样，有时候会出现“感冒”，心理学上称之为“情绪感冒”。

单元 9.2

情绪的特点及常见的情绪困扰

案例分享 情绪的躯体化表现

李同学是某高职院校大三的学生，即将毕业还没找到满意的工作，看到周围的同学纷纷收到单位的录用通知，李同学很着急。回想在校的两年生活，内心感慨万分。李同学是以较高的高考分数被录取的，刚进校时，充满热情与好奇，学习的同时加入学生社团，但一个学期后，他受到周围几个同学的影响，逐渐对学习和活动懈怠下来，开始沉迷于网络游戏。李同学发现自己大学期间浪费了大量的时间和精力，不仅学习成绩大大下降，也忽视了社会实践能力的锻炼，现在越想越后悔。最近李同学心情焦虑烦躁的同时食欲下降，睡眠也不太好。

分析

从李同学目前的情况看，很显然，他的情绪出现了焦虑和低落，情绪不好也导致了躯体的不适，身心相互影响。像李同学这样的情绪问题在高职学生层面并不少见，大学时代，学习与升学的压力、人际交往、恋爱、求职择业、社会实践等都是直接影响情绪的因素，了解情绪的特点及常见的情绪困扰对自我意识的发展是有利的。

一、高职学生的情绪特点及表现

由于身心发展的特点以及教育对象的特点，高职学生的情绪和情感带有自己鲜明的特点，情绪情感的丰富性、心理体验的深刻性与相对的不稳定性，构成了其情绪多样性的特点。

（一）稳定性与波动性

高职学生年龄处于青年早期，他们充满了热情和活力，求知欲强，敢于挑战和拼搏，创新能力强，渴望了解世界。但是由于年龄和身心发展的特点，高职学生也体现出人生经验不够成熟、处理问题还不够理智、情绪容易激动和波动、内心经常出现矛盾冲突等，通常体现出情绪的稳定性和波动性相互交织的现象。

（二）外显性与内隐性

高职学生乐观、活泼，他们的情绪反应很敏感，容易情绪外露；但他们处于向成年人过渡的阶段，生活的经验和知识的积累也让他们逐步学会了去接纳、去思考、去处理各种各样的困难和问题，学会更加理性地调适。

（三）冲动性与理智性

冲动性在学生身上的表现也是由于特定的年龄阶段所决定的，更与个体的风格相关，有些学生在面对人际关系矛盾时常会出现语言上的攻击，或对他人表示强烈的不满。随着心智的逐渐成熟，高职学生也越来越能理智客观地看待周围的人和事。

（四）阶段性与层次性

高职学生在校的 3 ～ 4 年的学习期间，不同年级的学生在情绪发展上呈现较为明显的特点和层次。

大学一年级新生刚进校，对周围生活和学习的环境充满新鲜和好奇，渴望在进入大学之后能够展现与发展出更好的自我，大部分新生会积极寻找身边的资源帮助自己尽快适应环境、树立合理的学习目标、调整良好的学习方式、积极加入学生社团锻炼自己的能力等，但经常会出现情绪失落、焦虑、迷茫的心理状态。

大学二年级的学生经过前一年的适应后，往往会从自己的兴趣和能力出发，积极平衡学习、人际交往和社团工作出现的困惑，大部分同学能够积极调整自我，不断地树立良好的自我意识，但是也有少数同学逐渐出现从众、懈怠，甚至有的同学沉迷于网络游戏，从而忽略了自我发展。

大学三年级的学生需要投入精力在实习、撰写毕业论文、求职、专转本考试等方面。需兼顾学业和求职，少数同学会出现焦虑情绪。因此，年龄和学习阶段的不同，造成情绪波动的现实因素本身是有差别的。

二、高职学生常见的情绪困扰

心理学研究表明，人的基本情绪的表现具有先天遗传性，但其具体表露却受到社会文化因素的制约，特别是复杂情绪的表露更是如此。情绪也总是在一定的情境中产生的，而人所处的情境又是变化无穷的，因此，在自然环境、社会环境相互作用下，人会产生很多的情绪，包括积极的情绪也包括消极的情绪。了解高职学生常见的情绪困扰，对进一步促进自我觉察、自我成长是必要的。在常见的情绪困扰中，我们围绕以下六种情绪进行分享。

（一）自卑

“之所以巨人高不可攀，是因为你跪着，站起来你就会惊异地发现，自己并不比别人矮多少，自己身上也有许多闪光点。”世界上大部分不能走出生存困境的人都是因为对自己信心不足，他们就像一棵脆弱的小草一样，毫无信心去经历风雨，这就是一种可怕的自卑心理。所谓自卑，就是轻视自己，自己看不起自己。自卑在高职学生身上很常见，对于每个人来说，当现实的我与理想的我产生落差的时候，心理调适不当就容易产生自卑的心理。自卑心理的产生并不一定是自身有缺陷或不足，而是不能愉快地接受自己。

自卑情绪的人经常会表现出情绪低落，郁郁寡欢，人际疏远，缺乏自信，有抑郁、忧伤、胆怯、失望、害羞、不安和内疚等表现。《哈佛大学的幸福课》曾有论述："一个人如果自卑，他不仅不敢有远大的目标，同时他将永远不会出类拔萃；一个民族和国家，如果自卑，只能当别国的殖民地，站不起来，也不敢站起来，只能跟在别国后边当附庸。自卑是麻痹药，自卑是落后丹，自卑是自杀的剧毒品！"

有不少高职学生在高考之前把自己的理想定位在本科院校，跨入高职院校后他们容易和以前考取本科的同学相比，从而在学业上产生自卑的情绪。也有的学生因为家庭条件暂时不太好、衣着不如别人产生自卑，还有的学生会因为自己的外貌、人际关系等原因也产生自卑的心理负担。自卑是人的主观感受，容易产生自卑的人往往会与别人一争高下，虚荣心强，容易为一时的成功而骄傲，也会为一时的失意而痛苦不堪。

（二）焦虑

焦虑是一种复合性负面情绪反应，是个体对当前或预感到的挫折产生的一种紧张、忧虑、不安并兼有恐惧的消极情绪状态。它包括自尊心与自信心的丧失、失败感与内疚感的增加等。

高职学生在环境适应、学习压力、人际关系以及自身因素等方面经常面临着焦虑的情绪，呈现不安、紧张、担心的心理情绪，严重的焦虑情绪还直接导致个体躯体的不适，心悸、胸闷、气短、心跳和呼吸速度加快、食欲下降、睡眠障碍等问题。

对高职学生而言，考试焦虑和人际焦虑是较为常见的负面情绪。不少学生在考试之前会出现内心的紧张和不安，同时伴随着失眠、多梦、食欲下降等情况，甚至会不停地给自己消极的自我暗示。有的学生也表现出在考试中的焦虑或考试后的焦虑，个体视具体情况可以进行针对性的心理调适。

（三）抑郁

抑郁是一种持续时间较长的低落、消沉的情绪体验。不论轻重如何，抑郁的必要特征是心情低落，没有心情低落不能称为抑郁。抑郁的情绪是人类情绪中最普遍的体验，它是低沉、灰暗的情绪基调，是一种让人感到无力应付外界压力而产生的由情绪低落、落寞、悲观、失望等构成的复合不良情绪。抑郁可能是许多心理疾病的症状之一，也可能是一种相对轻微的心境状态。

高职学生在实际的学习、生活、恋爱、人际交往中遇到困难和挫折，深感压力，感到无助的时候容易产生抑郁的情绪。很多时候，我们都会遇到抑郁的情绪状态，随着问题的解决我们又自然地回到好的情绪状态中来，这些都是正常情绪表现。但是也有的人会长时间地沉湎于抑郁的情绪中走不出来，心情痛苦不堪，情绪低落，容易导致抑郁症。一般来说，性格内向、敏感猜疑、不爱交往、依赖性强、遭受突然的打击、有早期创伤经历等因素更容易使人陷入抑郁的情绪状态，如果那样，就要积极地想办法调整自己的这种精神状态，多与身边的人交往，必要时寻求心理咨询师或心理医生的指导与帮助，尽快地走出抑郁情绪。

（四）嫉妒

嫉妒是指因为他人在某些方面胜过自己引起的不快甚至是痛苦的情绪体验，具体表现为焦虑、愤怒、敌意、羡慕、悲哀、失望和怨恨他人。嫉妒集中表现为心理上的恶性循环。在一定环境中，通常是与自己属于同一平台上的某些人在一些方面高于自己的时候，立即产生一种由羡慕转为恼怒甚至忌恨的情绪，并试图以各种方式中伤、诋毁他人，以维持心理平衡。在攻击方式上，依据个人的心理素质和道德修养程度而定，多以暗中较量、曲折迂回的不公开方式出现。强烈的嫉妒心不仅会给自己带来很大的苦恼，而且会给他人带来不必要的伤害，这种痛苦和伤害表现在心理上和情感上，甚至有时候是躯体上。

嫉妒心理人皆有之，嫉妒对人有什么样的影响，关键在于归因。如果觉察到嫉妒，意识到自己的不足，从此奋起、努力，那么嫉妒就是一种成长的力量。心理学家李子勋认为，“人类的心智成长来源于人开始问自己：我是谁？自我觉察是重要的。意识到自己在嫉妒，找到自己与他人的差别，了解到自己的能力与自我边界，嫉妒可以升华为一种欣赏他人的愉悦。”积极型的嫉妒是事业成功的动力，内心产生积极暗示的力量，不断地鼓励自己，激励自己朝更好的方向去努力，从而获得进步；而消极型的嫉妒则滋生邪恶的因素，内心产生消极的色彩，在不平衡的心理中容易导致不理智的行为产生，从而影响自己和他人。

高职学生在与他人的社交、学习、生活、外表、恋爱等方面，都容易产生嫉妒的心理。每个人都有上进心，希望向比自己更优秀的人看齐，这样的心理带给我们奋斗的力量，但如果把这种情绪发展成消极型的嫉妒，就会对自己和他人造成身心上的伤害。事实上，与其羡慕别人的成就，不如自己去努力争取成为更好的自己。

（五）孤独

孤独是一种常见的情绪，越来越走进更多人的心中。在一次心理健康课上，一名女生说：“为什么在校园，周围有那么多的同学和朋友，但自己的内心却感到很孤独。”这句话引起了在座很多同学的共鸣，大家纷纷参与讨论。其实，孤独感的产生并不以周围是否有多少人为标准，而是来自每个人对周围世界的看法。

大部分人都有感到孤独的时候，但并不是人人都可以战胜孤独。有些人的孤独是内在而稳定的，他们面对孤独无能为力，束手无策；而有的人的孤独则是外在而可以控制的，这些人只是在某些特定的时间里感到莫名的孤独，他们相信自己能够驾驭它，并能积极地做些排除孤独的事情。真正的孤独，往往存在于那些虽然进行着人与人之间的接触，却没有情感和思想交流的人们之中。事实上，不管你是置身人群或是独处一室，只要你对周围的情况缺乏起码的了解，与你身处的世界无法沟通，你就会体会到孤独的滋味。

人类是感情的动物，其实可能不光是人类有感情。在心理学上有个著名的恒河猴实验，心理学家给刚出生的小猴子制作了两个人工妈妈。一个用铁丝做的，有奶水；另一个是用棉花做的，没有奶水。小猴子宁可不要奶水，也要依偎在那个棉花妈妈的怀抱里。因为小猴子不光需要食物，它还需要温暖和关怀。与此同时，人的内心也一样，需要得到爱抚、赞许、关注才能获得更好的成长。

同样，高职学生的孤独感也来自不同的方面，情感的缺失、人际关系的疏离、过度地依赖网络、失恋等，都有可能使个体产生孤独感。

（六）愤怒

愤怒是个体在无法控制自己理智的情绪时表现出的一种激烈的情绪表现形式。心理学研究表明，愤怒可能导致人体心跳加快、心律失常、血压升高等躯体性疾病，还会使人的自制力减弱甚至丧失、思维受阻、行为冲动，使人做出后悔莫及的蠢事，对己对人造成不必要的伤害。

高职学生容易在人际交往中产生愤怒的情绪，因班级、宿舍中出现的困扰会用愤怒来宣泄自己的情绪，不仅对自己的身心造成负面影响，而且严重影响人际关系，会给他人留下不良的印象。

课堂活动 情绪表达

（一）目的

促进同学们分享和觉察常见的情绪表达及应对方式。

（二）过程

将全班同学自由组合，8 ~ 10 人为一组，请大家相互分享在日常生活中容易遇到的负面情绪，它们是如何出现的？当这些负面情绪出现的时候，身体的感觉会怎样？同时，心理又会有怎样的感觉？通常，你们有什么有效的办法来调节这些情绪呢？

（三）思考

在与同组的伙伴一起分享的过程中，你收获了什么？

课后思考

1. 高职学生情绪的特点有哪些？
2. 联系实际想一想常见的情绪困扰有哪些。
3. 出现常见的情绪困扰，你通常会采用什么样的方法调适情绪？

心理知识窗

踢猫效应

踢猫效应也称为踢猫理论，具体指的是不良的情绪在人际关系的链条中，往往会按照一定的原则进行传递，由地位比较高的人传向地位比较低的人，由强者传向弱者，在这个关系的链条中，往往最弱小的部分就会成为不良情绪传递的最终牺牲品。

单元 9.3

积极寻找资源　有效调控情绪

案例分享　居家的烦恼

2020年1月下旬，新型冠状病毒肺炎疫情的防控工作牵动了所有中国人的心，正值寒假期间，为切断病毒在人与人之间的传播，绝大部分人宅在家里。抗疫的过程中，心理老师接到了不少同学的心理咨询电话。林同学是某高职院校大一学生，当她拨通心理咨询电话的时候，急切地想与心理老师谈谈心，她告诉老师，自己目前待在家里已经半个多月了，一开始并没有感觉到这场疫情与自己有什么直接的关系，更多的是每天浏览新闻，处于观望的状态，在家期间也会合理安排自己的学习与生活；可是最近一周觉得自己越来越焦虑，甚至有时候会出现恐慌，即使家人与朋友都是健康的。现在很想开学，很想能够拥有从前的日子，和同学们自由自在地学习与生活。

分析

这是选自心理咨询中的一个案例。正如林同学内心所经历的一样，在抗疫中，大部分人的情绪都会经历这样一个过程。宅在家里的日子一方面是幸福的，但时间一长，人难免在切断现实人际交往的过程中出现不适和焦虑。林同学选择在这个时候寻求心理老师的帮助，在电话咨询的过程中，心理咨询师给予倾听、陪伴、理解与情感的支持，并与林同学积极探讨暂时宅在家里的日子我们可以做些什么，让自己感觉好一些。

希腊哲学家伊皮克特德说："使人不安的不是事物本身，而是人们通过这事物做出的结论。"生活中，每个人都不可能一帆风顺，总会存在着不尽人意的地方，不同的人在相似的挫折和困难面前会呈现不同的态度，怨天尤人和自卑自怜都是解决不了问题的。在困难面前，如果我们能换个积极的角度看问题，也许得到的就是另一种生活的答案。

一、培养良好的情绪觉察能力

情绪觉察能力是个体情绪智力概念中的重要因素之一，在沙洛维（Salovey）和梅耶（Mayer）提出的情绪智力理论中，将情绪觉察能力作为情绪智力理论结构的一个维度进行了详细描述。情绪觉察能力维度具体包括：对愉快和不愉快的情感保持开放心情的能力；根据对信息的判断和利用，熟练进入或远离某种情绪的能力；熟练监察自己和别人相关情绪的能力，如清晰性、象征性、影响力或逻辑推理其意义；真实把握信息，管理自我和他人情绪，调节消极情绪，促进积极情绪的能力。

因此，我们不难看出，情绪觉察能力是个体情绪表达与情绪控制的前提与基础，拥有良好的情绪觉察能力，不仅会更好地认识自我、接纳自我，而且对于理解他人、培养共情能力、塑造良好的人际关系等方面是具有促进意义的。培养良好的情绪觉察能力有以下方法：

（一）认知法

对情绪有良好的认知要在学习与日常对情绪觉察与体验中获得。学习与了解情绪相关的知识，比如，情绪的生理机制、情绪表现与情绪识别的跨文化研究、情绪的种类等，对了解自我的情绪与他人的情绪具有指导与借鉴的意义。

（二）反思法

个体要在现实生活中耐心体会情绪的变化，无论是对自己或他人，不断尝试觉察引起情绪变化的因素、思考如何控制自己的情绪等。只有对情绪有良好的认知，我们才能更好地选择恰当的情绪表达。

（三）交谈法

在与比较信任和亲近的家人、朋友、师生、心理咨询师的交谈中不断地促进自我觉察，我们常说“朋友是自己的一面镜子”，我们通过与他们交流，帮助自己更全面、更深刻地了解自己，包括我们的情绪是如何表达的、通常我们的情绪调控方式是否合理。也可以积极主动地询问对方如何评价我们的情绪管理，虚心接受这些建议将对提升自我的情绪觉察能力有良好的帮助。

二、选择恰当的情绪表达方式

情绪表达指的是我们内在的情绪往往会通过某种外在的形式表现出来。无论选择何种情绪表达方式，它都是影响人际交往的重要因素之一。通常，我们所说的情绪表达包括言语与非言语的方式。

（一）言语表达方式

言语是心理学研究的对象，它是不同于语言的。语言是一种符号系统，是社会现象，存在于人们的言语活动中。而言语是人们在交际和活动中应用语言的过程和产物。言语是心理物理现象，具有个体性和多变性。不仅每个人都有自己的言语风格，而且同一个人在不同的场合，其言语表达方式也不同。从心理学视角而言，言语分为外部言语（口头言语、书面言语）和内部言语（对自己发出的言语，是思考时的言语活动）。

因此，我们在选择情绪表达方式中，要十分注意言语表达，可以恰当地选择说，也可以选择写。无论是说和写，都要注意表达的语气、风格以及程度。尤其是在我们遇到情绪困扰的时候，适当的倾诉和写出烦恼（比如写日记、写微博等）都具有缓解不良情绪的作用。

（二）非言语行为表达方式

非言语行为是相对于言语而言的，它在情绪表达方式中占有十分重要的地位。包括我们的目光、面部表情、肢体语言、衣着、声音等。我们在情绪表达过程中有时候不需要言语完成，非言语同样起到情绪传递的功能，比如我的情绪稍微有点紧张，我让自己深呼吸，慢慢地安静下来。比如我现在很生气，我可以到学校心理健康中心尝试体验情绪宣泄等。

不管是言语表达还是非言语行为表达，都要恰当地把握分寸，选择适合自己当下状态的情绪表达方式。

三、运用合理的调控情绪方法

学会运用合理的调控情绪的方法对促进自我身心健康的发展以及塑造良好的人际关系都具有非常重要的意义。合理的调控情绪方法有以下几种：

（一）自我鼓励，保持积极健康的心态

心态决定我们对自己、对他人、对事物的判断，会直接决定个体的情绪，影响个体行为的选择。

在我国民间曾流传着这样一个故事。有位老太太有两个女儿，女儿都出嫁了，大女儿家开伞店，小女儿家开洗衣店。老太太天天为女儿忧愁，为什么呢？在雨天，担心小女儿洗的衣服晒不干；在晴天，担心大女儿家的雨伞卖不出去。总之，每天都有让她忧愁的事。后来，有个人告诉她："老人家，您好福气啊！下雨天，您大女儿家生意兴隆；大晴天，您小女儿家生意兴隆。对您来说，哪一天都是好日子。"老太太转念一想，内心舒服许多。

我们从上面的小故事不难看出，当不良情绪出现的时候个体需要冷静地自我觉察，尽可能比较客观、比较全面地分析事情，积极找出事情的有利因素，并适当给予自己安慰和鼓励。积极健康的心态是生活的动力和助推器，平时注意保持良好的心态，自然容易化解生活中的情绪困扰。

（二）改变认知，摒弃心中的非理念

调控情绪的秘诀在于从不合理想法转到合理想法。一般来说，不合理想法有三个特征：绝对化要求、过分概括化和糟糕至极。

绝对化要求通常与"必须如何""应该如何"这类字眼联系在一起。比如"你必须按照我的要求去做""你就应该对我好"等。过分概括化体现在一些人常常以自己做的某一件或几件事的结果来评价自己，一旦事情不如自己的意愿就会认为自己"一无是处""一钱不值"等。糟糕至极体现在当一个人觉得某件事情很糟糕的时候，往往意味着这是最坏的事情，甚至感觉是一种灭顶之灾。

我们遇到的很多负面情绪，其实都来自我们对事物本身的看法。有的同学羡慕别人光鲜华丽的外表，有的同学羡慕别人有优秀的成绩，有的同学羡慕别人谈恋爱，有的来

自贫困家庭的同学看到周围家庭条件优越的同学时容易产生自卑，也有的同学会产生嫉妒、孤独、焦虑、愤怒等情绪，从而怨天尤人，不思进取，沉溺于虚拟的网络空间或整日浑浑噩噩，度日如年，缺乏上进心和清晰的人生理想。

其实每个人都会在生活中遇到不尽人意的地方，大部分人能积极改变认知，保持一种积极乐观的人生态度享受当下，而有的人暂时可能还做不到。问题的关键就是我们需要客观理智地面对周围的世界，“金无足赤，人无完人”，谁都会有一些人生的缺憾，千万不要一味地拿自己的不足与别人的长处相比，也许你在别人的眼里也是他们羡慕的对象，所以我们要学会给自己的心灵转换空间，换一个视角看待同一问题，也许你会快乐豁达许多。

（三）转移注意力，寻找合理宣泄的方式

当情绪不佳的时候，我们尽可能让自己努力跳出情绪的旋涡，从当前的情绪和所处的情境中暂时抽身出来，尽量不要让自己长时间或一直沉浸在负面情绪之中。这个时候，可以转移注意力做别的可以接受的事情。比如，某天在宿舍因为舍友关系的问题让自己非常苦恼或烦躁，这个时候可以冷处理，把刚刚发生的不愉快暂时放在一边，走出宿舍，约上信任的朋友一起在校园里散步，同时向对方倾诉一下自己的感受；也可以约朋友一起去看场电影、吃美食、听音乐；还可以选择读书，在书中找到心灵的慰藉，读一些能给自己带来力量的书籍，让自己心情好一些。也有同学在愤怒的情绪产生时去散步、跑步、打球等，以此来控制自己的激烈情绪，目的很明确，就是让自己主动寻找情绪宣泄的方式，让自己的内心可以得到放松，规避因为负面情绪对自己、对他人可能带来的伤害。

（四）多与外界沟通，建立良好的社会支持系统

负面情绪可以通过个人的努力改变和战胜的，但如果在情绪不佳的时候能够获得周围信任的他人的情感支持，相信没有人会拒绝的。平时，可以多与外界进行交流和沟通，在与亲属、朋友、同学、老师的交流中增加个体内心的安全感，在相互理解和倾诉中自然化解内心的困惑，不易积存郁结；也可以经常参加集体活动，不但密切与他人的关系，还可以获得学习和发展的机会。

（五）寻求心理咨询，获得心理健康资源的帮助

高职学生在校期间遇到任何情绪不好的时候，都可以主动地寻求身边的心理健康资源的帮助。比如，可以主动与信任的心理委员沟通，从同龄人那里也许会获得一些启发和帮助；还可以主动到学校心理健康中心寻求心理咨询老师的帮助，他们会用心理咨询的专业技术和方法倾听你的心声、陪伴、共情以及与你一起探讨问题。

四、掌握科学的情绪放松技巧

当情绪不佳的时候你可以尝试深呼吸、想象放松、肌肉放松等方法，短时有效地缓解情绪，让自己舒服一些。

课堂活动　情绪放松训练

（一）目的

让同学们体验情绪放松训练。

（二）过程

请同学们慢慢地闭上眼睛，跟随音乐和老师朗读的内容，放松身体，专心聆听。听完之后，觉察一下自己的身体、心理有什么不一样的感觉，与身边的同学相互分享自己的感受。

我的前方有一座由竹篱笆围成的花园，篱笆上覆盖着一层厚厚密密的常春藤，浓绿中只是偶尔得见淡黄色的篱笆本身。

我推开虚掩着的门，这原来是一座玫瑰园！一座正盛开着千万朵玫瑰的玫瑰花园！

在午后阳光的照耀下，园中的色彩十分的艳丽：大片的紫红与金黄，大片的粉红与玉白，加上近乎墨色的扶花绿叶，简直就是一幅印象派的油画！

绿叶衬托中那大朵大朵绽放的红玫瑰给人以温暖与喜悦；那在阳光下散发着金色光芒的黄玫瑰给人以信心与希望；那在盛开中仍然保持着含蓄优雅的粉色玫瑰给人以抚慰与温馨；而那如玉石般的白玫瑰则使人感觉宁静与平和。

一阵风吹过，花香袭人。我轻轻触摸眼前这朵盛开着的玫瑰。如果闭上眼睛，我会以为我正触摸着的是丝绒，那种细腻的质感，是只有最优质的丝绒才能比拟的。

园中有一个古老的石砌水井，井中的水依然清澈，倒映着蓝天、白云和一朵开在井沿上的红玫瑰。用井边的水桶汲了一点水上来，清凉中竟然有着那样浓烈的芬芳。

蜜蜂在花蕊中忙碌，发出嗡嗡的低鸣；蝴蝶流连忘返，在花丛中飞行；几只鸽子在空中掠过，鸽哨过后，一切又归复宁静。

我在这美丽的玫瑰花园中感觉非常的放松、平和与宁静，我的心里充满了喜悦、希望与力量。

请注意：大自然中的玫瑰园有花季与花期，会面临盛开后的凋零和凋零后的沉寂。但是，我们心中的玫瑰园则不然，它完全取决于我们自己的愿望和选择。任何时候，只要我们愿意，我们都可以选择让它花开满园，芬芳四溢；任何时候，只要我们愿意，我们都可以选择让它长开不谢，永远美丽。

从此，我要勤奋如园丁，让我心中的万千朵玫瑰满园开放！

从此，我要长开长盛，让我爱和爱我的世界，更加美丽！

（三）思考

同学的分享对你有什么启发？

课后思考

1. 情绪管理能力维度包括哪些内容？
2. 恰当的情绪表达方式有哪些？
3. 合理的情绪调控方法有哪些？

心理知识窗

情绪智力

沙洛维和梅耶在提出情绪智力概念的同时提出了一个情绪智力结构设想。他们将情绪管理能力作为情绪智力理论结构中的一个维度进行了详细描述，该情绪智力结构包括情绪感知能力维度、情绪推进能力维度、情绪理解能力维度和情绪管理能力维度。

自我探索　情绪自我测试

请认真阅读以下30道题，快速选择答案。通过结果分析，了解自己的情绪状态。

1. 看到自己最近拍的一次照片，你会有何想法？(　　)
   A. 觉得不称心　　B. 觉得很好　　C. 觉得可以
2. 你能否想到若干年后有什么使自己极为不安的事情？(　　)
   A. 经常想到　　B. 从来没有想过　　C. 偶尔想到
3. 你是否被朋友、同事或同学起过绰号并挖苦过？(　　)
   A. 这是常有的事情　　B. 从来没有　　C. 偶尔有过
4. 你上床以后，是否经常再起来一次，看看门窗是否关好，煤气是否关好？(　　)
   A. 经常如此　　B. 从不如此　　C. 偶尔如此
5. 你对与你关系最密切的人是否满意？(　　)
   A. 不满意　　B. 非常满意　　C. 基本满意
6. 半夜的时候，你是否经常觉得有什么值得害怕的事情？(　　)
   A. 经常有　　B. 从来没有　　C. 极少有这种情况
7. 你是否经常因梦见什么可怕的事情而惊醒？(　　)
   A. 经常　　B. 没有　　C. 极少有
8. 你是否曾经有多次做同一个梦的情况？(　　)
   A. 有　　B. 没有　　C. 记不清
9. 有没有一种食物使你吃后呕吐？(　　)
   A. 有　　B. 没有　　C. 记不清
10. 除去看见的世界外，你心里有没有另外一个世界？(　　)
    A. 有　　B. 没有　　C. 记不清
11. 你心里是否时常觉得你不是现在的父母所生？(　　)
    A. 时常　　B. 没有　　C. 偶尔有
12. 你是否经常觉得有一个人爱你或尊重你？(　　)
    A. 是　　B. 否　　C. 说不清
13. 你是否常常觉得你的家庭对你不好，但你又确认他们的确对你很好？(　　)
    A. 是　　B. 否　　C. 偶尔
14. 你是否觉得没有人特别了解你？(　　)

A. 是　B. 否　C. 说不清楚

15. 你在早上起来的时候最常有的感觉是什么？(　　)

A. 犹豫　B. 快乐　C. 说不清楚

16. 每到秋天你常有的感觉是什么？(　　)

A. 秋雨霏霏或落叶满地

B. 秋高气爽或艳阳天

C. 说不清楚

17. 你在高处的时候是否觉得站不稳？(　　)

A. 是　B. 否　C. 偶尔这样

18. 你平时是否觉得自己特强健？(　　)

A. 是　B. 否　C. 不清楚

19. 你是否一回家就把房门关上？(　　)

A. 是　B. 否　C. 不清楚

20. 你坐在小房间里把门关上，是否觉得心里不安？(　　)

A. 是　B. 否　C. 不清楚

21. 当一件事需要你做决定时，是否觉得很难？(　　)

A. 是　B. 否　C. 偶尔是

22. 你是否常常用抛硬币、翻纸牌、抽签之类的游戏来测凶吉？(　　)

A. 是　B. 否　C. 偶尔

23. 你是否常常因为碰到东西而跌倒？(　　)

A. 是　B. 否　C. 偶尔

24. 你是否需要一个小时以上才能入睡，或醒得比你希望的早一个多小时？(　　)

A. 经常这样　B. 从不这样　C. 偶尔这样

25. 你是否曾看到、听到或感到别人察觉不到的东西？(　　)

A. 经常这样　B. 从不这样　C. 偶尔这样

26. 你是否觉得自己有超乎常人的能力？(　　)

A. 是　B. 否　C. 不清楚

27. 你是否觉得有人跟着你走而心里不安？(　　)

A. 是　B. 否　C. 不清楚

28. 当你一个人走夜路时，是否觉得前面暗藏着危险？(　　)

A. 是　B. 否　C. 偶尔

29. 你对别人自杀有什么想法？(　　)

A. 可以理解　B. 不可思议　C. 不清楚

30. 你是否觉得有人在注意你的言行？(　　)

A. 是　B. 否　C. 偶尔

评分标准：

以上各题选 A 计 2 分、选 B 计 0 分、选 C 计 1 分，将各题目得分相加，算出总分。得分越少，说明你的情绪越佳，反之越差。

0 ~ 20 分：表明你的情绪稳定、自信心强，具有较强的美感、道德感和理智感。你有一定的社会活动能力，能理解周围人们的心情，顾全大局，你是一个个性爽朗、受人欢迎的人。

21 ~ 40 分：说明你的情绪基本稳定，但较为深沉，对事情考虑过于冷静，处事淡漠消极，不善于发挥自己的个性。你的自信心受到压抑，办事热情忽高忽低，易瞻前顾后、踌躇不前。

41 ~ 49 分：说明你的情绪极不稳定，日常烦恼太多，使自己的心情经常处于紧张和矛盾之中。

50 分以上：这是一种危险信号，你务必请心理医生做一定的诊断。

资料来源：郝春生．高职大学生心理健康指导．北京：清华大学出版社，北京交通大学出版社，2009.

知识拓展 阿尔伯特·艾利斯的情绪 ABC 理论

情绪问题早为哲学家、文学家所重视，以后又为神经生理学家、心理学家所重视。在心理学中，除了格式塔心理学家外，几乎所有心理学派别都很重视情绪的研究，并以自己的理论观点来解释情绪。构造心理把感觉和情感作为心理的基本元素，机能主义把情绪定义为“机体再调整”，行为主义把情绪看作“遗传的模式反应”，而精神分析学派则把注意力集中在本能和焦虑问题上。

心理学中有一重要的理论称为情绪 ABC 理论（见图 9-1）。ABC 理论是由美国心理学家阿尔伯特·艾利斯（Albert Ellis）于 20 世纪中期创建的。情绪 ABC 理论认为激发事件 A（Activating Event 的第一个英文字母）只是引起情绪和行为后果 C（Consequence 的第一个英文字母）的间接原因，而引起 C 的直接原因则是个体对激发事件 A 的认知和评价而产生的信念 B（Belief 的第一个英文字母），即人的消极情绪和行为障碍结果（C）不是由于某一激发事件（A）直接引发的，而是由于经受这一事件的个体对它不正确的认知和评价所产生的错误信念（B）所直接引起的。错误信念也称为非理性信念。

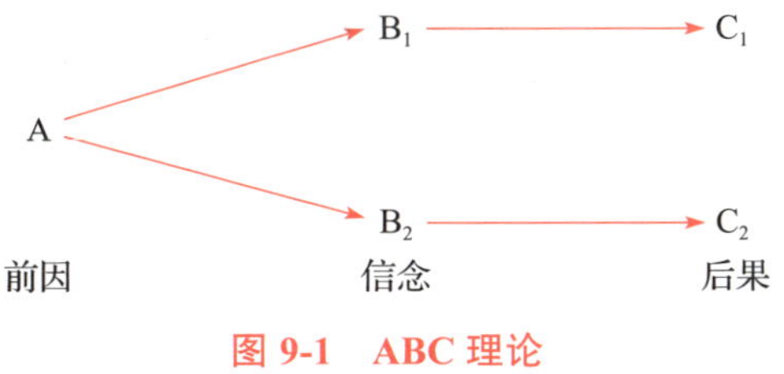

图 9-1 ABC 理论

结论：事物的本身并不影响人，人们只受对事物看法的影响。

如图 9-1 所示，A 是指事情的前因，C 指事情的后果，有前因必有后果，但是有同样的前因 A，产生了不一样的后果 C_1 和 C_2。这是因为从前因到结果之间，一定会透过一座桥梁 B，这座桥梁就是信念和我们对情境的评价与解释。又因为，同一情境之下（A），不同的人的理念以及评价与解释不同（B_1 和 B_2），所以会得到不同的结果（C_1 和 C_2）。

艾利斯认为：正是由于我们常有的一些不合理的信念才使我们产生情绪困扰。这些不合理的信念久而久之还会引起情绪障碍。

翻手是云覆手是雨的秘诀在于从不合理想法转到合理想法。不合理想法有三个特征：绝对化要求、过分概括化和糟糕至极。当我们遇到烦恼困扰时，可把烦恼列在一张白纸上，再对照以上三个不合理信念的特征，看看是不是符合这些特征，抛弃它们，很大程度上你的情绪就会阴转晴了。

总结案例　陈同学英语成绩提升的秘诀

陈同学，某高职院校的男生，第一次见心理咨询师是在大一的第一学期。当时刚入学不久，他得知将来毕业时英语要通过英语三级考试，因为他在英语单科学习方面基础薄弱，感到非常有压力，想来想去决定去与心理老师谈谈。经过连续几次的心理咨询，陈同学逐渐意识到自己英语学习的阻碍并不是英语很难学，而是自己内心的恐惧与自我否定。通过心理咨询，他逐渐觉察到自己在英语学习方面可以提升的空间。通过制定有效的英语学习方法和自己的努力，陈同学在大二时顺利通过了英语三级考试，这次考试的通过不仅是对陈同学努力的认可，更重要的是增强了他的自信心。接下来的日子里，他更加认真学习，在大三下学期的专转本考试中以优异的成绩被南京某本科院校录取。

分析

与陈同学学习经历相似的个案在高职院校并不少见，关键是一个人在学习上遇到困难出现内心压力的时候，你到底会选择如何做？尤其是一个人难以面对困难的时候，积极寻求社会支持系统资源的帮助是十分必要的。尤其对于学生而言，在学校就可以寻求心理咨询师的帮助，在咨询的过程中平时困扰的问题也许就会得到有效解决了。

模块九　课堂反馈

P A R T 3

第三部分

阳光人生

模块十

我型我塑　完善人格

学习指南

“人心不同，各如其面”说的是人格的独特性。不同的遗传、生存及教育环境，形成了个体独特的心理特点。在具有独特性的同时，人格也具有整体性、稳定性和社会性等特征。个体在成长的过程中，有可能会因为方方面面的原因人格上出现一些问题，如何去认识这些问题并不断地进行自我完善，对于每个高职学生来说非常重要。这一模块我们将一起去认识人格，寻找完善健康人格的途径和方法。

能力标准

分类	具体内容
知识	1. 人格的含义和特征 2. 人格发展与常见人格障碍 3. 完善健康人格的途径和方法
技能	1. 理解健康人格的内涵 2. 识别各种常见的人格障碍类型 3. 增强自我人格修炼
态度	1. 对人格障碍有正确的认识 2. 理智面对自我人格的不完善 3. 积极完善自我人格

单元 10.1

人格概述

案例分享 马加爵事件

马加爵从小就性格内向，不喜欢与人交往。1997 年上了高中的马加爵性格变得更加内向，没有一个知心朋友。高三的时候，他迷上了武侠小说，这使原本就不擅交际的他，变得更加孤僻，成绩开始下降。1999 年，正读高三的马加爵突然离校出走，之后，他自己的解释是去看大海了。重新回到校园后，学校给了他处分，马加爵像变了个人似的，开始恶补落下的功课，凭借半年的努力，马加爵考取了云南大学。进入大学的马加爵看到其他同学幽默地开玩笑，也曾经试图表现一下，结果却往往弄巧成拙，这让他开始怀疑一切，脾气也变得暴躁乖戾，与寝室同学的积怨越来越深，可是他从不反思自己，总认为是别人在找他的麻烦。一天，马加爵和几位同学打牌，一位同学怀疑马加爵作弊，两人当众发生争执。同学说："没想到你连玩牌都玩假，你为人太差了……"同学的话对内心极度自尊又极度自卑的马加爵造成了"毁灭性的打击"，随即起了杀人的念头并付诸行动。从 2004 年 2 月 13 日至 15 日，他杀害了四位同学后从昆明火车站出逃，2004 年 3 月 15 日马加爵被捕，2004 年 6 月 17 日被执行死刑。

分析

马加爵事件距今已经十六年了，现在回头再看时仍有很大的沉重感。是什么让马加爵为了一点小事情就如此凶残地杀害了自己的四位同窗，主要是人格问题。追溯马加爵的成长历程，不难发现他在人格上存在很多缺陷。有人格障碍的人往往没有自制力，不会意识到自己的问题，遇事则迁怒于别人，归咎于社会，产生一种反社会性的人格，一旦受到外界刺激便会爆发出来，做出正常人认为不可理喻的事情。马加爵事件的发生，凸显了大学生群体中存在着人格障碍的问题，以及此类问题得不到及时疏导及治疗所带来的恶果。作为高职学生，了解自己的人格，能够区分健康人格和不健康人格，了解塑造健康人格的途径和方法，对于完善自己的人格是非常有意义的。

一、人格的含义和特征

（一）人格的含义

人格是我们现实生活中使用较多的词，人格的概念要追溯到希腊语 Persona，原意是指演员在舞台上戴的面具，类似于中国京剧中的脸谱，后被心理学借用，主要用于说明：在人生的大舞台上，人也会根据社会角色的不同来换面具，这些面具就是人格的外在表现。人格的概念自产生之日起就颇具争议。

美国心理学家杰瑞·伯格（Jerry Burger）把人格定义为稳定的行为方式和发生在个体身上的人际过程。这个定义包含了两方面的内容：一方面讲的是稳定的行为方式，也即人格是稳定的；另一方面讲的是人际过程，指发生在我们外部，影响着我们怎样行动、怎样感觉的所有那些情绪过程、动机过程和认知过程。

我国心理学家黄希庭把人格界定为：人格是个体在行为上的内部倾向，它表现为个体在适应环境时，在能力、情绪、需要、动机、兴趣、态度、价值观、气质、性格和体质等方面的整合，是具有动力一致性和连续性的自我，是个体在社会化过程中形成的给人以特色的身心组织。

《现代汉语词典》对人格一词的解释为“人的性格、气质、能力等特征的总和；个人的道德品质；人作为权利、义务主体的资格”。通过这个解释，我们看到人格所包含的内容十分丰富，大到一个人的人生观、价值观，中到一个人的能力道德，小到一个人的个性习惯，无所不包，而且无论哪一点都对人有着十分重要的影响。

事实上，除了上述列举的对人格的界定之外，在历史上有许多学者从不同的角度对人格做出了相应界定。但归纳而言，从心理学角度对人格所下的概念不外乎有以下五种：

1. 罗列式概念

通常采用“人格是……的总和”的形式来描述人格，显然有助于确定人格的外延，但无法构建外延之间的关系，而且外延的边界有多大也难以说清楚。

2. 整体性概念

强调人格是个人各方面属性所组成的整体，克服了罗列式概念的缺陷。

3. 层次性概念

层次性概念在整体性的基础上，把人格的属性或特征按一定的层次结构排列起来。人格特征具有内在的相互联系和统一性，而最高层次的属性或特征具有统合的作用。

4. 适应性概念

适应性概念深受达尔文进化论思想的影响，把人格看作人类在进化过程中不断适应环境的结果。

5. 区别性概念

如果说前面四种概念都反映了人们在人格上的共同性的话，区别性概念更多地看到了人与人之间在人格上的差异性，更强调个体人格的独特性方面。

（二）人格的特征

人格是个体在遗传的基础上，在社会化的过程中逐渐形成的，是个体的自然性和社会性的总和。一般来说，人格具有以下特征：

1. 人格的整体性

人格的整体性是指人格虽然具有诸如能力、气质、情感、情绪、意志、认知、需要、动机、态度、价值观、行为习惯等多种特质，但它们体现在人的身上是密切联系而非孤立存在的。每个人在不同的场合、不同的地点所表现出来的特点可能是不一样的，但是作为这个人的整体来讲，又有内部的一致性。

2. 人格的稳定性

人格的稳定性是指那些经常表现出来的特点，是一贯的行为方式的总和。这样的稳定性可以通过不同的时间和不同的情境来验证。例如，我们常会说某某同学是一个活泼、开朗的人，某某同学是个内向、冷静的人，这都是在说某某同学一贯表现出来的行为特征。

3. 人格的独特性

人格的独特性是指每个个体由于能力不同、兴趣爱好不同、认知方式不同，情绪表现和价值观也会有差异。这样一些不同导致每个人的心理和行为也存有差异，这就构成了有别于他人的独特的个体。

4. 人格的社会性

从呱呱落地的那一刻起，人就无一例外地踏入了社会化的进程。人格的社会性是指人格与人的社会化进程有着很大的关系。

二、人格的结构

（一）"大五"人格模型

1989 年，美国心理学家麦克雷、科斯塔等人提出了"大五"人格模型。所谓"大五"就是涵盖人格的五个因素，它们分别是神经质、外向性、开放性、宜人性和尽责性。

1. 神经质

神经质反映个体体验消极情绪的倾向和情绪不稳定性。神经质维度得分高的人，思维、决策以及有效应对外部压力的能力比较差，更容易体验到诸如愤怒、焦虑、抑郁等消极的情绪。他们对外界刺激反应比一般人强烈，对情绪的调节、应对能力比较差，经常处于一种不良的情绪状态下。相反，神经质维度得分低的人较少烦恼，较少情绪化，比较平静。

2. 外向性

外向性表示人际互动的数量和密度、对刺激的需要以及获得愉悦的能力。这个维度将社会性的、主动的、个人定向的个体和沉默的、严肃的、腼腆的、安静的人作对比，由人际的卷入水平和活力水平加以衡量。前者评估个体喜欢他人陪伴的程度，而后者反映了个体个人的节奏和活力水平。外向的人喜欢与人接触，热情、充满活力，喜欢运动、喜欢刺激冒险，在一个群体当中他们非常健谈、自信，喜欢引起别人的注意。内向的人比较安静、谨慎，不喜欢与外界过多接触，他们不喜欢与人接触不能被解释为害羞或者抑郁，这仅仅是因为比起外向的人不需要那么多的刺激，因此喜欢一个人独处。

3. 开放性

开放性是指对外界和自我内心的开放和接受程度。这个维度将好奇的、新颖的、非传统的以及有创造性的个体与那些传统的、无艺术兴趣的、无分析能力的个体做比较。

开放性包括活跃的想象力、审美感受性、对内心感受的专注性、对种类的偏好，以及对知识的好奇心。开放性得分较高的人偏爱抽象思维，兴趣广泛；开放性得分较低的人的观点和行为方式较为传统，喜欢熟悉的套路而不是新的经验，一般兴趣范围较窄，偏爱常规，比较传统和保守。

4. 宜人性

宜人性是考察个体对其他人所持的态度。宜人性高的人，对人性持乐观的态度，相信人性本善。他们通常表现的是善解人意的、友好的、慷慨大方的、乐于助人的，愿意为了别人放弃自己的利益。而宜人性低的人，则把自己的利益放在别人的利益之上，他们不关心别人的利益，因此也不乐意去帮助别人，有时候他们表现出多疑和不信任。

5. 尽责性

尽责性指控制、管理和调节自身冲动的方式，反映个体自我控制的程度以及推迟需求满足的能力。冲动的个体虽然会给个体带来暂时的满足，但容易产生长期的不良后果，比如攻击他人等。谨慎的人容易避免麻烦，但是他们有可能对自己的要求更苛刻，可能是一个完美主义者或者是一个工作狂。极端谨慎的个体让人觉得单调、乏味、缺少生气。

（二）“大七”人格模型

1. “大七”人格模型的提出和验证

1987 年特勒根（Tellegen）和沃勒（Waller）采用相对宽泛的选词标准，并把对个性的评价性词语加入词汇表中，经过因素分析后得出了“大七”人格模型。“大七”人格模型，把正情绪性、负价、正价、负情绪性、可靠性、适意、因袭性作为人格的七个维度。每个维度都给出了一些标定词。正情绪性标定词包括：抑郁的、忧闷的、勇敢的、活泼的等。负价标定词包括：心胸狭窄的、自负的、凶暴的等。正价标定词包括：老练的、机智的、勤劳的等。负情绪性标定词包括：坏脾气的、狂怒的、冲动的等。可靠性标定词包括：灵巧的、审慎的、仔细的、拘谨的等。适意标定词包括：慈善的、宽宏大量的、平和的、谦卑的等。因袭性标定词包括：不平常的、乖僻的等。

一些心理学家在跨文化情境下对“大七”人格模型进行了验证，阿尔玛戈（Almagor）在对使用希伯来语的以色列人的研究后发现，他们的前六个因素名称与特勒根等的基本相同。贝尼特（Benet）的研究发现，美国人用以自我描述的“大七”因素结构及其主要标定词，同样可以在西班牙人自我或同伴描述中找到。这说明“大七”人格模型具有一定的普遍性。

2. 中国人的“大七”人格

北京大学心理学系王登峰、崔红等人认为中国人的人格特点主要有外向性、善良、行事风格、才干、情绪性、人际关系、处世态度。这种由中国词汇分类中得出的“大七”人格结构，更加接近中国人人格的真实状态。

（1）外向性。

外向性因素包括活跃、乐观、合群。在这三个因素中，乐观因素，男女没有什么差别。另外两个因素中，男性和女性却体现了不同，一般情况下，男性比女性活跃，女性比男性合群。

（2）善良。

善良因素包括利他、诚信、重感情。善良的人格纬度与成就动机、主观幸福感、身心健康关系密切。至于重感情的因素，有配偶的教科文卫和行政管理人员从青年到壮年分数显著下降，而到中年又显著上升；无配偶的行政管理人员从青年到壮年分数显著上升，中年后又下降。

（3）行事风格。

行事风格因素包括严肃、自制、沉稳。三个因素中，沉稳因素，男女没有明显差异；另外两个因素，男性均低于女性。

（4）才干。

才干因素包括决断、坚韧、机敏。在决断和坚韧两个因素上，男性高于女性。在机敏因素上，无配偶者高于有配偶者。

（5）情绪性。

情绪性因素包括耐心、爽直。总体来说女性高于男性。

（6）人际关系。

人际关系因素包括宽和、热情。在宽和因素上男性高于女性，在热情因素上女性高于男性。

（7）处世态度。

处世态度因素包括自信、淡泊。在自信因素上未婚者高于已婚者，在淡泊因素上女性高于男性。

三、与人格有关的几个概念

说到人格，应该是指我们在描述一个人的时候首先想到的在他的身上有什么比较稳定的特点。在日常的使用中，我们常常会发现一些人将性格、个性、气质等人格概念相混淆。

（一）性格

性格是指表现在人对现实的态度和相应的行为方式中的比较稳定的、具有核心意义的个性心理特征，它是人格结构的重要组成部分之一，是一种与社会相关最密切的人格特征。在性格中既包括了对现实和自己的态度的特征，如诚实或虚伪、谦逊或骄傲等；又包括了人的意志特征，如勇敢或怯懦、果断或优柔寡断等；还包括了人的情绪特征，如热情或冷漠、开朗或抑郁等，以及人的情绪的理智特征，如思维敏捷、深刻、逻辑性强或思维迟缓、浅薄、没有逻辑性等。性格表现了人们对现实和周围世界的态度，以及在对人、对事的态度和行为方式上所表现出来的心理特点，如开朗、刚强、懦弱、粗暴等。这些表现出来的心理特点，往往能让外界予以评价。例如人们会把诚实、坚贞等性格评定为是好的性格，而将奸险、乖戾等性格界定为不好的。性格是后天形成的，而人格的某些方面却是与生俱来的。

（二）个性

个性是指个别性、个人性，即一个人在思想、性格、品质、意志、情感、态度等方面不同于其他人的特质，这个特质表现于外就是言语方式、行为方式和情感方式等。个性是区别于他人的，在不同环境中显现出来的、相对稳定的，影响人的外显和内隐性行为模式的心理特征的总和。个性与人格的区别在于个性是指人的个别差异，从差别的角度来看一个人不同于他人的特点。个性是相对于共性而言的，主要表现的是人的独特性而非整体性，人格比个性具有更多的内涵和外延。

（三）气质

气质是一个古老的心理学问题。公元前 5 世纪，古希腊著名医生希波克拉底就提出了 4 种体液的气质学说。公元 2 世纪古罗马名医盖伦，继承和发展希波克拉底的体液说，提出了关于人类气质类型的理论。盖伦认为人类有胆汁质、多血质、黏液质、抑郁质四种气质类型，由于其对气质类型特征的描述接近事实，为现代心理学所沿用。

1. 胆汁质

胆汁质的人具有很高的兴奋性和较弱的抑制过程。这类人的特点是情感发生迅速、强烈、持久，动作的发生也是迅速、强烈、有力。在日常生活中，胆汁质的人精力旺盛、不易疲倦，但易冲动、自制力差、性情急躁、办事粗心等。

2. 多血质

多血质的人善于适应环境变化，在新的环境里不感到拘束，敏捷好动，善于交际；在工作学习上，富有精力而效率高；在集体中精神愉快，朝气蓬勃，能迅速地把握新事物，但同时也具有变化无常、粗枝大叶、浮躁、缺乏一贯性等特点。多血质的人比较适宜做要求反应迅速而灵活的工作。

3. 黏液质

黏液质的人态度持重，交际适度，情感上不易激动、不易发脾气，也不易流露情感，善于克制，不常常显露自己的才能。在日常生活工作中能够长时间坚持不懈，有条不紊；能够严格恪守既定的生活秩序和工作制度，不为无所谓的动因而分心。总体表现出固定性有余，而灵活性不足。

4. 抑郁质

抑郁质的人不能忍受太大或太小的神经紧张。他们体验情绪的方式较少，稳定情感的产生也很慢，但对情感的体验深刻、有力、持久，而且具有高度的情绪易感性。抑郁质的人为人小心谨慎，思考透彻，在困难面前容易优柔寡断；行为上，一般表现为孤僻、不太合群、观察细致、非常敏感、表情腼腆、多愁善感、行动迟缓、优柔寡断，具有明显的内倾性。

气质与人格联系密切。气质在新生儿期已有表现，如有的婴儿安静，有的好哭，必然影响其父母或哺育者与婴儿的互动关系，从而影响人格的形成。气质与人格的区别主要在于，气质仅属于人格中的先天禀赋，而人格的形成很大程度上受社会环境的影响。在现实生活中，典型气质类型的人占少数，多数人是属于中间型的或以某种气质为主，兼有其他气质类型。

课堂活动 认识气质类型

（一）目的

促进对气质类型的认识。

（二）过程

（1）同学们运用气质类型理论分析下面描述的四个人分别为哪种气质的人。

苏联心理学家达维多娃曾经形象地描述了四种气质类型的人在同一情境中的不同行为表现。四个不同类型的人去看戏，但都迟到了，他们表现出不同的行为。其中一个人和检票员争吵，企图闯入剧院，他争辩说，戏院的钟快了，悄悄地进去并不会影响他人，并且企图推开检票员进入剧院……；另外一个人立刻就明白了，检票员是不会放他进入剧场的，他乘别人不注意，立刻溜了进去……；第三个人看到不让他进入剧场，就自我安慰地想："第一场总是不太精彩的，我可以在小卖部等一会儿，在幕间休息时再进去"……；第四个人想："我运气不好，偶尔看一次戏，就那么倒霉"，接着，他就回家去了……

与人争吵的人是＿＿＿＿＿＿＿＿＿＿＿＿＿＿＿＿＿＿＿＿。

悄悄溜进去的人是＿＿＿＿＿＿＿＿＿＿＿＿＿＿＿＿＿＿＿。

自我安慰的人是＿＿＿＿＿＿＿＿＿＿＿＿＿＿＿＿＿＿＿＿。

自认倒霉回家的人是＿＿＿＿＿＿＿＿＿＿＿＿＿＿＿＿＿＿。

（2）和后排相对应的同学分享你的答案＿＿＿＿＿＿＿＿＿＿＿＿。

（三）思考

如果你遇到了上述情境，你会怎么做呢？

课后思考

1. 简述人格的含义和特征。
2. 中国人的"大七"人格，包含哪七个词？
3. 气质的类型有哪些？

心理知识窗

情感的个性系统理论

奥地利心理学家沃尔特·米契尔在不断继承、批判、调和已有理论模式的基础上，于 1995 年提出了认知－情感的个性系统（CAPS）理论。他认为，人们遇到的事件会与个性系统中复杂的认知－情感单元发生交互作用，并最终决定人们的行为。在 CAPS 模型中的认知－情感单元是指所有的心理表征，主要由编码、预期和信念、情感、目标和价值、能力和自我调节的计划等 5 种类型组成。

单元
10.2

人格发展与常见人格障碍

案例分享　生活是自己建造的

有个老木匠准备退休，他告诉老板，说要离开建筑行业，回家与妻子儿女享受天伦之乐。老木匠的手艺很好，一辈子工作也非常负责、认真，老板十分舍不得让他走，但又由衷地感激老木匠。于是，他要求老木匠退休前帮忙再建一座房子，老木匠答应了。但是大家后来都看得出来，老木匠的心已经不在工作上了，他用的是软料，出的是粗活。房子建好的时候，老板把大门的钥匙递给老木匠，说："感谢你为我创造了大量的财富，这是我送给你的礼物。"老木匠震惊得目瞪口呆，羞愧得无地自容。看着他亲手造出来的这幢粗制滥造的房子，老木匠感慨地说："生活是自己建造的"。

分析

同学们，老木匠的感慨给我们什么启示呢？老板对老木匠的评价是一个好工人，好工人意味着之前老木匠一直是踏踏实实工作的人，但最后的疏漏却让老木匠晚节不保，留下了终身的遗憾。在高职校园里，我们经常看到这样一些同学，晚上忙着上网打游戏、聊天，早晨起不了床，就找各种理由不去上课，久而久之，形成了慵懒的性格。一晃三年过去了，当要面对社会时，有些同学开始表现出胆怯，因为在校的三年时间里自己并未努力，也没有为自己将要踏入的社会做过准备。想想上述故事中那个懊恼的老木匠所说的话吧！生活是自己建造的，我们要尽可能让自己为建造自己的生活而付出的努力是优质的，从现在起注意自己的习惯养成，它对你的人格的发展至关重要，也对你建造自己的生活至关重要。

一、人格发展的相关理论

人格理论家和研究者提出了"稳定的行为方式和内部心理过程的产生根源是什么"这样一个基本问题，并从不同角度对这个问题进行了回答，因此，形成了不同的理论流派。其中，较具影响力的有：精神分析流派、特质流派、生物学流派、人本主义流派、行为主义和社会学习流派以及认知流派。每个流派的形成和发展都有其代表人物，他们的主要理论观点经历了不断发展和完善的过程。

（一）弗洛伊德的人格理论

1. 解剖模型

精神分析学派的创始人弗洛伊德侧重于心理活动的动力系统并建立了一种新的人格

结构模式。最初，弗洛伊德把人格划分为意识、前意识和无意识。

（1）意识。

意识是指人们正觉察到的想法，即能随意想到、清楚觉察到的主观经验，有逻辑性、时空规定性和现实性。意识的内容随着新想法的出现、其他想法的消失而不断发生变化。

（2）前意识。

大量的可再现的信息构成了前意识。前意识虽不能即刻回想起来，但经过努力可以进入意识领域的主观经验。

（3）无意识。

无意识是原始的冲动和各种本能、通过遗传得到的人类早期经验以及个人遗忘了的童年时期的经验和创伤性经验、不合伦理的各种欲望和感情。尽管无意识的内容除非是在某种极端的情况下，几乎无法直接接触，也无法被提取进入意识，然而无意识的内容决定了人们许多日常的行为。

2. 结构模型

解剖模型创立时间不长，弗洛伊德就发现了解剖模型在描述人格上的局限性，因此又创立了结构模型。结构模型把人格划分为本我、自我和超我。

（1）本我（id）。

本我是人格结构中最原始的部分，人出生时只有本我的存在。构成本我的成分是人类的基本需求，如饥、渴、性三者均属之。从支配人性的原则而言，支配本我的是遵循快乐原则。本我只关心如何立即满足个人需要，而不受任何物质和社会的约束。弗洛伊德认为本我冲动永远存在，它们必须受控于健康人格的其他部分。

（2）自我（ego）。

在生命的头两年里，随着儿童与环境的相互作用，本我中分化发展而产生了人格结构的第二部分，即自我。从支配人性的原则看，支配自我的是现实原则。自我的主要工作是以考虑情境现实性的方式满足本我冲动。由于本我冲动倾向于不为社会所接受，因而它们会对自我构成威胁，自我的工作是将这些冲动控制在无意识当中。但自我在限制本我冲动的同时，也会在考虑行为后果的方式下，尝试着满足本我的需要。此外，自我介于本我与超我之间，对本我的冲动与超我的管制具有缓冲与调节的功能。

（3）超我（superego）。

儿童到了大约 5 岁的时候，人格的第三部分——超我，开始形成。它是人格结构中居于管制地位的最高部分。超我有两个重要部分：一个是自我理想，是要求自己行为符合自己理想的标准。另一个是良心，是规定自己行为免于犯错的限制。从支配人性的原则看，支配超我的是完美原则，是由于个体在生活中，接受社会文化道德规范的教养而逐渐形成的。超我代表了社会的，特别是父母的价值和标准，它对能做和不能做的事情有更多的限制。

人格结构中的三个层次相互交织，形成一个有机的整体。在通常情况下，本我、自我和超我是处于协调和平衡状态的，从而保证了人格的正常发展。如果三者失调，就会危及人格的发展。

（二）奥尔波特的人格特质论

首倡人格特质理论的心理学家高尔顿・W. 奥尔波特（Gordon W. Allport）认为特质是人格的基础，人格特质是每个人以其生理为基础的一些持久不变的性格特征。奥尔波特首先把特质分为共同特质和个人特质。

1. 共同特质

共同特质是指同一文化形态下人们所具有的一般人格特质。它是在共同的生活方式下形成，并普遍地存在于每一个人身上的。从共同特质看，个体间的差异只不过是指个人所具备这种特质的多少或强弱不同而已。奥尔波特提出了支配－顺从、外向－内向、自信－自卑、合群－孤独、理论兴趣高－理论兴趣低等人格的共同特质。

2. 个人特质

个人特质是个人所独有的人格特质，它是以个人经验独特方式发展起来的动力倾向。在世界上没有两个人的个人特质是完全相同的，即使两个人在共同特质上是相似的，但他们行为上所表现的仍各具独特性。奥尔波特认为一个人的身上同时具备多种特质，但它们对一个人的人格的影响和作用并不相同。因此，奥尔波特又将个人特质按其对人格不同的影响和作用，区分为首要特质、重要特质和次要特质，三个层次重叠交叉。

（1）首要特质。

首要特质是个人最重要的特质，代表整个人格。首要特质往往只有一个，但并非每个人都有。它在人格结构中处于支配地位，具有极大的弥散性和渗透性，影响个人行为的所有方面。有些人因为具有单个首要特质而成为著名人物。例如，创造是爱迪生的首要特质，多愁善感是林黛玉的首要特质。

（2）重要特质。

重要特质是人格的构建。奥尔波特认为每个人所具有的重要特质，一般在 5 ～ 10 种之间，这些彼此相联系的重要特质构成其独特的人格。老师为学生写操行评语时，所考虑到代表某个学生人格的那些特质，如准时、整洁、勤奋、诚恳等，即属于其个人的重要特质。

（3）次要特质。

次要特质与首要特质和重要特质相比，是从更为狭窄的各种刺激来说的，它包括一个人独特的偏爱、一些片面的看法和由情境所制约的特质等。次要特质对个体行为影响小，不是决定人格的主要特质。

（三）艾森克的人格理论

汉斯・艾森克（Hans Eysenck）的理论由于重视类型或特质的神经基础生理学的研究，故既属于特质理论，又带有生物学取向。

1. 人格的三个基本维度

（1）外－内倾。

艾森克研究发现高外倾性的人兴奋过程发生慢、强度弱、持续时间短，而抑制过程发生快、强度强、维持时间长。这种人难以形成条件反射，在人格上具有情绪冲动、难以控制、好交际、善社交、渴望刺激、冒险、粗心大意和爱发脾气等特点。高内倾性的人兴奋过程发生快、强度强、持续时间长，而抑制过程发生慢、强度弱、维持时间短。这种人容易形成条件反射，在人格上具有情绪稳定、好静、不爱社交、冷淡、不喜欢刺激、深思熟虑、喜欢有秩序的生活和工作、极少发脾气等特点。

（2）神经质。

神经质又称情绪性。艾森克指出情绪性不稳定的人喜怒无常，容易激动；情绪性稳定的人反应缓慢而且轻微，并且很容易恢复平静。情绪性与植物性神经系统特别是交感神经系统的机能相联系。

（3）精神质。

精神质并非暗指精神病，它代表一种倔强固执、粗暴强横和铁石心肠的特点。得高分者表现为孤独、不关心他人、心肠冷酷、缺乏情感、对人有敌意、攻击性强等特点；低分者表现为温柔、善感等特点。精神质在所有的人身上都存在，只是程度不同而已。如果个体的精神质表现明显，则易导致行为异常。

艾森克认为可以用外－内倾和神经质两个维度来表示正常人格的神经症以及精神病态人格。精神质与神经质维度一起，可以表示各种神经症和各种精神病。

2. 人格的生物学基础

艾森克提出了人格的差异源于生物学基础。理由有三个：一是人格的三种特质在一个人的一生中表现出了相当的稳定性；二是在不同文化、不同背景中，研究者运用不同的方式进行研究，结果都发现了人格的三种基本特质；三是对于人格的三种基本特质，都可以进行生物学的解释。

（四）马斯洛的人格理论

人本主义心理学家亚伯拉罕·马斯洛（Abraham Maslow）的人格理论是在对一些“自我实现”的人的研究的基础上而形成的。他的人格理论是建立在需要和动机学说基础之上的，又被称为“人格需要层次说”或“人格需要层次理论”。归纳起来可以分为五个层次，按低级到高级排列，呈一个金字塔的阶梯的结构形式：

1. 生理需要

生理需要指人对食物、水、空气、睡眠和性的需要。它们的满足对于人的生存来说是必不可少的。因此，生理需要是人的需要中最基本的、最强烈的需要。

2. 安全需要

安全需要是指人对秩序、常规、稳定、可确定性和可预见性的需要。这种需要的满足可以使人产生安全感。

3. 归属和爱的需要

归属和爱的需要是指对归属感、爱情、友谊和摆脱孤独的需要。

4. 自尊需要

自尊需要指自尊及来自他人尊重的需要，具体表现为对实力、成就、声望、荣誉和赞赏等的需要。

5. 自我实现的需要

自我实现的需要是指对实现自己的潜能、创造力、理想的需要。其要点是：成长、发展、实现自己的潜力，越来越接近我们应该成为的人。

马斯洛认为，只有最低一级的需要得到满足，第二级需要才会出现；一二级需要满足后，第三级需要才会出现和发展。只有高级需要的满足，才能使人产生更深刻的幸福感和内部生活的丰富感。自我实现是需要层次结构中的最高需要。

（五）华生的人格理论

行为主义学派创始人约翰·B. 华生（John B. Watson）认为人格就是“我们的习惯系统的最终产物”。也就是说，在人的生活历程中，我们都在以多少可以预测的方式对一定的刺激给予条件反射的反应。由于每个人的经历不同，就形成了具有个人特点的对刺激的反应方式，所以每个成年人就形成了不同的人格。

1. 华生眼中的人格

在华生的眼里，出生时人是平等的，之所以之后出现了不同的人格特质，是因为在后天环境和教育的影响下，每个人产生了不同的习惯系统的缘故。人与人之间的差异是由于占主导地位的习惯的不同而造成的，这种占优势的习惯系统容易被观察出来，因此，人们通常依据这种占优势的习惯系统来判断他的人格。

2. 人格的发展与改变

华生曾经写道：“给我十几个健康的婴儿，让我在自己建构的特殊世界里把他们养大，我保证能够随机地把他们训练成为任何一种类型的专家——医生、律师、艺术家、巨商，甚至乞丐和盗贼。”这让我们看到了作为行为主义理论创始人的华生非常看重环境的影响，也让我们看到了人格可以重塑的一面。

华生认为在人的一生中，幼年和少年时期是各种习惯系统形成和成熟的重要时期，人格变化也最快。一般来说，一个人到了十三四岁，习惯系统已经基本确立。三十岁以后，除非受到重大事件的影响，人格的变化将非常缓慢。所谓人格改变就是彻底抛弃已形成的习惯系统，而组织新的习惯系统。在华生看来，变态人格就是习惯的扭曲或紊乱，只要找到扭曲的原始刺激，就可以通过改变环境等建立适宜的习惯系统，从而改变人格。

（六）凯利的个人建构理论

认知学派首创者之一的乔治·凯利（George Kelly）认为人即科学家。他指出每个人都像科学家一样，会产生和检验他们的假设，预期事件并采用相应的措施来控制它们，在这个过程中每个人就形成了自己独特的个人建构。作为科学家的人，还能不断地把关于经验的复杂信息纳入个人建构之中，为了适应世界的变化，还要不断地调适已有的建构。凯利还特别强调每个儿童从出生起就是一个初级的科学家，对环境有主动形成观念的能力。

凯利的个人建构理论强调认知在人格形成和发展中的作用，重视个体对世界的独特理解。在凯利看来，心理疾病患者就是拙劣的科学家，他们在缺乏有实证经验的情况下，不断做出相同的预言。因为他们的建构系统不能正确地预言各种未来事件，焦虑便不可避免。这些人之所以不能准确预言未来事件的一个重要原因是一些建构不具备可渗透性，这样就不能从新的经历中学习新的知识。没有这种学习与建构的不断完善，人们预期未来的能力必然降低，因而越来越难以控制和驾驭自己的生活。

二、常见的人格障碍

人格障碍是一种人格发展的内在不协调，是指在没有认知障碍或智力障碍的情况下，个体出现的情绪反应、动机和行为活动偏离常态。人格障碍常始于幼年，持续至成年期或者终生。人格障碍的种类较多，可以分为三大组：第一组又叫 A 族人格障碍，是指奇异、古怪的心理障碍，包括偏执型、分裂样、分裂型人格障碍；第二组又叫 B 族人格障碍，是指反应强烈、情绪化或者是不稳定的心理障碍，包括反社会型、边缘型、表演型、自恋型人格障碍；第三组又叫 C 族人格障碍，是指与焦虑或者恐惧相关的人格障碍，以紧张、退缩为特点，包括回避型、依赖型、强迫型人格障碍。

（一）A 族人格障碍

A 族人格障碍有一些在精神分裂症中可见的共同特点。

1. 偏执型人格障碍

偏执型人格障碍者最显著的特点是普遍存在没有证据的对他人的不信任，而且这种不信任，往往是针对那些关系密切的人，因此很难与他人发展出密切的关系。一般情况下，偏执型人格障碍者不会寻求医生帮助。他们对自己的能力估计过高，总感觉自己怀才不遇，不被重视，受压制、被迫害，甚至上告、上访，不达目的，誓不罢休。偏执型人格障碍始于成年早期，男性多于女性。

2. 分裂样人格障碍

分裂样人格障碍者表现为从社会中游离出来，在人际交往中看上去很冷漠、不热情、对其他人不感兴趣。他们中的多数人对他人的表扬及批评无动于衷，在社会中处于孤立地位，这种孤立也给分裂样人格障碍者带来痛苦。

3. 分裂型人格障碍

分裂型人格障碍者会有一些在常人看来异常的行为。他们与他人的联系、想法、行为甚至穿戴，经常被认为是怪异的或者是反常的。他们有一种牵连观念，觉得一些本来一点都不相关的事件是直接针对他们的；会有诸如幻觉，独处时觉得有其他人出现等不寻常的感觉体验；倾向于多疑、有偏执的想法，很少表达自己的感情，有时会出现自言自语。

（二）B 族人格障碍

B 族人格障碍均有过度表现的、情绪性的或不稳定的行为。

1. 反社会型人格障碍

反社会型人格障碍者，不能从经历中取得经验教训，行为受偶然动机驱使，无计划性，社会适应不良，是对社会影响最为严重的人格障碍。这类人倾向于有相对高度的攻击性，有一种长期存在的对他人权利的侵犯，不顾及别人的感受，习惯于撒谎及欺骗，对自己的行为造成的严重后果毫不在意，并不感到愧疚。

2. 边缘型人格障碍

边缘型人格障碍者，倾向于非常不稳定的人际关系，害怕被遗弃，经常表现得非常紧张，情绪转化很快，在很短的时间就会从愤怒转为深度抑郁，且缺乏对自己情感的控制，并在自我认知上存在困难，经常表现为自杀或自伤行为。

3. 表演型人格障碍

表演型人格障碍者非常虚荣和以自我为中心，如果不是众人目光的焦点，就会觉得不舒服；如果没有被他人关注或赞扬，就会感到烦恼或者愤怒。这类人有冲动的倾向，很难延迟满足；认知模式倾向于非常笼统的非黑即白的方式；语言缺乏细节，含混不清，很夸张。

4. 自恋型人格障碍

自恋型人格障碍者不合常理地觉得自己非常重要，当没有得到赞扬时就觉得很不舒服；认为自己的想法是独特的，只有特殊人物才能理解，自己应当被视作“特殊人才”。他们倾向于利用和剥削别人，不关注别人也无同情心，在成功者面前常表现为极端的嫉妒及自大，同时会因为常常达不到自己预期的效果而陷入抑郁中。

（三）C 族人格障碍

C 族人格障碍与焦虑障碍有共同的特征。

1. 回避型人格障碍

回避型人格障碍者对其他人的看法极度在意，以至于对大部分的人际交往持回避态度。表现为缺乏自信，怀疑自身价值，长期以来体验到的是被别人拒绝，对自己的将来感到悲观，害怕被别人拒绝，对那些能够使自己感觉自在的人特别依赖。

2. 依赖型人格障碍

依赖型人格障碍者，有一种不合常理的被抛弃的恐惧，其特征性的行为是顺从、胆怯以及被动性。他们竭力避免独处，如不得已独处时也感到不舒服、孤独和无助。对他们而言，从事高度独立性的工作显得非常困难。他们非常害怕被别人抛弃，当亲密关系终结时感到异乎寻常的绝望。由于处处委曲求全，依赖型人格障碍者会产生越来越多的压抑感。

3. 强迫型人格障碍。

强迫型人格障碍者过分要求秩序严格，希望事情完美，做事缺少灵活性、开放性和效率低下。这些人在日常生活和工作中总是按部就班、墨守成规、不许有变更，生怕遗漏某些要点。因为过分仔细和重复、过度关注细节，导致任务拖延，甚至无法完成，他们常常因为陷在琐事中无法脱身而过度投入工作。

三、人格障碍形成的原因

大量的研究资料和临床实践表明：生物遗传因素、病理生理因素、后天生活环境和社会因素都会对人格障碍的形成产生影响。

（一）生物遗传因素

心理学家对人格障碍的遗传影响进行的研究发现，人格障碍患者亲属中此症的发生率与血缘关系成正比，即血缘关系越近，发生率越高。绝大多数实验表明，同卵孪生子比异卵孪生子在人格障碍、过失和犯罪等方面的一致率更高。这似乎都说明遗传因素起着一定的影响。

（二）病理生理因素

有研究者发现，31% ～ 58% 的人格障碍患者脑电图不正常。大脑不健全可能妨碍人格障碍患者从经验中取得教训。心理学家里肯和哈尔曾针对人格障碍患者缺乏焦虑和内疚的情况进行了研究，结果表明，在经典条件反射实验中，人格障碍患者的皮肤电反应活动程度比非人格障碍患者低。哈尔也对原发性和继发性人格障碍患者和正常人的静态反应、紧张反应进行了测量，测量包括心跳、皮肤电反应和呼吸。发现人格障碍患者对静态和紧张刺激的自主反应程度比正常人低。这就表明，人格障碍患者在某种神经系统功能上是存在障碍的。

（三）后天生活环境和社会因素

人格障碍患者的异常情绪反应与行为方式，很多都是儿童成长过程中习得的。儿童期间通过观察、模仿，可以习得一些社会适应不良的行为，并且通过条件反射机理而巩固下来。

1. 家庭因素

许多人格障碍患者在童年都有一些不寻常的经历，有些经历了父母的离异；有些经历了父母一方或双方的死亡；有些经历了被遗弃、虐待、专制、忽视；有些经历了父母的过于溺爱、放纵；还有些有家族精神病史或父母中有违法犯罪行为等，这些都可能形成儿童的异常人格。

2. 学校因素

学校对学生人格影响的因素是多方面的。第一，校园文化构成了学校的育人环境，对学生人格的形成、塑造具有导向和辐射的作用。第二，教师的言谈举止、情绪反应方式、处理问题的态度、世界观、人生观、价值观能够成为学生模仿的对象，潜移默化地影响着学生待人处世的方式、学习的态度和对自己的看法。第三，同伴的影响对人格的形成也会起到不可小觑的作用。

3. 大众媒介

网络让大众媒介的影响力变得越来越大，它不仅向人们提供社会事件、社会变革的信息，还向人们提供各种不同的角色模式、角色评价、价值标准、行为规范等，对个体人格的形成和塑造起着举足轻重的作用。

总之，人格障碍的形成有多方面原因，它们可能综合地起着作用，只是在每一个具体案例中所占地位的主次或比重不同而已。

课堂活动 觉察自我人格

（一）目的

促进对自我人格的觉察。

（二）过程

（1）读下列故事，写下自己习惯的处理方式。

有五只狐狸分别来到一个架得很高的葡萄架下，它们都吃不到葡萄。第一只狐狸看到架子很高，就诙谐地说：“哈，葡萄是酸的，算了。”第二只狐狸围着架子跳，最后累死在葡萄架下。第三只狐狸大骂：“是谁把架子架得这么高？成心跟我过不去，不让我吃。”第四只狐狸说：“我怎么这么倒霉，看人家都那么高大威猛，我竟长得如此矮小，想吃个葡萄都够不着。”坐在架子下面抑郁而死。第五只狐狸围着架子转，口中喃喃有声：“为什么这么高？为什么这么高？”最后疯了。五只狐狸，五种态度，五种结果。

（2）将自己习惯的处理方式与同座位同学分享。

（三）思考

你喜欢自己的处理方式吗？同学的分享对你有什么启发？

课后思考

1. 简述对自我、本我、超我的理解。
2. 马斯洛的人格需要层次理论包含哪几个层次？
3. 常见的人格障碍有哪些？

心理知识窗

人格的多种含义

“人格”的使用范围非常广泛，并在生理、心理、宗教、社会、伦理、法律和美学等方面赋予了不同的意义。例如，我们常常听到有人说：某某人格高尚，这是从伦理道德上的评价。也会听到有人气愤地说，这是对我人格的侮辱，这里的“人格”属于法律范畴等。

单元 10.3

塑造健康人格

案例分享　**流拍的扇面画**

北京的一场艺术品拍卖会上，两幅宋朝的书法作品——蔡京的扇面和辛弃疾的立轴，被同时展拍。拍卖开始了，辛弃疾的立轴首先出场，底价为 10 万元。大厅里人声鼎沸，台下众人势在必得，争先恐后地轮番举牌，最后，一位东北大汉以 56 万元的价格拍下这幅作品。接下来，拍卖师拿出了蔡京的扇面，底价也是 10 万元。起拍前，拍卖师搜肠刮肚，用尽所有能想出的形容词赞美拍品，试图把现场气氛推向高潮。哪知道台下一片寂静，并未出现料想中的激烈竞拍场景，拍卖师连续三声报价，自始至终都没有人举牌应拍。在尴尬的冷场中，拍卖师只得宣布蔡京扇面流拍。这是蔡京扇面连续第三次流拍了，拍卖行当初给出的估价是60万元，第一次以50万元起拍，结果没人应拍。拍卖行以为是起拍价定得太高了，第二次便降到了30万元，但还是没人应拍。这么好的宝贝，怎么就没人愿意购买呢？于是，第三次拍卖行冒险将起拍价降到了10万元，没想到仍然以流拍收场。拍卖师百思不得其解，原本指望着卖出好价钱的蔡京扇面，如今居然成了不折不扣的鸡肋，而估价比较低的辛弃疾立轴，却成了你争我抢的香饽饽。拍卖结束后，拍卖师还再三强调说，蔡京扇面物有所值，起拍价格很公道，希望下次有人能够积极应拍。

分析

这场拍卖会上的两位作者都是一代风流人物，所拍作品也都是难得一见的稀世珍品。蔡京有生之年就被世人称作书法大家，宋徽宗铸行的年号钱"崇宁重宝"就是其所书。而辛弃疾研习书法已久，书品也自成一体，但在才子墨客辈出的宋朝，却始终难以进入大家之列。若是单纯以艺术价值而言，蔡京的作品应当比辛弃疾更值钱。蔡京的作品再三流拍应该是缘于历史上对蔡京贪官人格的评价。这件事告诉我们在现实生活中，人们都十分尊重自己的人格，正如宋代郑思肖《咏菊》中所写的那样："花开不并百花丛，独立疏篱趣无穷。宁可枝头抱香死，何曾吹落北风中"。一个善于做人的人，必须以自己的人格为最高准则，不论是得意或失意时，都应该以自己的形象赢得他人的信赖，以自己的人格赢得他人的尊敬。

一个人的人格是否健康，会影响自身的行为和认知，当人格不健康时他的行为和认知会出现偏差，不仅影响到自身的生活也可能影响到他人的生活。具有健康的人格，不仅是自身的一种幸福也能给周围的人带来欢乐。高职学生正处于人生的青年期，对健康人格知识的了解，能够促使其有意识地完善自己的人格，让自己成为受欢迎的人，为未来的生活奠定基础。

一、健康人格的含义

有关健康人格的含义，国内外心理学家基于人性观、价值取向及方法论的不同而形成了多种理解。

奥尔波特认为具有健康人格的人是成熟的人。成熟的人有七条标准：一是专注于某些活动，在这些活动中是一个真正的参与者；二是对父母、朋友等具有显示爱的能力；三是有安全感；四是能够客观地看待世界；五是能够胜任自己所承担的工作；六是客观地认识自己；七是有坚定的价值观和道德心。

罗杰斯认为具有健康人格的人有五个具体的特征：一是情感和态度上是无拘无束的、开放性的、没有任何东西需要防备；二是对新的经验有很强的适应性，能够自由地分享这些经验；三是信任自己的感觉；四是有自由感；五是具有极高的创造力。

弗洛姆认为具有健康人格的人将以创造性的、生产性的方式来满足自己的心理需要。

弗兰克认为具有健康人格的人是超越自我的人。概括为：在选择自己行动方向上是自由的；自己负责处理自己的生活；不受自己之外的力量支配；缔造适合自己的有意义的生活；有意识地控制自己的生活；能够表现出创造的、体验的态度；超越了对自我的关心。

我国的健康人格研究和实践始于20世纪80年代。许金声和曲炜等人于1988年创建北京健康人格研究会，并举办全国首届健康人格与心理咨询研修班。许金声和曲炜还提出了健康人格之人格三要素论，认为道德力量、智慧力量和意志力量构成健康人格；以及人格五要素论，建立生理－心理－社会－道德－审美宏观健康人格模型，推动了中国心理学界对健康人格理论的研究与实践的发展。

尽管心理学家对健康人格的理解和表述因为角度的不同而出现了差异性，但是透过差异，我们依然可以看到其中对健康人格共性的理解。所谓健康的人格是指各种良好人格特征在个体身上的集中体现，就是人格的生理、心理、社会、道德和审美各要素完美的统一、平衡、协调。只有这样，达到自我实现的可能性才会更大。

二、健康人格的标准

健康人格的标准可以分为概括的标准和具体的标准，从具体特征上看，健康人格应该具有以下标准。

（一）和谐的人际关系

和谐的人际关系既是人格健康水平的反映，同时又影响和制约着健康人格的形成与发展。人格健康的人乐于与他人交往，能与他人建立良好的关系。与人相处时常常以诚恳、公平、谦虚、宽容的态度对待他人，尊敬、信任等正面态度多于嫉妒、怀疑等负面态度。

从高职院校目前心理咨询的个案统计情况来看，人际交往问题已经直接影响到高职学生的生活、学习及情绪。主要表现的是由人格问题引发的，比如有些同学的自私，有些同学的自负，有些同学缺少包容心，有些同学敏感、嫉妒、自我为中心等，这缘于许多高职学生的生活经历。但作为已经进入成年期的学生来说，应该充分认识到这样的一些人格特征不仅会影响到在校期间的学习和生活的质量，也会影响到将来的发展。

（二）良好的社会适应能力

人格健康的高职学生能够和社会保持良好的、密切的接触，以一种开放的态度，主动关心社会、了解社会，观察所接触到的各种事物和现象，看到社会发展的积极面和主流，在认识社会的同时使自己的思想、行为跟上时代的发展，与社会的要求相符合，能够很快适应新的环境。

（三）正确的自我意识

自我意识可以从认知过程、情感过程及意志过程去进一步了解。从认知过程看，就是正确地认识自己、客观地评价自己；从情感过程看，就是自尊、自信、自豪感、责任感、悦纳自己；从意志过程看，就是能够自我监控、自我调节、努力发展身心潜能。具有健康人格的高职学生对自己有恰当的评价，坦然地面对自己的优点与不足，愉悦地接纳自己，充满自信，能够有效地调节自己，与环境保持平衡。

（四）乐观向上的生活态度

乐观的人能够看到生活中的积极面，对自己所从事的学习或工作保持深厚的兴趣，即使遇到困难和挫折也能耐心应对，不放弃，不退缩。人格健康的高职学生对学习怀有深厚的兴趣，表现出观察敏锐、注意集中、想象丰富、充满信心，在不断学习过程中获得满足感和成就感。

（五）良好的情绪调控能力

人格健康的人，情绪反应适度，具有调节和控制情绪的能力，经常保持愉快、满意、开朗的心境，并富有幽默感。人格健康的人，很多情况下能够先控制住自己的情绪，事后能够利用求助、宣泄、转移、升华等方式积极调节，让自己尽可能减少负性情绪。

（六）积极向上的“三观”

这里所说的三观是指世界观、人生观和价值观。世界观决定人生观，人生观决定价值观，这一切最终都是通过人的行为反映出的道德观表现出来，综合展现出的就是人的人格魅力，所以，三观是人格的基础。积极向上的世界观、人生观、价值观，有利于高职学生健康人格的塑造。

三、完善健康人格的途径和方法

（一）准确认识自我，整合优化人格

塑造健康人格，首先要从了解自己的人格特征做起。认识人格特征的方法很多：

第一，可以尝试用准确、清晰、有条理的语言表达出自己的人格特点，认清自己是活泼的还是沉静的、是勇敢的还是怯懦的。

第二，可以通过专业问卷来更好地了解自己的人格特征，较常见的人格测验有卡特尔人格测试量表（16PF)、艾森克人格测验（EPQ）等。

第三，可以从同学、老师的评价中了解自己的人格特征。认识自己人格的目的在于重新整合和优化，每个人的人格都有需要完善的地方，但只有敢于面对自我，才能确定目标，选择优良的人格特征作为自己努力的目标。

当然同学们在优化整合人格时也要注意度的把握，尽可能地让自己：自信而不自负，自谦而不自卑；自强而不自傲；自爱而不自赏；坚定而不固执；好强而不逞强；勇敢而不鲁莽；豪放而不粗鲁；谨慎而不胆怯；忠厚而不愚蠢；忍让而不软弱；老练而不世故。

（二）努力学习知识，加强文化修养

英国唯物主义哲学家、思想家和科学家弗朗西斯·培根曾经说过：“读史使人明智，读诗使人灵秀，数学使人周密，科学使人深刻，伦理学使人庄重，逻辑修辞之学使人善

辩，凡有所学，皆成性格。”荣格有句名言：“文化的最后成果是人格。”事实上，有些人格发展缺陷源于无知，知识的匮乏容易使人自卑、怯懦、粗鲁，而丰富的知识则使人自信、坚强、理智等。各学科的全面发展是人格健康发展的智力基础，各学科的知识彼此相互联系、相互促进。只有具备了智力基础，人格健康的发展才有保证。

（三）提高交往能力，协调人际关系

人自出生之日起，就不可能生活在一个人的世界里。健康的人格只有在与人交往中才能体现出来，因此塑造健康的人格必须发展良好的人际关系。有些高职学生苦于不知道如何与人相处，对于这部分同学，首先，要能够以真诚、热情、信任、尊重、宽容的态度对待身边的同学、朋友、亲人及所接触的人。其次，遇事要学会站在不同的角度换位思考，以求更好地理解对方。最后，了解各种社交礼仪，掌握赞美、倾听、语言表达等沟通的交际技巧也有助于提高人际交往能力。

（四）积极调控情绪，保持愉悦心境

心境是一种弥散性的情绪状态，良好的心境状态能够使人精神振奋，有利于个体健康人格的塑造。高职学生要学会寻找适合自己的宣泄方式，及时地、合理地宣泄自己的不良情绪，避免消极心理势能的积累对个体人格可能造成的负面影响。

（五）加强意志磨炼，树立坚定信念

高职院校中有相当一部分学生遇到难题时容易产生挫败感，有些学生会选择消极逃避。高职学生应该学会主动控制自己的行为，培养挫折耐受力；应该养成做事有目的性，行动有自觉性，处事有果断性。无论遭遇什么样的事情都要努力做到不消极、不逃避，善于发现并看到事物的积极面，保持积极乐观的生活态度，这将有利于健康人格的塑造。

（六）培养兴趣爱好，丰富业余生活

高职学生中有相当一部分人兴趣单一，整日与电脑、手机为伴，没有什么爱好。久而久之，和同学关系冷漠，自己的生活也很单调，缺少乐趣，有孤独感，在这样的情形下学习和生活的学生，人格也极易产生扭曲。培养兴趣爱好，对这部分学生尤其重要，它不仅可以丰富业余生活，让生活变得更充实、更美好，而且可以陶冶情操，促进人格的健康发展。

课堂活动　自我觉察

（一）目的

促进自我觉察。

（二）过程

（1）全体同学分为若干组。选出组长负责朗读下列案例并组织小组同学分别谈感悟。

案例一：俄国作家列夫·托尔斯泰在青年时期曾经有过一段放浪不羁的生活：不

好好读书，考试不及格，老师把他降了级。他还参与赌博，借债，在社会上鬼混。但不久，他就醒悟了，对自己十分不满。他认为：自己的放荡行为等于禽兽。他把自己的错误一一罗列。这一反省，犹如晴天霹雳打在他身上，他决心结束放荡的生活。于是，托尔斯泰跟着他哥哥来到高加索，在炮兵部队里当了一名下级军官，并逐步走上了文学创作之路，终成一代文学巨匠。

案例二：西晋的周处，年少时粗暴、强悍、争强斗气、横行乡里。村里的人将他与蛟、虎合称“三害”。他入水击蛟三天三夜未归，乡里人庆贺其死。周处回到家里，知道人们以为他死去都挺高兴，这件事情让他意识到自己平时的行为被人们痛恨到何种程度了。他痛下决心，刻苦读书，同时注意提升自己的品德修养。很快，他勤奋好学的精神得到了大家的称赞。过了一年，州郡的官府都征召他出来做官。周处凭借高超的武艺和丰富的知识成为一名武将。后遇敌国入侵，周处英勇杀敌，为国献身，为后人所称颂。

（2）每组选出一名同学总结组内同学的感悟并在全班进行分享。

（三）思考

同学们的分享对你有什么样的启示？

课后思考

1. 简述健康人格的含义。
2. 健康人格的标准有哪些？
3. 完善健康人格的途径和方法有哪些？

心理知识窗

自我实现者的人格特征

马斯洛详细分析了自我实现者的人格特征，发现这些特征是：能准确而客观地知觉现实；能接纳自然、自己和他人；自发、坦率、真实；以问题为中心；有独处和自立的需要；有较强的自主性和不受环境和文化的支配；具有永不衰退的欣赏力；有神秘的或“高峰的”体验；有社会兴趣；人际关系广泛而深刻；具备民主的性格结构；有创造性；具有很强的道德感；富有幽默感。

自我探索　菲尔人格的十项测试题

1. 你何时感觉最好？

   A. 早晨　　B. 下午及傍晚　　C. 夜里

2. 你走路时是怎样的？

   A. 大步地快走　　B. 小步地快走　　C. 不快，仰着头面对着世界

   D. 不快，低着头　　E. 很慢

3. 和人说话时，你习惯于？

   A. 手臂交叠站着　　B. 双手紧握着　　C. 一只手或两手放在臀部

D. 碰着或推着与你说话的人

E. 玩着你的耳朵、摸着你的下巴或用手整理头发

4. 坐着休息时，你的姿势是？

A. 两膝盖并拢　　B. 两腿交叉

C. 两腿伸直　　D. 一腿蜷在身下

5. 碰到你感到发笑的事时，你的反应是？

A. 大笑　　B. 笑着，但不大声

C. 轻声地咯咯笑　　D. 羞怯的微笑

6. 当你去一个派对或社交场合时，你会？

A. 很大声地入场以引起注意

B. 安静地入场，找你认识的人

C. 非常安静地入场，尽量不被人注意

7. 当你非常专心工作时，有人打断你，你会？

A. 欢迎他　　B. 感到非常恼怒　　C. 在上述两极端之间

8. 下列颜色中，你最喜欢哪一种颜色？

A. 红色或橘色　　B. 黑色　　C. 黄色或浅蓝色　　D. 绿色

E. 深蓝色或紫色　　F. 白色　　G. 棕色或灰色

9. 临入睡的前几分钟，你在床上的姿势是？

A. 仰躺，腿伸直　　B. 俯躺，腿伸直　　C. 侧躺，微蜷

D. 头睡在一只手臂上　　E. 被子盖过头

10. 你经常梦见自己在做什么？

A. 落下　　B. 打架或挣扎　　C. 找东西或人

D. 飞或漂浮　　E. 平常不做梦　　F. 都是愉快的梦

评分方法：对应下列选项，确定每题得分，然后将10项测试得分数相加得出总分。

1. A-2　B-4　C-6

2. A-6　B-4　C-7　D-2　E-1

3. A-4　B-2　C-5　D-7　E-6

4. A-4　B-6　C-2　D-1

5. A-6　B-4　C-3　D-5

6. A-6　B-4　C-2

7. A-6　B-2　C-4

8. A-6　B-7　C-5　D-4　E-3　F-2　G-1

9. A-7　B-6　C-4　D-2　E-1

10. A-4　B-2　C-3　D-5　E-6　F-1

低于21分：内向的悲观者。你是一个害羞的、神经质的、优柔寡断的人，永远要别人为你做决定。你是一个杞人忧天者，有些人认为你令人乏味，只有那些深知你的人知道你不是这样的。

21～30分：缺乏信心的挑剔者。你勤勉、刻苦、挑剔，是一个谨慎小心的人。如果你做任何冲动的事或无准备的事，朋友们都会大吃一惊。

31 ~ 40 分：以牙还牙的自我保护者。你是一个明智、谨慎、注重实效的人，也是一个伶俐、有天赋、有才干且谦虚的人。你不容易很快和人成为朋友，却是一个对朋友非常忠诚的人，同时要求朋友对你也忠诚。要动摇你对朋友的信任很难，同样，一旦这种信任被破坏，也就很难恢复。

41 ~ 50 分：平衡的中道者。你是一个有活力、有魅力、讲究实际，而且永远有趣的人。你经常是周围人注意力的焦点，但你是一个足够平衡的人，不至于因此而昏了头。你亲切、和蔼、体贴、宽容，是一个永远会使人高兴、乐于助人的人。

51 ~ 60 分：吸引人的冒险家。你是一个令人兴奋、活泼、易冲动的人，是一个天生的领袖，能够迅速做决定，虽然你的决定不总是对的。你是一个愿意尝试机会，欣赏冒险的人，周围人喜欢跟你在一起。

60 分以上：傲慢的孤独者。你是自负的自我中心主义者，是个有极端支配欲、统治欲的人。别人可能钦佩你，但不会永远相信你。

知识拓展　荣格与他的《心理类型》

卡尔·古斯塔夫·荣格（Carl Gustav Jung）出生于瑞士凯斯威尔。荣格出生前，有两个哥哥，但都先后夭折。他的父母不和睦，经常吵架，母亲的性情反复无常。自小荣格便具有特别的个性，他是个奇怪而忧郁的孩子，大多数时间都是和自己作伴，常常以一些幻想游戏自娱。到了 6 岁之后，除了父亲开始教他拉丁语外，他也开始求学的生涯，在和同学们相处的过程中荣格慢慢发现家庭之外的另一面。12 岁的时候发生了一件事情，对荣格的影响很大。在等待同学时，一个男孩猛然推倒了他，荣格脑部受到了重击。接下来的几个月内，每当面对功课时，荣格便陷入昏厥的状态。这种状况的持续使其父母忧心不已，医生亦无法提出有效的治疗方法。但慢慢地，他用意志力来面对这个问题：一开始，在认真读书 10 分钟后，眩晕的感觉袭上心头，但荣格未放弃，持续地强迫自己继续学习，经过了几个星期的努力后，一切又回复了原状，仿佛一切都没有发生过。日后回忆起这件事，他视其为经历一次“精神官能症”。这个精神官能症诱发了荣格一种非同寻常的勤奋。多年之后回想起来，他将自己分成了一号和二号两个人格，一号人格是表现在每天的日常生活中，此时的他就如同一般的小孩，上学念书，专心、认真学习；二号人格犹如大人一般，多疑、不轻易相信别人，并远离人群，靠近大自然。

荣格原本想学考古学，但因为家庭经济情况不允许而不得不选择了医学院。在医学院读书期间，他偶然读到了一本有关精神病学方面的书，使他找到了自己的兴趣所在。1900 年，荣格获医学博士并取得行医资格后，在苏黎世的一所精神病院当了一名精神科医生。1907 年，荣格与弗洛伊德相遇并得到了弗洛伊德的赏识。对荣格而言，弗洛伊德是他所遇见的最重要的人。对弗洛伊德而言，荣格非犹太人的背景正好可以破除只有犹太人才关心心理分析的偏见，而他在伯戈尔茨利医院的心理医疗背景和经验、他的智慧和日渐高涨的名声，更让他成为心理分析阵营的新星。1909 年弗洛伊德把他定为精神分析运动的法定继承人，称他为“王储”。1911 年，在弗洛伊德的举荐下，荣格担任国际精神分析学会第一任主席。荣格一生致力于心理学研究，以意识与无意识、自我与自己为轴心，将不同时间、空间、文化、人性等结合成一个整体，构成他特有的思想结构。

荣格认为，人并非由自己主宰，而主要受一些不为我们所知的力量控制。这些力量来源于自己的潜意识部分，而我们的意识部分仅仅是潜意识中的沧海一粟。潜意识并非只是生长发育阶段压抑作用的总和，潜意识具有负面效应也具有积极作用，它赋予人创造力，能帮助人确立生活的意义，并且指导人追求个人独立。正是人的这种潜意识，构成了每个人的独特性格。1913 年，在经历了长期的内心冲突后，荣格选择与弗洛伊德分道扬镳，这件事情对荣格的影响非常大，他曾一度感觉无所适从并丧失了对生活的兴趣，他认为自己正走向精神崩溃。

1921 年，荣格出版了《心理类型》一书，他希望借着这本书来界定自己和弗洛伊德及阿德勒的观点的不同。该书论述了性格的一般态度类型和机能类型，充分阐明了内倾型和外倾型的两种性格类型的特点。

1. 一般态度类型

荣格根据心理能量的指向划分性格类型。个体心理能量的活动倾向于外部环境，就是外倾型的人；心理能量的活动倾向于自己，就是内倾型的人。外倾型的人重视外界，爱社交、活跃、开朗、自信、勇于进取、兴趣广、易适应环境。内倾型的人重视主观世界，好沉思、善内省、常自我欣赏和陶醉、孤僻、缺乏自信、害羞、冷漠、寡言、较难适应环境的变化。外倾型和内倾型是性格的两大态度类型，也就是个体对特有情境的反应的两种态度或方式。

2. 机能类型

荣格将人的心理活动分为感觉、思维、情感和直觉四种基本机能。感觉告诉你存在着某种东西；思维告诉你它是什么；情感告诉你它是否令人满意；直觉则告诉你它来自何处和向何处去。

一般来说，直觉在荣格看来是允许人们在缺乏事实材料的情况下进行推断。按照两种态度类型与四种机能的组合，荣格描述了八种性格类型。

（1）外倾思维型。特点是既外倾，又偏向于思维功能。其思想特点是一定要以客观资料为依据，以外界信息激发自己的思想过程。情感压抑，缺乏鲜明的个性，甚至表现为冷淡和傲慢等人格特点。

（2）内倾思维型。特点是既内倾，又偏向于思维功能。其除了思考外界信息外，还思考自身的精神世界。表现为情感压抑、冷漠、沉溺于幻想、固执、刚愎和骄傲等人格特点。

（3）外倾情感型。特点是既外倾，又偏向于情感功能。其情感符合于客观情境和一般价值，表现出思维压抑、情感外露、好交际、寻求与外界和谐。

（4）内倾情感型。特点是既内倾，又偏向于情感功能。其感情由内在的主观因素所激发，表现出思维压抑、情感深藏、沉默、力图保持隐蔽状态、易忧郁。

（5）外倾感觉型。特点是既外倾，又偏向于感觉功能。其头脑清醒，积累外部世界的经验，对事物并不过分地追根究底，表现出寻求享乐、追求刺激、情感浅薄、直觉压抑。

（6）内倾感觉型。特点是既内倾，又偏向于感觉功能。他们远离外界，常沉浸在自己的主观感觉世界中。其知觉深受心理状态的影响，表现出艺术性强、直觉压抑。

（7）外倾直觉型。特点是既外倾，又偏向于直觉功能。他们力图从外界中发现各种可能性，并不断寻求新的可能性。这种人可以成为新事业的发起人，但不能坚持到底。

（8）内倾直觉型。特点是既内倾，又偏向于直觉功能。他们力图从精神现象中发现各种可能性，不关心外界事物，脱离实际、爱幻想，观点新颖但有点稀奇古怪。

荣格的心理类型学只是作为一个理论体系用来说明性格的差异，实际生活中绝大多数人都是兼有外倾型和内倾型的中间型，只有在特定场合下，由于情境的影响而一种态度占优势。特别值得一提的是，我们并没有必要因为自己是外倾型还是内倾型而焦虑，因为这并不影响个人在事业上的成就。荣格的类型理论因为使用方便，而被广泛地应用到教育、管理、医学和职业选择等领域。

总结案例 世人永生缅怀的周恩来

1976 年 1 月 8 日周恩来总理逝世时，设在美国纽约的联合国总部门前的联合国旗降了半旗。一些国家感到不平了，它们的外交官聚集在联合国大门前的广场上，言辞激愤地向联合国总部发出质问：我们的国家元首去世，联合国的大旗升得那么高，中国的总理去世，为什么要为他降半旗呢？当时的联合国秘书长瓦尔德海姆站出来，在联合国大厦门前的台阶上发表了一次极短的演讲，总共不过一分钟。他说：“为了悼念周恩来，联合国降半旗，这是我决定的。原因有二：一是，中国是一个文明古国，金银财宝多得不计其数，使用的人民币多得我们数不过来。可是周总理没有一分钱存款。二是，中国的 10 亿人口占世界人口的四分之一，可是周总理没有一个孩子。你们任何国家的元首如果能做到其中一条，在他逝世之日总部将照样为他降半旗。”说完，他转身就走，广场上的外交官个个哑口无言，随后响起了雷鸣般的掌声。

分析

周恩来总理逝世，联合国为他降半旗，这与周恩来总理伟大的人格魅力密切相关。正像一位学者所指出的，“虽然世界上没有完人，没有不存在缺点的人，但相对来说，周恩来确实是一个光彩夺目的比较完美的典型，中华民族的最好美德几乎都体现在他的身上，中国共产党人的优良传统在他的伟大一生中充分反映了出来，在人们心中树立起无比崇高的形象”。有学者对周恩来总理的人格做了专门的研究，提出了周恩来总理崇高、和谐、稳定的人格特征。他具有爱憎分明的政治人格、公而忘私的道德人格、坚韧稳定的心理人格、聪慧高超的智能人格等四种人格特质，正是这样一些优秀的人格特质铸就了一个世人永生缅怀的好总理。同学们从周恩来总理的人格中能感悟到什么？

模块十 课堂反馈

模块十一

学业发展　成就事业

学习指南

中国有句俗话："活到老，学到老"，其实从出生的那天起，我们就开始了各种各样知识、经验和技能的学习。学习不仅是小学、初中、高中生活的一项重要部分，而且是大学生活的重要组成部分。《三字经》上说："玉不琢，不成器，人不学，不知义"，就从一个侧面说明了学习的重要性。本模块我们将和同学们一起探索学习对于人生的意义，探讨在学习的道路中哪些心理因素绊住了我们前进的步伐，该如何应对学习中的各种问题，发现解决之道，让学习成为我们走向人生成功的阶梯。

能力标准

分类	具体内容
知识	1. 学习的含义及对人生的意义 2. 影响学习的心理因素 3. 有效学习的方法
技能	1. 树立正确学习观念 2. 提升自我的学业处理能力 3. 掌握好的学习方法
态度	1. 认真负责地对待自我的学业 2. 积极克服影响学业的消极心理因素 3. 敢于挑战，不畏学业中的困难

单元 11.1

学习的含义及影响因素

案例分享 缺乏自我管理能力的小林

小林，女，20岁，大一新生，来自一个贫困多子女的家庭。进入大学后，她的目标就是通过专转本考入一所好大学。然而，即使有了这样的学习目标，她依然很苦恼。因为她想的是一套，做的却是另外一套：想努力学习，想每天坚持去图书馆看书，想去学习英语、数学，可是实际上每天都睡懒觉，有时间就玩手机，根本不去图书馆。买来的四级英语考试书籍她从来没有翻阅过，而且容易受周围同学的影响。她看着其他同学，有的忙着玩游戏、有的忙着恋爱、有的忙着做兼职，自己根本无法专注于学习，眼看着时间一天天过去，而自己依然没有紧迫感，不能投入到学习中，又自责、又悔恨。可是她真的不知道怎么办？进入大学后，没有人督促她，自己不知道该如何安排学习，想找一个可以监督学习的人吧，很难，想找一个在学业上志同道合的朋友，也很难。她感觉很无助、很孤单。

分析

林同学的情况在大学里面并不少见，他们想在学业上有更进一步的提升，然而，他们缺乏自我管理能力，加之自主学习意识差、学习情绪低等问题，出现理想高远、现实低下的现象。其实很多学生在进入大学之前对大学学业学习存在一定的误区，他们认为十年寒窗后进入的大学是用来“潇洒和放松”的。所以如林同学所见，很多同学的专注力并不在学习上。小林想通过他人来督促自己学习显得不易，因而心理上倍感无助、孤单。

一、学习的含义

学习是一种既古老而又永恒的现象，从古至今，中外学者都在不断地研究学习的含义，同时也形成了各种不同的学习观。我国古代文献中对于学习一词早已有之，如孔子曰：“学而时习之，不亦说乎”“学而不思则罔，思而不学则殆”。

学习的概念有广义和狭义之分。广义上的学习是人和动物在生活过程中通过实践或训练而获得个体行为经验的过程；狭义上的学习是指作为个体的人的学习，它是在一定的教育目标的引导下，在教师的组织指导下，以掌握一定的系统知识、技能、经验，形成一定的世界观和道德品质为主要任务，是一种积极能动的过程，同时也包含着一系列极为复杂的心理活动。正如教育研究者程鸿勋所说："学习是人身体的、知识的、智能的、情感的、精神的、社会的等方面整体生命的更新。学习的过程是人的整体生命的生存和发展过程，是人的整体生命的完善过程。"

二、影响学习的因素

从个体发展来看，影响个人学习的条件既有遗传的因素、个体生理健康的因素，也有环境的因素和个体心理的因素等。而从个体的心理因素来看，有智力的因素，也有非智力的因素。

（一）智力因素

智力，是指个人凭借感觉、知觉、注意、记忆、想象和思维的活动来分析问题和解决问题的能力。而个人分析问题和解决问题所依赖的观察力、注意力、想象力和思维力就构成智力的因素。

从出生到青年初期，人的智力一直都在发展，到25岁左右达到顶峰，然后开始缓慢下降。这个结论是针对流体智力说的。

卡特尔把智力的构成区分为流体智力和晶体智力两大类。流体智力是随神经系统的成熟而提高的，如知觉速度、机械记忆、识别图形关系等不受教育与文化的影响。晶体智力是通过掌握社会文化经验而获得的智力，如词汇概念、言语理解、常识等记忆储存信息为基础的能力。在青年期以前两种智力都随着年龄增长而提高，在成人阶段流体智力呈缓慢下降的趋势，而晶体智力则一直保持相对稳定，并随经验和知识积累而呈上升趋势。

人在智力水平上存在差异，这就是我们常说的"智商有高低"。智力水平的高低是影响学生学习效率的一个因素，但并不能完全决定一个学生学习的好坏。如果一个学生对所学的知识有抵触甚至排斥，那么即使他智商很高，也不能取得好成绩。

（二）非智力因素

心理学研究表明：影响大学生学业成绩的主要因素是非智力因素。学习中的非智力因素主要是指兴趣、情感、意志、性格、态度等。

1. 兴趣与学习

学习兴趣历来为教育工作者所重视。古人说："兴趣是最好的老师"，充分说明了兴趣与学习的关系。浓厚的兴趣能推动个体进行探索性的学习，对某一学科有着强烈而稳定兴趣的大学生，会将此学科作为自己的主攻方向，学习中主动克服困难，排除干扰。兴趣一般要经过有趣、乐趣、志趣三个阶段。有趣是兴趣发展的低级水平，它往往是由某些外在的新异现象所吸引而产生的直接兴趣。其特点是：随生随来，为时短暂。乐趣是兴趣发展的中级水平，它是在有趣的基础上逐步定向而形成起来的。其特点是：基本定向，持续时间较长。志趣则是兴趣发展的高级水平，它与崇高的理想和远大的奋斗目标相结合，是在乐趣的基础上发展起来的。其特点是：积极自学，持续时间长，且在学习活动中作用有限。兴趣只有上升到了志趣阶段，才会使学生全身心地投入到学习活动中去。

经历中学阶段的学习，高职学生进入了专业学业领域阶段，面临着学习兴趣的再确认任务。高职学生对学习的理解已脱离了有趣，向着乐趣与志趣发展，从对专业的不了解到了解，再拓展到喜爱专业，需要培养专业兴趣。

2. 情感与学习

我国著名的教育家孔子将学习分为三个不同层次的认识，知之者不如好之者，好之者不如乐之者。三个层次呈递进状态，乐学是最高层次的学习热情。情感是在认识的基础上产生和发展起来的，它既可能推动和加深人们的认识，也可能妨碍对事物的进一步认识，甚至产生不正确的认识。心理学的研究表明，情感的产生虽然与生理上的激活状态紧密联系，但它并非单纯地由生理激活状态所决定，而必须通过人的认识活动的“折射”才能产生。美国心理学家沙赫提出了“情绪三因素说”，认为情绪的产生归于三个因素的整合作用，即刺激因素、生理因素和认知因素，而认知因素在情绪的形成中起着重要的作用。事实证明：对客观事物没有一定的认识，就不可能产生什么情感。人的情感越丰富、越深刻，则认识也同样丰富与深刻。同时，人的情感又可以反作用于人的认识活动。心理学的有关研究表明，人们回忆那些愉快的经历较之回忆那些痛苦的经历要容易得多，也深刻得多。一般地说，一个在学业上取得较大成就的学生，是与他对学习活动的满腔热情分不开的。我们要学会用理智支配情感，做情感的主人，以克服消极的情感，防止它们对学习活动产生阻抑作用。

3. 意志与学习

对于意志在学习中的作用，古今中外的学者都有深刻认识。荀子提出：“骐骥一跃，不能十步；驽马十驾，功在不舍；锲而舍之，朽木不折；锲而不舍，金石可镂”；苏轼也说：“古之成大事者，不唯有超世之才，亦必有坚忍不拔之志”。陶行知先生将育才学校的创办宗旨总结为十句话：“一个大脑，二只壮手，三圈连环，四把钥匙，五路探讨，六组学习，七体创造，八位顾问，九九难关，十必克服。”有人对学生的学习曾做了这样的描述，学生差别最小的是智力，差别最大的是毅力，因此，意志在学生的学习中起着重要作用。

4. 性格与学习

人的性格的形成，既以先天因素为基础，又有后天因素起作用，是先天因素与后天因素的“合金”。性格是在一个人的先天因素的基础上，在后天诸多因素的共同作用下，通过主体的实践活动逐步形成的。陶行知先生从教育实践中得出良好的性格特征主要有以下四个方面：一是努力奋斗，“奋斗是成功之父”；二是实事求是，“知之为知之，不知为不知”；三是独立意识，“独立的意志，独立的思想，独立的生计与耐劳的筋骨”；四是创造精神。一个具有优良性格特征的学生，可以保证其具有正确的学习动力、稳定的学习情绪、持久的学习兴趣和顽强的学习意志，最终获得学业成功。

5. 态度与学习

态度是指一个人对人、事、物和某种活动所持有的一种接近或背离、拥护或反对的稳定的心理倾向性。它包括认识、情感与意向三种成分。学生的学习态度是指学生在学习情境中表现出来的比较稳定的心理倾向。高职学生的学习态度直接影响其学习行为和学习成绩。影响高职学生学习态度的因素主要有：（1）教师的讲课水平、教师的人格魅力等。很多情况下，学生会有意或无意地吸取或模仿教师的某些行为，当学生把教师作为自己心目中的楷模，学习会产生积极的态度，否则会产生消极态度。(2) 教学内容。教学过程中所涉及的学科内容、组织方式、授课艺术和讲课策略都会影响到学生的学习态度，如有的学生对专业不感兴趣，会直接影响其课程学习。许多研究表明：严谨而不失趣味的教学内容，易使学生产生积极的学习体验，从而形成或改变其学习态度；而消极的学习态度，往往伴随着枯燥的学习内容、呆板的教学形式和沉闷的课堂情境。

课堂活动 我的学业学习

(一) 目的

促进对学业学习的认知。

(二) 过程

给每位同学发一张提前印制好的大学学习三部曲表格（见表 11-1），请同学按照表格的内容认真填写。

表 11-1 大学学习三部曲

未进入大学前，我听说的大学学习生活是什么样的?	进入大学后，我的大学学习生活是怎样的?	我理想中的大学学习生活是怎样的?

(1) 填写完成后，请同学们轮流分享自己的三部曲。

(2) 现在你对大学的学习有了什么认知?

(三) 思考

通过这个活动，你收获了什么?

课后思考

1. 进入大学后，你的学业目标是什么?
2. 如果可以给自己的大学三年生活开一张愿望清单，你的愿望是什么?
3. 在大学学习中，最让你困扰的问题是什么?

心理知识窗

高原现象

在学习中很多同学有过这样的经历，在应考复习的时候，起初自己的分数会有较大程度的提高，但是经过一段时间后，自己的学习效果似乎变差，甚至下降或倒退。由于成绩的忽高忽低，自己的自信心及情绪也受到极大的影响。这种现象，在心理学中称为“高原现象”。

单元 11.2

高职生学习的特点

案例分享 诺贝尔奖得主巴雷尼

巴雷尼小时候因病成了残疾，母亲的心就像刀绞一样，但她还是强忍住自己的悲痛。她想，孩子现在最需要的是鼓励和帮助，而不是妈妈的眼泪。母亲来到巴雷尼的病床前，拉着他的手说："孩子，妈妈相信你是个有志气的人，希望你能用自己的双腿，在人生的道路上勇敢地走下去！好巴雷尼，你能够答应妈妈吗？"

母亲的话像铁锤一样撞击着巴雷尼的心扉，他"哇"的一声，扑到母亲怀里大哭起来。从那以后，妈妈只要一有空，就带着巴雷尼练习走路、做体操，常常累得满头大汗。有一次妈妈得了重感冒，她想，做母亲的不仅要言传，还要身教。尽管发着高烧，她还是下床按计划帮助巴雷尼练习走路。黄豆般的汗水从妈妈脸上淌下来，她用干毛巾擦擦，咬紧牙，硬是帮巴雷尼完成了当天的锻炼计划。

体育锻炼弥补了由于残疾给巴雷尼带来的不便。母亲的榜样作用更是深深教育了巴雷尼，他终于经受住了命运给他的残酷打击。他刻苦学习，学习成绩一直在班上名列前茅，最后以优异的成绩考进了维也纳大学医学院。大学毕业后，巴雷尼以全部精力，致力于耳科神经学的研究，最后终于登上了诺贝尔生理学或医学奖的领奖台。

分析

生命的奖赏远在旅途终点而非起点附近，在学习的道路上我们不知道要走多少步才能达到目标，踏上第一千步的时候仍然可能遭到失败。前进一步，如果没有用就再向前一步，事实上每次进步一点点并不太难，难的是你能够在跨越一千步以后还有的那份坚持与不懈。

作为大多数同学与社会接轨的最后一站，大学对我们的学习提出了更高更多的要求。一方面我们要学习掌握本专业的专门知识和专门技能，以便成为有用的专业技能人才；另一方面我们要在社会工作实习中学习和总结工作经验和方法，才能更快地适应社会生活和工作节奏，成为服务社会的有用人才。但是大学的学习环境较之以往有很大的变化与不同，高职院校和其他本科院校相比，无论是人才培养方向还是学生自身发展规划都具有自己的特点，具体来说主要体现在以下几个方面：

一、高职学生学习的特点

（一）学习的自主性增强

以往的各学习阶段主要强调以教师的教为主，而大学无论从学习内容、学习时间及学习方式都更加强调个体在学习活动中承担角色，主要强调学习的自觉性与能动性。要求学生能够合理利用课余时间，根据自我的兴趣和爱好，制订出自我学习和发展的计划，并能根据自我的专长、优势参与到校园活动中去，在学习的同时，积极锻炼各项才能，全面提升自我素质。

（二）学习的专业性

高职学生的学习具有很强的专业性，而且职业定向性较为明确，即为将来走上工作岗位，适应社会需要所进行的学习。专业知识的学习要求高职学生既要了解本专业的前沿知识与理论，又要掌握与专业相关的基础知识。

（三）学习方式和渠道的多样化

在当今互联网迅速发展的信息时代，学习获取知识渠道的多元化带动了学习方式的变迁，课堂不再是学生接受知识的中心，网络开辟了一条学习的新途径。高职院校为学生提供了各种电子学习阅览室，同时在学生的教室、宿舍开通了网络，这些都为高职学生的学习提供了广阔的道路。

（四）知识的学习与能力、素质的培养并重

无知必然无能，目前正在进行的高等教育改革一再强调知识技能的学习与实践能力的培养同样重要。受长期应试教育的影响，那种只重视学生学习具有实用价值的知识，忽视对学生创造能力培养的教育观念必须摒弃。

（五）学习过程的实践性

“实践出真知。”只有通过具体的实践，才能加深对所学基础知识的理解。只有经历了实践的全过程，才能系统地掌握各个环节的基本技能。高职教育侧重于实践性教学，在人才培养过程中鼓励学生自己亲身实践所学技能的全过程，跟随教师的步伐一个环节一个环节地参与进去，去体会每个过程的艰辛与不易，去领悟所学知识在其中的应用，去反思实践过程中的自我知识和技能限制。这不仅有助于学生懂得各种知识的融会贯通，也有利于学生自省自查，戒除焦躁浮夸的情绪，避免眼高手低。

二、高职学生应树立的学习理念

在信息化飞速发展的时代，要想通过学习来丰富自我、发展自我、提升自我、成就自我，就必须有正确的学习理念。对于大学生来说，要树立全面学习、自主学习、实践学习、科学创新学习的学习理念。

（一）全面学习的理念

当今世界正处在大发展大变革大调整的时期，世界多极化、经济全球化深入发展，科技进步日新月异，知识经济方兴未艾。国家需要全方面发展的高素质人才。欧盟执委会 2002 年 6 月发表的《欧洲终身学习品质指标报告书》指出，为适应当代信息社会的诸多挑战，当代人需要具备以下基本能力或关键能力：

（1）算术与识字能力；

（2）数学、科学与技术的基本能力；

（3）外语；

（4）信息与计算机技术应用能力；

（5）学习如何学习的能力；

（6）社会能力；

（7）创业精神；

（8）大众文化。

这也就要求大学生在学好、学精专业知识的同时，要以浓厚且广泛的学习兴趣尽可能多地去进行多方面、多层次的学习，积极拓展自己的知识面、丰富自己的知识结构，为自己成为一个适应能力强的复合型人才做准备。

（二）自主学习的理念

大学的学习模式和以前任何一个学习阶段都有所不同。自主学习理念，就是让学生真正成为学习的主人，根据专业要求和社会需求自由地安排学习时间、学习空间、学习内容，积极主动地掌握相关知识、技能和方法。自主学习是学生“自立”“自为”“自律”的重要体现。

（三）实践学习的理念

学习不仅是帮助我们认识世界，探索未知，也有利于现实中的实践。作为将来的技能型人才，我们不仅要掌握书本的专业知识，还要多参与实践。锻炼自己的动手能力，提升自己的专业技能，在实践中去领悟知识的应用，在应用中发现自己理论的不足。

（四）科学创新学习的理念

习近平总书记指出：中国要强盛、要复兴，就一定要大力发展科学技术，努力成为世界主要科学中心和创新高地。大学生作为社会的接班人和建设者，在校学习期间，要牢固树立科学创新的学习理念，在知识的学习过程中，要敢于提问、敢于发问、擅于思考，不要人云亦云；在专业技能学习中，要勇于去发明、去创造新的事物；不畏困难和挑战，学会应用科学技术和科学方法，不蛮干、盲干。

课堂活动 学习的资源与方法

（一）目的

探索学习的资源与方法。

（二）过程

请大家拿出一张 A4 纸，根据表 11-2 中的问题一起探索目前学习的困境及方法，并将你对问题的思考与感受写在对应的方框内。完成后，请与同学们一起讨论。

表 11-2 学习有方法

问题	办法
（1）目前，在学业中我最为困扰（担心、害怕）的问题是什么？	
（2）如果这个问题解决了，我的学习会变得怎样？	
（3）能帮我解决问题的人有哪些？	
（4）问题解决了，我会变得有什么不一样？	

（三）思考

听了同学们的分享，你又有怎样的收获？对于目前存在的学业问题，你找到了哪些解决的方法？

课后思考

1. 你在学习的道路上，最值得骄傲的一次学习经历是什么？
2. 请仔细思考，这次经历何以成为你记忆中最值得骄傲的一件事？
3. 在这次经历中，周围有什么人注意到你吗？他们对此做了什么？或者说了什么？

心理知识窗

A=X+Y+Z!

在爱因斯坦获得诺贝尔奖的若干年后，有一个美国记者采访他，问他成功的秘诀是什么？爱因斯坦回答："早在 1901 年，我还是个二十二岁的青年时，我已经发现了成功的公式。我可以把这公式的秘密告诉你，那就是 A=X+Y+Z。A 是成功，X 是正确的方法，Y 是努力工作，Z 是少说废话。"

单元 11.3

常见的学习心理问题及调适

案例分享　童第周的故事

童第周小时候的好奇心十分强，看到不懂的问题往往要向父亲问个为什么。父亲每次都不厌其烦地耐心给他讲解。

一天，童第周看到屋檐下的石阶上整整齐齐地排列着一行小坑坑，他觉得十分奇怪，琢磨半天弄不明白是怎么回事，便去问父亲："父亲，那屋檐下石板上的小坑是谁敲出来的？是做什么用的呀？"父亲看到儿子这么好奇，高兴地说："这不是人凿的，这是檐头水滴下来敲的。"小童第周更奇怪了，水还能把坚硬的石头敲出坑？父亲耐心地解释说："一滴水当然敲不出坑，但是天长日久，点点滴滴不断地敲，不但能敲出坑，还能敲出一个洞呢！古人不是常说'滴水穿石'嘛！就是这个道理。"父亲的一席话，在小童第周的心里激起了一阵阵涟漪，他坐在屋檐下的石阶上，望着父亲，似懂非懂地点了点头。

由于农活比较多，童第周对学习有些失去兴趣，不想读书了。父亲耐心地开导童第周说："你还记得'滴水穿石'的故事吗？小小的檐水只要长年坚持不懈，能把坚硬的石头敲穿。难道一个人的恒心不如檐水吗？学知识也要靠一点一滴积累，坚持不懈才能获得成功。"为了更好地鼓励童第周，父亲书写了"滴水穿石"四个大字赠给他，并充满期望地说："你要把它作为座右铭，永志不忘。"

分析

我们常说："滴水能把石穿透，万事功到自然成。"这句话的本意是：水滴不停地滴到石头上都能够把石头给穿透，而人只要肯下功夫必定就能将事情做好，最终取得成功。在学习的道路上，很多同学不是没有梦想，而是在追逐梦想的道路上缺乏恒心、毅力，常常半途而废，对此我们要经常用这句话来鞭策自己，培养自己的毅力。

一、高职学生常见的学习心理困惑

（一）学习动机不足

学习动机是推动学习活动的内在原因，是激励、指引学习的强大动力。对于高职学生来说，学习动机在学习中发挥着重要作用。第一，学习动机决定着学习方向。学习动机是以学习目的为出发点的，它是推动学生为达到一定的学习目的而努力学习的动力，没有明确学习目标的学生自然不会产生动机力量。因此学习动机首先要求学生懂得为什么学，朝着什么方向努力。美国心理学家阿特金森于 1980 年全面探讨了有关动机研究，提出"完成某项学习任务所需要的时间与对这项任务的动机水平为正相关"的观点。第二，学习动机决定着学习过程。学生能否持之以恒，差异在学习动机。第三，学习动机影响学习效果。阿尔伯特研究了动机水平与学习成就的关系后得出"学习动机越强烈的被试者，其学习成绩越好，其正相关达 98%"的结论。可见，学习受学习动机的支配。

然而在校园内，总有一部分同学上课经常迟到或者不到，即使在课堂上他们不认真听讲，而是玩手机、睡觉等，课堂纪律特别差。课后不完成作业，而是把大量的课余时间用来做一些与学业无关的事情。久而久之，多门科目挂科，出现留级、休学甚至退学的现象。剖开学生对于学业的所作所为，探究背后的原因主要就是缺乏学习动机。心理学家也指出缺乏学习动机的日常表现为：学习盲目性，对所学专业不了解，没有明确的学习目标；存在厌学情绪，对学习知识没有渴望，常常感觉学的东西都没有用，无精打采，对学习的东西带有抵触情绪；行为上懒散，不愿意在学习上花时间、下功夫，学习拖沓、马虎。

（二）学习目标不明确

高职院校学习方式的改变令很多高职学生无法适应，他们习惯于以前的教师安排一切的机械式、灌输式的教育。在学习上往往表现出学习没有明确的目标，虽然有考证、就业的压力，但是他们缺乏长远规划，导致无所事事，懒懒散散。有的学生的学习目标定位太低，只求考试过关，如期毕业；有的定位过高，导致个体所追求的“理想”成为“空想”而逐渐丧失斗志。

（三）对学习成功与失败的归因不正确

海德（Heider）是归因问题研究的创始人。1958 年他在《人际关系心理学》一书中从朴素心理学的角度提出了归因理论。寻求行为的原因时，或者把它归于环境，或者把它归于个人。如果归于环境，则行动者对其行为不负什么责任；如果归于个人，则行动者就要对其行为结果负责。而高职学生往往把自己学习的失败归因到外部环境，他们常常抱怨学校环境、教学条件不够、教师指导不够等，却忽略了自我主体的作用。

（四）学习情绪不高

对学习缺乏热情，不积极、不专注，没有勤奋刻苦的精神，这是很多从事在一线教学工作中的教师对于现在学生学习状态的评价。很多学生把考入大学作为人生奋斗的目标，认为考上大学万事大吉，考上大学就开启了人生成功的大门，从此可以安枕无忧，潇洒度日了。这是一个错误的认识。曾经有人做过一个实验，把一只青蛙放到一锅热水里，那青蛙立即跳出来，反应很快。但是，把青蛙放到冷水中去，慢慢地给水加温，你会发现青蛙会舒适地在水里游来游去，对慢慢上升的水温毫不觉察，自得其乐，当温度达到 70℃～ 80℃时，它觉察有危险，想跳出来，却为时已晚。

二、高职学生学习心理的基本对策

（一）增强学习动力

学习动力不足是高职学生存在的一个普遍性问题，如何增强他们的学习动力呢？最为重要的莫过于让学生明白：进入大学后我们为什么还要努力学习？学习对于自我的人生意义是什么？自己所选择的大学专业要学习哪些内容？自己通过哪些方式可以学好这些知识和技能？学习到的知识和技能对于自我人生的职业发展又有怎样的帮助？帮助学生找寻答案的途径有以下几种：

第一，通过新生入学教育，对新生专业知识学习和专业发展方向进行深入细致的讲解，让学生能够全面细致地了解自己将要学习的专业。

第二，通过职业生涯规划，帮助学生结合自己的个性特征、综合能力和思维方式等去选择比较适合的专业发展方向。

第三，从心理学的角度，为学生开展探索自我、增强学业动力的各种活动。

第四，请优秀的学长、优秀毕业生等具有榜样作用的人为学生开展讲座等，用他们拼搏进取的精神鼓舞学生。

学生学习有动机固然是好事，但是，是不是学习动机越强越好呢？耶克斯和多德森在研究动机和学习绩效的关系的时候提出了一种钟形曲线，他们发现达到最高作业水平的动机强度为动机的最佳水平。在动机强度低于最佳水平时，随其强度的增加，作业的水平不断提高；而动机强度超过最佳水平时，随其强度的增加，作业的水平不断下降。这一研究结果被称为“耶克斯－多德森定律”。从中我们可以发现，学习动机过强也不利于学习效果。动机强度高，对自己抱有的期望太大，制定出的学习目标往往就不符合自己的实际，这样的目标自己达不到或很难完成的情形下会给自身带来紧张、焦虑的情绪，引发失眠、注意力不集中、情绪低落、学习效率低下等问题。相反，学习动机不足会使高职学生缺乏学习动力，丧失学习的目标和人生发展的规划，因而不想学习甚至厌学。由此可见，学习动机过强与过弱都不利于学习效果的提高。因此，作为教育者，我们需要增强学生的学习动机，但是更要坚持因材施教、量体裁衣的原则。

（二）学会有效管理时间

对于每个人来说，时间是有限的，人生是有限的，青春是有限的，它不可替代、不可购买。如何将这有限的时间进行合理利用呢？这就要求我们要学会有效管理时间。管理时间就是通过有效合理科学的方法，让一定的时间产生更大的效益。

时间运筹的重要法则是分清事件的轻重缓急，我们可以从重要性和紧急性这两个方面将事情分为四个类型：重要紧急、重要不紧急、不重要紧急、不重要不紧急。重要而紧急的事情，我们应该争分夺秒地把大部分时间用于此，只有这样我们才能取得高效率，才能获取学业上的成功；紧急但不重要的事情，把很多时间都投入到处理这些事情上，人的生活就会变得紧张而忙乱，虽然在不停处理事情，但是由于缺乏具体的目标常常是碌碌无为，到头来没有什么收获；不紧急但是重要的事情，这些事情对我们来说需要做出长期的规划，正如古人所说：“人无远虑，必有近忧”“未雨绸缪”等，把时间投入到做好这些事情的规划时，我们才能以一种长远发展的眼光来对待今日从事的事情，也才能获取成功；不紧急也不重要的事情，如果把时间投入到处理这些事情上，是一种最不合理的安排，属于大事没干成，小事没干好，注定是要失败的。如何管理好时间，可以尝试以下四种方法：

第一，了解时间的价值，懂得时间的珍贵，所谓“一寸光阴一寸金，寸金难买寸光阴”，学做一个珍惜自己和他人时间的人。

第二，制订学业计划，突出目标，并时刻谨记于心，可谓“口上无计划，心里有计划”。

第三，要果断地行动，将计划付诸实践，做到今日事，今日毕，不拖延。做一个有效率的人，在有限的时间内尽可能地创造更多的价值。

第四，学会整合，巧用零碎时间。在繁重的各种事务中整合零碎的时间，化零为整，日积月累。

（三）注意劳逸结合

俗话说：“磨刀不误砍柴工”，高职学生在紧张的学习中要注重科学用脑，改进学习方法，提高学习效率。高职学生在校学习期间，根据要求他们必须获取相应的资格证书，比如英语水平、专业技能等方面的证书。为此，高职学生的学习任务也是比较重的，要想获取知识就必须靠勤奋学习，因此，在学习中难免出现学习疲劳、疲惫的现象。一旦大脑处于疲劳状态，头脑发昏，记忆力就会下降，学习效果明显降低，这个时候大脑便发出了休息的信号，我们如不顾疲劳，继续学习不仅收不到效果，反而会影响大脑的神经功能，导致身心疾病。对于高职学生来说，可以通过打球、跑步、听音乐等方式来消除大脑的疲劳。

（四）掌握科学的学习方式

在现代社会中，科学文化知识真可谓浩如烟海。想要获取更多的知识，光靠刻苦、努力、勤奋是不够的，还要掌握科学的学习方法。对于高职学生来说，掌握科学的学习方法，学习可以事半功倍。

遵循记忆规律，提高记忆效率是一个非常好的学习方法。德国心理学家艾宾浩斯（Ebbinghaus）研究发现，遗忘在学习之后立即开始，而且遗忘的进程并不是均匀的，最初遗忘速度很快，以后逐渐缓慢。他认为“保持和遗忘是时间的函数”，并根据他的实验结果绘成描述遗忘进程的曲线，即著名的艾宾浩斯记忆遗忘曲线（见图 11-1）。

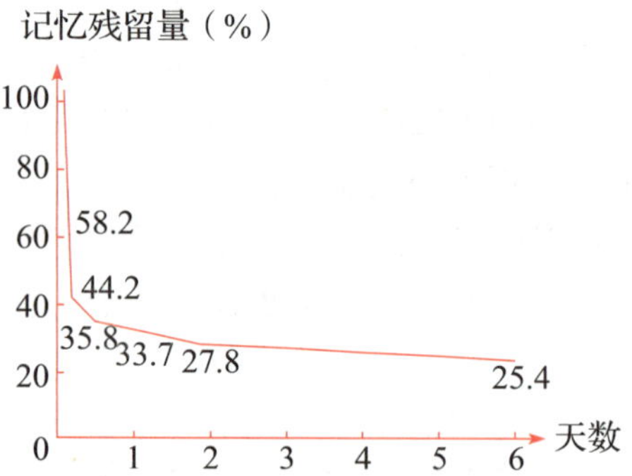

图 11-1　艾宾浩斯记忆遗忘曲线

这条曲线告诉人们在学习中的遗忘是有规律的，遗忘的进程不是均衡的，不是固定的一天丢掉几个，转天又丢几个的，而是在记忆的最初阶段遗忘的速度很快，后来就逐渐减慢了，到了相当长的时间后，几乎就不再遗忘了，这就是遗忘的发展规律，即“先快后慢”的原则。随着时间的推移，遗忘的速度减慢，遗忘的数量也就减少。根据遗忘的发展规律，我们克服遗忘的最好方法就是及时复习。每次学习完新知识都要及时进行复习巩固。起初要连续不断地复习，然后再进行一定间隔的复习。

（五）树立勤奋拼搏的进取意识

华罗庚曾说：“勤能补拙是良训，一分辛苦一分才。”在通往学习成功的道路上没有什么捷径可以走，我们要做的就是靠勤奋努力、拼搏进取。晚清叱咤风云的军事家、政治家曾国藩并不是个脑子很好用的人，他经常一篇文章要背好久才能记住。一天，曾国藩在他的书房里背一篇文章，他已经不断重复了很多遍了，但还是没有背下来。这时，一个小偷正等在他的床下，打算趁他背完后睡觉的空隙去偷东西。可是，几个小时过去，夜很深了，曾国藩还是没有背下来。小偷再也受不了了，于是从床下冲出来指着曾国藩大喊："你实在是太笨了，都背了这么多遍了还不会，我要是你早就背下来了！"于是曾国藩说："真的吗？那你背给我看。"小偷真的都背下来了，而且一字不差。曾国藩很惊讶，问道："你是谁？"这时，小偷也意识到了自己是谁，赶紧逃跑了。小偷很聪明，但他最终还是一个小偷；曾国藩很笨，却在中国的历史上刻下了自己的名字。他正是凭自己的努力，弥补了其他方面的缺陷，做到了很多人都做不到的事。

三、应对考试焦虑

考试对于每位学生来说都是熟悉的事情，从小学到大学，大家可谓是身经百战了，但是有些同学在面临考试的时候仍然会出现焦虑的现象。其实焦虑是考试时一种常见的心理现象，对于大多数人来说当面临重要或关键的考试时，总会引起一定的心理压力，产生不同程度的焦虑。考试焦虑的一般表现为：在生理上出现心跳加快、多汗、头痛、失眠、呼吸加剧、尿意频繁甚至恶心呕吐等；在行为上常常表现出烦躁、紧张、思维停滞、眩晕、焦躁、好发脾气等。

考试作为衡量检验学生学习成绩的手段，在教学中能起到很好的自查作用，考试分数对于老师或学生来说，它只是一个参考的数据，只能反映你在某个阶段某个方面对知识是否掌握，以供在接下来的学习中有所侧重，弥补不足。不能把考试作为学习的一个目的，只有这样我们才能保持稳定的情绪，才能让自己的心态达到最佳状态，也才能最大限度地发挥自己的应试能力。避免考试焦虑，我们可以采取以下几个方法：

（一）自我暗示法

应对考试我们要做好心理上的准备，可以通过自己的语言和想象对自我进行安慰和强化。比如，在开始考试前我们可以通过呼吸调整法，使全身放松，缓解紧张的状态。接下来通过自我暗示树立自信："我已经全都复习好了，这次考试对我来说是小菜一碟""我能轻松地应对这次考试"等。

（二）掌握知识，做好充分的复习

无论什么办法都只是一种辅助，它们得以实施的前提必须是考生能够在日常的生活中掌握所要学习的知识，能够对所学知识进行运用，并在考试前对其进行复习和总结，只有这样才能对考试的内容做到胸有成竹，也才能自如应对考试。

（三）恰当的学业期待

心理学家勃尔奇做了这样一个实验：高处放着香蕉，猩猩身旁有一根竹竿，只有利用竹竿才可取到香蕉。实验的结果表明：在猩猩受饿不到 6 小时的时候，由于取食的驱力（即动机）太弱，它的注意力很容易被各种不相干的因素分散；可是，当它受饿超过 24 小时后，又由于取食的驱力过强，而把注意力过分紧张地集中于食物这个目标，因而忽视了解决问题的各种必要条件，同样取不到食；只有在受饿 6 ～ 24 小时之间时，由于驱力强度适中，它们的行为才是灵活的，注意力也不会被分散，可以很快取到食物。同理，对于学生来说，如果遇到考试，对于考试结果没有要求，这样应对考试的积极性一定不高；又或者遇到考试，对于考试的结果要求太高，超出自我能力范围，这样应对考试虽有积极性，但是心态容易失衡，成绩往往也不理想。所以，我们要对自己的学业成绩有恰当的期待。

课堂活动 时间管理

（一）目的

帮助大学生学会时间管理。

（二）过程

（1）请每位同学拿出一张空白的 A4 纸，在纸上画一个尽可能大的圆形。并以圆心为中心，把它均分为 24 份，代表一天的 24 个小时。

（2）请你按照自己现在一天学习生活的状况，在时间大饼上标出来它们分别所用的时间。如大家可以将自己的生活状况分类为：睡觉、上课、玩手机、做运动、整理内务、吃饭、陪朋友、发呆、自我学习等。

（3）请你仔细观察你的时间大饼，探索以下问题。

你的时间分布是怎样的？________________________________。

你对自己目前的时间安排情况满意吗？________________________。

你每天能用在学习上的时间是多少？__________________________。

实际生活中，你用在学习上的时间是多少？____________________。

其中有效的学习时间是多少？________________________________。

（4）你理想的时间大饼是怎样的？请你在纸的反面画出来。

（三）思考

如果你能按照理想的时间大饼来安排自己的生活与学习，你会有什么收获呢？

课后思考

1. 在学业中你会有拖延问题吗？如有，主要表现在哪些方面？
2. 你是如何规划自己的学业时间？
3. 你在应对考试焦虑问题上有哪些好的方法？

心理知识窗

自我效能

自我效能（Self-Efficacy）是指一个人在特定情景中从事某种行为并取得预期结果的能力，它在很大程度上指个体对自我有关能力的感觉。自我效能也指人们对自己实现特定领域行为目标所需能力的信心或信念，简单来说就是个体对自己能够取得成功的信念，即“我能行”。

自我探索 考试焦虑度测试

本问卷采用 4 级评分，主要评定项目所定义的症状出现的程度。其标准为：很不符合计“0”分；较不符合计“1”分；较符合计“2”分；很符合计“3”分；请认真阅读以下 33 道题目，根据自己的主观感受进行评分（见表 11-3）。

1. 在重要的考试前几天，我就坐立不安了。
2. 临近考试时，我腹泻了。
3. 一想到考试即将来临，身体就会发僵。
4. 在考试前，我总感到苦恼。
5. 在考试前，我感到烦躁，脾气变坏。
6. 在紧张的温课期间，常会想：“这次考试要是得了个坏分数怎么办?”
7. 越临近考试，我的注意力越难集中。
8. 一想到马上就要考试了，参加任何文娱活动都感到没劲。
9. 在考试前，我总预感到这次考试将要考坏。
10. 在考试前，我常做关于考试的梦。
11. 到了考试那天，我就不安起来。
12. 当听到开始考试的日期时，我就不安起来。
13. 遇到重要的考试，我的脑子就变得比平时迟钝。
14. 看到考试题目越多、越难，我越感到不安。
15. 在考试中，我的手会变得冰凉。
16. 在考试时，我感到十分紧张。
17. 一遇到很难的考试，我就担心自己会不及格。
18. 在紧张的考试中，我却会想些与考试无关的事情，注意力集中不起来。
19. 在考试时，我会紧张得连平时记得滚瓜烂熟的知识也忘得一干二净。
20. 在考试中，我会沉浸在空想之中，一时忘了自己是在考试。
21. 考试过程中，我想上厕所的次数比平时多些。
22. 考试时，即使不热，我也会浑身出汗。
23. 考试时，我会紧张得手发僵或发抖，写字不流畅。
24. 考试时，我经常看错题目。
25. 在进行重要的考试时，我的头就会痛起来。
26. 发现剩下的时间来不及做完全部考题，我就急得手足无措、浑身大汗。
27. 我担心如果考了坏分数，家长或教师会严厉指责我。
28. 在考试后，发现自己懂得的题没有答对时，就十分生自己的气。
29. 有几次在重要的考试之后，我腹泻了。
30. 我对考试十分厌烦。
31. 只要不记成绩，我就会喜欢考试。
32. 考试不应当像现在这样在紧张状态下进行。
33. 不进行考试，我就能学到更多的知识。

表 11-3　结果统计

题号	1	2	3	4	5	6	7	8	9	10	11
得分											
题号	12	13	14	15	16	17	18	19	20	21	22
得分											
题号	23	24	25	26	27	28	29	30	31	32	33
得分											

分析：将 33 道题目的各个得分相加即得总分。一般来说，总分越高症状越严重。具体情况是：0 ～ 12 分属镇定；13 ～ 24 分属正常；25 ～ 49 分属轻度焦虑；50 ～ 74 分属中度焦虑；75 ～ 99 分属重度焦虑。

资料来源：桑志芹．大学生心理健康学．北京：科学出版社，2007.

知识拓展　班杜拉的观察学习

阿尔伯特·班杜拉（Albert Bandura）是新行为主义的主要代表人物之一，社会学习理论的创始人，美国当代著名心理学家。他提出的社会学习理论是在对传统行为主义的继承与批判中逐步形成的，影响波及实验心理学、社会心理学、临床心理治疗以及教育、管理、大众传播等社会生活领域。他认为来源于直接经验的一切学习现象实际上都可以依赖观察学习而发生，其中替代性强化是影响学习的一个重要因素。

观察学习是班杜拉在 20 世纪 60 年代提出的一种学习理论。观察学习又称替代性学习，指个体通过语言和非语言获得信息的方式和自我调节的能力，观察他人（榜样）所表现的行为及其结果，不必事事经过亲身体验，就能学到复杂的行为反应的学习过程。

班杜拉曾做过这样的一个实验：将儿童分为甲、乙两组，在实验的第一阶段让两组儿童分别看一段录像，甲组儿童看的录像是一个大孩子在打一个玩具娃娃，过一会儿来了一个成人，成人给大孩子一些糖果作为奖励。乙组儿童看的录像开始也是一个大孩子在打一个玩具娃娃，过一会儿来了一个成人，为了惩罚这个大孩子不好的行为，成人打了他一顿。看完录像后，班杜拉将两组儿童逐个送进一间放着一些玩具娃娃的小屋子，结果发现，甲组儿童都会学着录像里的大孩子的样子打玩具娃娃，而乙组儿童却很少有人去打玩具娃娃。这一阶段的实验说明对榜样的奖励能使儿童表现出榜样的行为，对榜样的惩罚则使儿童避免榜样的行为。在实验的第二阶段，班杜拉鼓励两组儿童学录像里大孩子的样子去打玩具娃娃，谁学得像就给谁糖吃。结果两组儿童都争先恐后地使劲打玩具娃娃。这说明通过录像，两组儿童都已经学会了攻击行为。第一阶段乙组儿童之所以没有人敢去打玩具娃娃，只不过是因为他们害怕打了以后受到惩罚，从而暂时抑制了攻击行为。而当条件许可时，他们也像甲组儿童一样把学习到的攻击行为表现出来。

总结案例　令人羡慕的学霸

小李，男生，大三，来自苏北一个普通家庭。小李在校学习期间多次荣获国家奖学金、学院奖学金，并在全国技能大赛中荣获一等奖，曾因学业成绩优异代表学校前往新加坡进行交流学习。小李同学在老师眼中是学业优秀的学生，在同学眼中就是学霸。在一次给学弟学妹进行学习经验分享的活动中，小李说："别看我现在很自信地站在这里，给你们分享我的经历，要是在三年前，我可是绝对做不到的，因为那时的我非常自卑、胆小。"小李在刚进校的时候觉得自己与周围同学相比没有任何优势和才干，非常自卑。但他并没有自暴自弃，而是专心攻读学业。他想通过取得优异的成绩，去证实自己的能力与才干。为此，刚入校的第一年，无论寒霜酷暑、风雪交加，小李都早早起床去晨跑、去读书，每天晚上去图书馆看书学习。由于他整日不在宿舍，一度舍友都嘲笑他是书呆子，不愿意搭理他。对此，小李特别难受，并到心理中心咨询。可日复一日，小李的付出终于得到了回报。期末他获得了国家奖学金，而且他的成绩远远高于班级的任何一名同学。可谓"不鸣则已，一鸣惊人"，同学们都放弃了原来嘲笑的态度，开始钦佩他的毅力和坚持。就连他们宿舍的同学也被感染，一起加入到他的学习队伍中来。小李同学在回顾大学三年的学习时光时，表示自己没有太多遗憾了，他最想说的是："感谢学习，感谢学习给了我改变命运的机会，学习真好！"

分析

在校园中，像小李同学这样的学霸真的让人很佩服。因为学习的道路是最艰险又最为孤单寂寞的，很多同学都坚持不下去，半途而废。而小李同学凭借自己顽强的意志力一直专心在学习之中，这是很难能可贵的。同时他不因周围同学的目光和态度去改变自己的决定，这也是很值得我们学习的。如今的他备受老师和同学的喜欢，人也变得更为自信、坚定。常言说"天道酬勤"，只要我们在学习的道路上勤奋、勤学，努力、刻苦，坚定自己的信念，就一定能够有所收获！

模块十一　课堂反馈

模块十二

应对压力　发展策略

学习指南

在这个快节奏的时代，不论是在工作、学习还是生活都面临着各种各样的压力。而如何在压力中维持好的身体和心理状态，与压力共处，也成为众人关心的焦点。在本模块中，将学习压力的基本概念，探索并思考压力下会发生什么以及该如何应对，帮助同学们掌握科学、有效、实用的自我调节方法，进而提高自己整体健康水平，拥有更好的健康生活。

能力标准

分类	具体内容
知识	1. 理解压力的概念 2. 知晓压力与我们的关系 3. 掌握有效的压力管理方法
技能	1. 掌握压力出现的信号与症状 2. 学会识别压力的来源 3. 掌握应对各种压力情境的方法
态度	1. 积极对待压力问题 2. 正确认识压力的两重性 3. 以良好的心态做好压力管理

单元 12.1

走近压力

案例分享 释放负面情绪

林同学是一名高职院校英语专业的大一女生，她低头坐在咨询室的沙发上，不停地流泪，当她抬起头来说的第一句话是：“我想退学。”通过交流，咨询师了解到林同学出生于农村，家庭很贫困，靠父亲务农维持一家人的生活。兄弟姐妹 3 人，她是老大。从小学习刻苦，是村里当年唯一考取重点高中的孩子。受家庭经济条件的限制，在她考取高中后，为了能保证她顺利完成高中学业，父母让妹妹、弟弟相继辍学。背负着全家希望的她，在高考时却并没有取得好成绩，只考取了一所高职院校。无比沮丧的她发誓进入大学以后一定努力学习，争取找个好工作回报父母。可入学以来，她发现自己无论怎么努力，成绩始终不断下滑。她感到内心非常痛苦和不安，痛苦的是自己没有能力取得优异的成绩，不安的是以现在的学习情况，如何面对父母和支持自己上学在外打工的弟弟妹妹。林同学感到十分无助和迷茫，每天独来独往的她觉得这样下去还不如现在就退学，外出打工为家里减轻负担。

分析

每个人的成长经历中都会遇到各种意想不到的情况，都需要面对各种不同的竞争，压力也就随之而来。压力就像海绵，堆积得多了就会逐渐膨胀，扰乱你的内心，成为前进道路上的绊脚石。所以我们要及时排解，这样压力海绵就会维持它原有的形状。从林同学的诉说中我们不难看出她因为背负着家庭的希望却没能达到自己理想的目标，而被巨大的压力所困扰。因此首先要帮助她释放积压的负面情绪，等她放松下来后，再进一步引导她重新设定发展目标，让其在对目标的完成中找到信心和力量。

一、什么是压力

（一）压力的概念

1956 年，匈牙利科学家汉斯·塞利（Hans Selye）将压力（Stress）定义为环境中的刺激所引起的人体的一种非特异性反应，即应激。后来有学者认为人们在评估了自己所遇到的情境后，觉得凭借自己的能力和资源不足以应对或是应对起来会很艰难，就会感到有压力。因此，他们认为压力是人们在面对自己不熟悉的情境时所产生的反应。且引起压力的不是情境本身，而是人们对这种情境的解读（Perception）。所以“压力”本质上是一种主观的心理状态。我们可以把它理解为，是心理压力源和心理压力反应共同构成的一种认知和行为体验过程。通俗地讲，就是一个人觉得自己无法应对环境要求时产生的负面感受和消极信念。

（二）压力的划分

对于压力的感受是人类的一种本能，每天从早上睁眼醒来到晚上闭眼睡觉，这周而复始的每一天里，压力都与我们相伴。它们有些显而易见，可以被我们瞬间准确识别出来，还有一些常常会被忽略掉，却在日积月累中影响着我们的身心健康。从概念上看，压力包括狭义和广义两种。狭义的压力就是我们常说的工作压力、学习压力和生活压力，而广义的压力是指日常生活中环境发生的任何变化对个体身心造成的影响。按照压力发生的时间长短分类，压力可以分为急性压力和慢性压力。如果急性压力反复发生或者没有得到很好的管理，会导致其变成慢性压力。虽然适当的压力的影响不大，但超过我们应对能力范围的压力将会对身心造成损耗甚至导致疾病。

（三）压力的症状

忙碌的学习生活中，每个人都不可避免地处于压力之中，在感受压力带来的各种负面情绪的同时，会逐渐出现各种各样的症状。

1. 生理症状

情绪是压力的重要组成部分，大多数人心情不好时往往会压抑自己的情感。当这些压力和情绪在言语层面无法被充分表达的时候，就会转而对我们的躯体产生影响，出现如疲劳、失眠、消化不良、胸闷等症状。

2. 心理症状

在压力的作用下人们除了会有生理上的变化，还会有一系列心理上的情绪和行为上的变化。一些典型的症状如易怒、焦虑、情绪失控，常常对高职学生的人际关系和身心健康造成恶性循环，更严重的可能影响其社会功能，如整个人显得萎靡不振，无法完成最简单的日常听课和学习；记忆力衰退，感到无能与强烈的自卑。

二、压力的两面性

研究证明，在没有压力和失去竞争的情况下，人会觉得空虚，进而产生严重的心理危机；然而，当心理压力过大时，人会感到恐惧和无助，可见没有压力和压力过大都不利于个人发展。正如辩证唯物主义所揭示的那样，压力是一种矛盾，它是客观存在的。压力具有两面性，且二者在一定条件下可以相互转化。

（一）压力的消极性

有越来越多的研究数据表明，压力与健康相关的问题日益凸显。首先，在日常的学习生活中，情绪与精神状态都是常见的压力预警信号，一个人如果经常出现负性情绪或者精神空虚的现象，并且在不同程度上影响这个人对压力事件的应对以及精神健康时，压力的消极性就已经显现。

其次，我们还要注意到它会引起疾病的“潜伏期”。当个体面对压力事件时所出现的情绪反应，尤其是负面情绪没有得到充分而有效的表达，而是被压抑下去了，那么在心理学上，是被压抑到潜意识，就会出现多梦。医学上，身体就会出现心慌、胃痛、尿频等症状。这些症状有的会被你敏感地捕捉到，还有一些不会立刻表现出来，而是长期积累在身体里，变成一种慢性压力，对你的大脑、心脏不断产生损伤，可能在不久的将来一下子将你击垮。

（二）压力的积极性

大家应该都有过这样的生活体验，在寒假或者暑假刚开始的时候感觉很舒服，但是过了一两周就开始感到无聊，希望找点事情干。这个例子清楚说明了，一点压力都没有并不会让我们有非常幸福的感觉，相反有了压力才有驱动力，才能调动身体各项机能，更好地适应自然和社会，从而让自己的潜能得到更大的发挥，这就是压力的正面作用。

同时，不是只有坏事才会引起压力，好事也可能会让你产生压力，因为你可能觉得自己还没准备好去应对它们，如搬入新家、职务晋升等。由于自身能力、资源、解读情境的方式不同，不同的人所遭遇的压力情境各不相同。即使大家遭遇了相同的压力情境，每个人对压力的反应也是不同的，造成这种差异的原因是个体对压力的看法不同。如果一种压力能使得某个人成长，那么对这个人而言，这份压力就是好压力。

课堂活动 压力的自我觉察

（一）目的

引导学生进行对压力的自我觉察。

（二）过程

每个人的体内都会存在一个压力承接器，它是具有弹性的，就像一个可以反复充电的电池。在应对压力事件后，它储存的电量就会发生改变。下面我们一起来画一画，你的内在压力承接器的电池能量变化表。

（1）将一张白纸对折，在左边列出你认为会消耗电量的事情，或是使你感到有压力的事情。

（2）在白纸对折处的右边，列出那些你认为能够补充电量的事情，或是能让你的内在压力承受器电池容量变大、承载力增强的事情，又或是让你觉得可以减压的事情。

在完成这个练习后，3 ~ 5 位同学为一组，进行小组分享，完成小组分享以后选出一位代表在班级做分享发言，谈一谈小组练习的情况和感受。

（三）思考

通过对比，看看让你消耗电量的事情和补充电量的事情，哪个比较多？你需要为自己充电了吗？

课后思考

1. 对你来说，能够补充电量的事情做起来有没有困难？

2. 补充电量的事情是不是多集中在为他人做一些事情上而不是为自己做了些什么？
3. 让自己消耗电量的事情是否有共性或者是每天都在重复的事情？

心理知识窗

耶克斯－多德森定律

耶克斯－多德森定律（Yerks-Dodson Law）表明，各种活动都存在一个最佳的动机水平。动机不足或过分强烈，都会使工作效率下降。研究还发现，动机的最佳水平随任务性质的不同而不同。在比较容易的任务中，工作效率随动机的提高而上升；随着任务难度的增加，动机的最佳水平有逐渐下降的趋势。也就是说，在难度较大的任务中，较低的动机水平有利于任务的完成。

单元 12.2

压力与高职生

案例分享　毕业综合征

刘同学是高职三年级学生，他因失眠来到心理中心进行咨询。他告诉咨询师，自己现在大三了，正在找工作。因为学校在郊区，去市区面试很不方便，他总是担心路途上遭遇大堵车，导致面试迟到，错失好的就业单位。他向学校申请校外住宿，结果因为他不是本地户口，不符合学校校外住宿走读的条件，被驳回了申请。他感到非常愤怒和不满，觉得学校一点儿也不为毕业生考虑。看到舍友们一个个陆续找到了实习单位，而自己面试了好几家用人单位都没消息，他感到十分焦虑，压力巨大。负面情绪每天都围绕着他，导致他开始晚上常常睡不着觉，精神状态越来越差，好像得了“毕业综合征”。

分析

刘同学因为临近毕业，就业压力迫在眉睫，出现负面情绪其实在所难免，这是人的本能，属于正常情况。他首先要处理的是清除情绪垃圾，可以通过运动、向朋友倾诉、为担心的事情做好预案来逐步稳定自己的情绪和心理状态。在就业这个压力事件的刺激下，刘同学出现了失眠，究其原因，是他的大脑把对面试迟到加工成会造成就业失败的“狮子老虎”，巨大的担心和焦虑让他夜不能寐。这就要进一步去调整其认知，帮助他重新理解他所担心的事情在现实中并不一定会发生，来减缓压力。

一、高职生常见压力来源

出门旅行放松或者从事自己熟悉而擅长的工作时，你可能很难体会到压力；但当我们需要面对陌生的环境和突如其来的挑战时，大多数人都能明显感觉到压力。压力的来源各种各样，而高职学生在心理压力的来源方面与本科大学生相比有相同的地方也有不同的地方。容易引起高职学生心理压力感的压力主要来自学业的压力、人际交往的压力、情感的压力、家庭的压力、就业的压力。

（一）学业的压力

经过高中三年的苦读，高职学生入学后会发现，大学也有早晚自习，除了学科考试以外还有各种技能证书的考试，转本、接本、升本等各类学历提升的培训考试，竞争激烈。日益增加的学业压力主要体现在学习目标不明确、学习适应不良、学习竞争激烈等方面。

1. 学习目标不明确

高职学生对自我的管理与控制能力相对薄弱。许多同学进校很长时间依旧没有明确的学习目标。一开始的时候，他们还能按照学校的各项规章制度管控和约束自己，时间久了看到身边的同学有的专注网络游戏、有的忙于恋爱和过度的社交活动等，也逐渐放松自己，随波逐流，对学习得过且过，将“60分万岁”变成了自己的口号，却不知道自己和别人的差距就此拉开，严重的连顺利毕业都成问题。

2. 学习适应不良

大学的学习方式与高中以前的学习方式是不同的，高中以前所有的学生都有明确而又清晰的目标——考大学，但很少有学生能清楚地知道自己考大学的目的是什么，好像只是为了考大学而考大学。高中以前的学习大都有老师和父母的严格看管和教育，但大学的学习完全要靠自己的主动性，因此有很多的高职学生在进入学校以后，很长时间都不能完全适应自主学习的方式，造成各种学业困难。

3. 学习竞争激烈

随着时代的发展，学校对于各类评奖评优的选拔要求更加全面，不但要求高职学生思想品德端正、学习成绩优异，还要考量他们是否在学生组织中担任职务；是否积极参与校内外的各项活动、参与各类学科竞赛并获奖；是否取得了各类高级别技能证书等，可谓竞争激烈，这其中的压力更是不言而喻。

（二）人际交往的压力

网络时代，不少在校的高职学生容易忽视现实中的人际交往，缺乏和他人之间必要而有效的沟通；有的一学期下来，自己班级同学的名字都叫不全。其实他们离开自己过去熟悉的环境，进入大学的陌生环境，尤其需要得到同伴和老师的关心与认可。有的同学是第一次住宿舍，缺乏集体生活的经验，往往以理想的标准要求自己和对方，一旦发现对方令自己失望，就对其全盘否定。加上主观性强、绪波动大等特点，这些同学常常在人际交往中有挫折感。

（三）情感的压力

高职学生进入大学，正值最美好的青春年华，向往着美好的爱情，渴望体验爱与被爱的感受。但爱情并非都是甜蜜而美好的，尤其大学阶段刚好是高职学生人生观、价值观的形成期，在恋爱中他们常常过于理想化，对感情的处理会比较简单、冲动，往往会造成一系列负面影响，引发心理问题，常见的如失恋、单相思与爱情错觉。

（四）家庭的压力

家庭是孩子成长中最坚实的地方，家庭的经济条件以及家庭结构都会给学生带来一定的影响。尤其是贫困家庭的学生到了高职院校后，看到身边有很多家庭条件优越的学生，显得很自卑、孤僻，会有很大的心理压力；同样家庭结构也会影响高职学生的心理，如单亲家庭、离异家庭等，都容易给孩子的成长造成心理压力。

（五）就业的压力

社会的飞速发展，使得企业对毕业生的要求逐年提高，岗位竞争的压力也在不断加大。越来越严峻的就业形势使高职学生对自己的未来前途和职业发展充满担忧和焦虑。受学历限制，高职学生在择业竞争中很难凸显自身优势，也容易在就业的过程中遇到暂时的困境，面临较大的就业竞争压力。

二、高职生减压方法

在了解了上述压力来源后，你也许更渴望学习具体可操作的减压方法，帮助自己更好地应对压力。但要提醒你的是，就像面对相同的压力事件，每个人对压力的感受、反应、看法都会不同一样，这里所介绍的方法并不一定都适合你，希望你能根据自己的实际情况选择适合的方法进行减压，并将其灵活运用，最终变成最有效、实用的减压方法。

（一）参加运动

适当的运动是缓解压力的有效方法，可以改善睡眠、提高人的注意力和身体免疫力，篮球、游泳、慢跑等都是很好的选择。起减压作用的运动还有身体放松运动，比如瑜伽、冥想等。可以在清晨、午间或者睡前进行一些简单的肌肉放松，让你的精力得到明显恢复。还有一种最简单的小运动，就是闭目养神，你只需要把眼睛闭上，将注意力放在对身体的感受上，比如关注自己的呼吸和伴随呼吸起伏的腹部，只要一会儿就能感受到紧张随着呼吸离你而去。

（二）调整饮食

压力与饮食之间的相互影响确实存在，当你发现自己比平时更爱吃甜食或者不饿的时候也想吃东西就要觉察是否是压力在作祟。所谓病从口入，压力本就对身心造成不良影响，如果饮食上还增加身体的代谢负担，可谓雪上加霜。因此可以尝试多吃水果蔬菜，用坚果和水果代替零食，多吃蔬菜、豆制品、谷物等，这有助于身体健康。

（三）注重睡眠

睡眠是缓解压力的最佳方法，充足的睡眠可以帮助我们快速恢复体力和精力。睡眠是人体节律性的重要体现，从中医的角度看，人类的作息安排应该与自然规律统一，日出而作、日落而息。因此避免熬夜打游戏或是在睡前做一些令人兴奋的活动，用热水泡脚、来杯蜂蜜水或牛奶都可以有效缓解紧张情绪，帮助入睡。

课堂活动 缓解压力

（一）目的

帮助学生感受理想自我，营造积极氛围，缓解压力。

（二）过程

（1）拿出手机或者镜子，看看那个熟悉的自己，想一想有什么是你希望改变的？一个更积极、健康的你会是什么样子？

（2）闭上眼睛，然后想象着自己变成你希望的样子，一个更积极、更健康的样子，直到你内心出现一种你相信自己一定会变成这个样子的感觉（停顿 10 秒），然后慢慢睁开眼睛。

（3）再次看着镜头里的自己，对自己说出一句鼓励、感激或者赞扬的话，比如“我觉得你皮肤很白”“我觉得你能行”等。

在完成这个练习后，以宿舍为单位或以 3 ~ 5 名同学为一组，进行小组分享和讨论，并选出一名代表，在班级发言讲一讲自己和小组同学在练习前后的感受。

（三）思考

当你相信自己一定会变成理想中更积极、健康的样子时的心情是怎么样的？当你听到对自己说的那句鼓励或赞扬时，有什么情绪变化吗？

课后思考

1. 当你遇到压力时，你能注意到自己的反应和想法吗？
2. 压力下你常有的反应和想法对你有帮助吗？
3. 你对压力事件的认识准确吗？有没有夸大其消极部分？

心理知识窗

鲶鱼效应

挪威人喜欢吃沙丁鱼，尤其是活鱼。市场上活鱼的价格要比死鱼高许多，所以渔民总是千方百计带活沙丁鱼回港。虽经种种努力，可大部分沙丁鱼还是会在中途窒息而死。后来，有人在沙丁鱼群放进了一条以鱼为主要食物的鲶鱼。沙丁鱼见了鲶鱼四处躲避，大多数活蹦乱跳地回到了渔港。这就是著名的“鲶鱼效应”，一般用来印证适当的竞争压力犹如催化剂，可以最大限度地激发人们体内的潜力。

单元
12.3

高职生的压力应对与管理

案例分享　挂科的压力

某高职院校大二学生吴同学，刚入学时成绩优异，从大一开始担任班级主要学生干部（同时加入院学生会），工作的积极性、主动性很高，不管是班级还是学生组织里有什么工作任务请他参与，他都会毫不犹豫地答应并尽全力去完成，因此他大部分的时间和精力都被这些社会工作所占用。为了完成这些工作，他常常忙得作业都顾不上写，甚至连上课都要请假，导致学习成绩下降，甚至出现补考和重修的情况。在大二下学期的时候，他收到了学校下发的学业预警通知书，被告知如果这些科目不能考核通过，将面临留级的处理。他顿时感到非常焦虑，想到那些需要通过的考核科目，感觉压力山大，不知道该从哪里下手学起。失眠了好几个晚上的他走进了咨询室。

分析

吴同学的压力看上去是来源于多门无法通过的科目，以及可能面临的留级处理。而造成他今天这个局面背后的真正原因，是他缺乏对时间的合理划分与管理，无法兼顾学业与工作，导致他考试亮起了红灯。每个人的时间和精力都是有限的，但并不是每个人都清楚自己有限的时间和精力都花到哪里去了，我们只有意识到自己时间的去处，才能找到调整的方法。吴同学可以通过列出自己日常事务所花费的时间，来了解自己时间的去处。通过设定清晰的目标，根据事情的轻重缓急决定处理次序，在逐步学会时间管理后，相信他一定可以化压力为动力。

一、高职生压力应对方式

应对（Coping）也称应付，最早由弗洛伊德提出，被认为是解决心理冲突的自我防御机制，是一种无意识行为。应对方式作为应激源与应激反应之间的重要中介心理机制，对个体的心理健康产生着间接的影响。高职学生面对生活中的各种压力时，采取的应对方式具有多样性：有积极的应对方式也有消极的应对方式；有成熟的应对方式也有不成熟的应对方式。最常见的应对方式有问题解决、逃避面对、寻求帮助、合理化。

（一）问题解决

问题解决（Problem Solving）是指由一定的情景引起的，按照一定的目标应用各种认知活动、技能等，经过一系列的思维操作使问题得以解决的过程。心理学家认为我们生活的世界处处时时都存在着各种各样的矛盾，当某些矛盾反映到意识中时，个体才发现它是个问题，并设法解决它。

人生就是解决一系列问题的过程，在面对压力时，人们最常用的策略就是直接采取行动以解决问题，包括评估压力情境、找出行动方案并积极采取行动。比如当你面临期末大考，会不分昼夜地看书复习，拼尽全力地达到通过考试的目标。这是高职学生最常用的成熟性应对策略，把压力转化为动力，才有更大可能获得自己期望的结果。

（二）逃避面对

鸵鸟遇到危险时，会下意识把头埋入沙堆里，以为自己眼睛看不到危险就安全了，心理学家将这种心态称为“鸵鸟心态”。这是一种逃避现实的心理防御机制，习惯运用这个应对策略的个体通常缺乏自我同一性，缺少自信。他们回避挑战，常将自己的失败归因于外部因素，避免自己在压力面前过度坚持而屡屡受挫。

这是一种不成熟的应对模式，所有逃避的事情和不舒服的情绪都会压抑在自己的身体里。长期以这样的方式应对压力，不仅不能使压力退却，反而会影响自己的身体健康。只有当你能觉察到，并停止自己的逃避模式时，才能回到压力的情境中来，从面对问题开始，接纳问题和自己的情绪。当你接纳而不逃避和抗拒问题的时候，你的能量才会回来，你才有能量和能力应对问题。

（三）寻求帮助

当个体在遭遇压力事件的时候，会本能地思考自己在社会关系网络中所能获得的、来自他人的物质和精神上的帮助和支援有哪些。同时尝试了解和寻找与压力事件相关的知识，从而增强自己应对压力的信心。这是高职学生较为常用的一个应对策略，同时，他们还会尝试联系有着同样困扰的人们，一方面可以和他们倾诉自己的负性情绪，另一方面可以获得理解与支持，在相互的宣泄和鼓励中，大大缓解压力，提高对学习与生活的热情。

（四）合理化

“合理化”就是制造“合理”的理由来解释并遮掩自我的伤害，是个体无意识地用似乎合理的解释来为难以接受的情感、行为、动机辩护，以使其可以接受。这个理论有很著名的两个案例：一个是酸葡萄心理——丑化失败的动机；一个是甜柠檬心理——美化被满足的动机。一些高职学生在学业上因为学习目标、学习方法存在问题而导致学业困难，但是他意识不到这些本质的原因，反而用“我可能不是学习的料”“大家这次都考得不好”来合理化自己的压力情境，其实是自欺欺人，终非解决问题之道，属于消极的应对策略。

二、高职生的压力管理策略

高职学生面临学业、人际、情感、就业等一系列问题，也因此承受着与之相伴的各种压力。围绕压力管理中的心理管理、沟通管理、时间管理，依据压力的程度、个体对环境的控制能力、面对压力的评定和自我感受、压力管理和情绪调节等能力，我们可以运用以下压力应对策略，以更积极成熟的方式去面对人生的压力与挑战。

（一）正视压力

“鸵鸟心态”这种消极的应对反应虽然可以避免个体在压力情境中持续受挫，是一种常见的心理防御机制。但是如果总是使用这样的防御机制，也就令人丧失了解决问题、减轻压力的勇气和可能性。承认压力表明你认识到了自己正面临问题，这对减轻压力非常关键，只有承认压力的存在才能战胜压力。

（二）释放情绪

情绪在压力应对中扮演着重要的角色。日常生活中，情绪的变化尤其是负性情绪的出现，就是在向个体发出压力预警的信号。同时情绪也会贯穿于压力应对的过程当中，与其产生相互作用，积极的情绪将引发更多正向行为，促进压力应对的良性循环。例如当一些高职学生因为某一个压力情境而产生大量负性和复杂情绪时，选择去操场上打球、跑步让自己痛痛快快出一身汗或是痛哭一场，都能让情绪得到释放，减轻压力带来的负面影响。

所有表达性的活动都能起到情绪释放作用，如倾诉、书写、唱歌、祈祷、喊叫、舞蹈、运动等。情绪能量会随着你的呼吸、语言、声音、汗水、加速的血液循环等得到释放或者转化，让你拥有更好的压力应对状态。

（三）调整认知

认知就是平时说的想法，通常情况下这些想法都是在我们没有意识到的情况下就自动出现了，我们称之为自动思维。和压力相关的思维多为负性思维，那些自动出现的负性思维，常常以扭曲的认知偏差来呈现。例如有的高职学生打算去参加班委的竞选，还没去就觉得自己一定选不上，这个念头却毫无依据。如果我们能在负性思维自动出现的时候，就意识到它的存在，并对这个认知进行调整，建立更积极的认知评价，就可以获得更积极的心态和良性行为。比如当你觉得“我肯定竞选不上班委的时候”，试着用“我要试试，至少我有一个机会来参与这个事情”的观点来应对负性思维。当我们用这样的方式对有偏差的认知进行调整，就可以增强应对压力和解决问题的力量。

（四）寻求支持

越来越多的研究表明，社会支持能够对处于压力情境下的高职学生起到重要的支撑作用，有利于个体的身心健康。尤其是个体主观感知到的支持，能在更大程度上帮助其自身提高压力的应对能力。在面对心理压力时，主动寻求社会支持是非常有益的。而社会支持体系，包括亲人、朋友、同学、师长、心理咨询专家及组织机构等，可以提供的支持包括情感支持、信息支持、肯定支持、归属感支持、现实支持等。

（五）关注当下

乔·卡巴金博士提出的正念（Mindfulness）理论，从心理学角度是指用一种特定的方式来进行觉察，即有目的地觉察，但不做任何判断。关注当下是一种心理过程，让人的思想不再漫无目的地发散、妄想，而是把内在和外在的意识体验专注于当下的事物，觉知但不评判。

一些高职学生一直无法释怀高考的失利，进入高职院校后也一直焦虑自己未来的发展，甚至出现心慌、失眠等现象。当他们能放下对过去的纠结和对未来的担忧，觉知他们当下的身体、情绪感受，就有机会调整它们而不是被控制。他们的烦恼其实来自自身和外界的评价，当我们不去评价，就会少了很多负性情绪。当我们可以心平气和地把注意力放在自己当下可以做的事情上，并越来越多、越来越好地完成的时候，反而能够获得相应的成功和良好的身心状态。

课堂活动 压力管理

（一）目的

帮助学生学会压力管理，调节身心状态。

（二）过程

请每位同学拿出一张纸和一支笔。

（1）在一张白纸的正面画一个圆形，代表你一天的24个小时，请将这个圆形按照你每天的时间安排比例分成若干份，比如睡眠8小时、上课4小时，吃饭1.5小时等。

（2）在白纸的背面，写下20个能够给带给你快乐的行为或者活动。

（3）将这20个行动和白纸正面的圆形图进行对比，看看有多少条被圆形图所包含，占比为多少。

完成练习后，请与身边的同学分享下彼此的情况。老师可以在同学之间的分享结束后，邀请5名以上的同学在班级进行分享发言。

（三）思考

如果快乐行为比例超过50%，思考一下你是如何做到的。如果比例少于50%，思考一下你能在日常生活中增加哪些快乐行动。

课后思考

1. 你利用过你的社会支持系统吗？
2. 当你遇到压力事件时，你现在拥有的支持系统对你有用吗？
3. 当别人遇到压力事件，你给予过别人哪种支持？

心理知识窗

左右大脑对压力的反应

左脑额叶更活跃的人会倾向于积极应对压力。因为右脑额叶（Frontal Lobe）更活跃的人，在产生心理压力时，体内皮质醇（Cortisol）水平会大量升高，使得他们会高估问题的危险程度，更倾向于回避；而左脑额叶更活跃的人皮质醇水平上升较为平缓，他们在面对压力情境时更愿意去直面问题。而人们的哪一侧额叶会更活跃，可能与他们的基因有关。

自我探索 心理弹性测评

表 12-1 是用于评估心理弹性水平的自我评定量表。请根据过去 1 个月的情况，针对下面每个阐述，选出最符合自己的一项。注意：这些问题没有对错之分。

表 12-1 心理弹性水平的自我评定量表

序号	题目	从来不	很少	有时	经常	一直如此
1	我能适应变化	0	1	2	3	4
2	我有亲密、安全的关系	0	1	2	3	4
3	我对自己的成绩感到骄傲	0	1	2	3	4
4	我努力工作以达到目标	0	1	2	3	4
5	我感觉能掌控自己的生活	0	1	2	3	4
6	我有强烈的目的感	0	1	2	3	4
7	我能看到事情幽默的一面	0	1	2	3	4
8	事情发生总是有原因的	0	1	2	3	4
9	我不得不按照预感行事	0	1	2	3	4
10	我能处理不快乐的情绪	0	1	2	3	4
11	有时，命运能帮忙	0	1	2	3	4
12	无论发生什么我都能应付	0	1	2	3	4
13	过去的成功让我有信心面对挑战	0	1	2	3	4
14	应对压力使我感到有力量	0	1	2	3	4
15	我喜欢挑战	0	1	2	3	4
16	我能做出不寻常的或艰难的决定	0	1	2	3	4
17	我认为自己是个强有力的人	0	1	2	3	4
18	当事情看起来没什么希望时，我不会轻易放弃	0	1	2	3	4
19	无论结果怎样，我都会尽自己最大努力	0	1	2	3	4
20	我能实现自己的目标	0	1	2	3	4
21	我不会因失败而气馁	0	1	2	3	4
22	经历艰难或疾病后，我往往会很快恢复	0	1	2	3	4
23	我知道去哪里寻求帮助	0	1	2	3	4
24	在压力下，我能够集中注意力并清晰思考	0	1	2	3	4
25	我喜欢在解决问题时起带头作用	0	1	2	3	4
总分						

本测评主要考察五个方面：能力、消极情绪、接受变化、控制、精神影响。在选择完成以后，请把你勾选的数值相加得出总分，分数越高，表示心理弹性越好。

知识拓展 个体心理学创始人——阿德勒

阿尔弗雷德·阿德勒（Alfred Adler），奥地利精神病学家，个体心理学的创始人，人本主义心理学的先驱，现代自我心理学之父；精神分析学派内部第一个反对弗洛伊德的心理学体系，由生物学定向的本我转向社会文化定向的自我心理学，对后来西方心理学的发展具有重要意义。

1870 年 2 月 17 日，阿德勒出生于奥地利首都维也纳，幼年身体孱弱，4 岁才能走路，5 岁患肺炎，长大后决定学医。1895 年在维也纳大学获得医学博士学位，从 1906 年开始追随弗洛伊德。后来由于他轻视性本能而强调社会因素，于 1911 年被弗洛伊德开除。但是由于阿德勒的个体心理学接近现实生活，比较容易为人们所接受，很合讲求实际的美国人的口味，所以，他在美国的影响很大。新精神分析的社会文化决定论思想就是在他的思想影响下发展起来的。

阿德勒受尼采生命哲学中“求权意志”理论的影响，认为人人都有追求优越于他人的欲望。但是，人往往都有缺点，从而生来就有自卑感。为了克服自卑，超越他人，每人都假设有生活目标并以一定的生活方式来实现他的生活目标。一个人的人格就是在采用某种生活方式以实现他的生活目标过程中形成发展起来的。为了克服自卑感，他告诫父母必须引导孩子设置正确目标，培养孩子和他人合作的兴趣和能力，就能使孩子从小获得一种超越常人的成就感而形成健康人格的优越性。阿德勒不仅重视家庭教育的重要性，而且也非常重视学校教育，他认为学校教育是家庭教育的继续，并且随着社会的生产方式而变化，学校的性格教育是寻求社会生活中增加合作程度的方法。他一直强调：决定一个人的并不是他的环境，而是他对环境的估计，这种估计能力的培养则要靠教育。

和荣格相比，阿德勒的心理学虽然比较重视社会的生活方式对人格形成的影响，而有别于弗洛伊德，但是，在以生物本能为人格形成的最后决定因素这一点上，他们三位还是一致的。

总结案例 孙同学的压力管理

孙同学是一名高职院校大三的学生，临近毕业的他最近正经历着情感上的重大压力，感到十分郁闷和痛苦。他和女朋友来自不同的城市，感情一直很好，他原本打算毕业后和女友一起留在南京发展，为了彼此的将来共同努力奋斗。但是最近女友接到父母打来的电话，得知双亲已经托人为她安排好了工作，希望她毕业后就回老家。女友自己也很满意那份工作，希望孙同学毕业后能去她的家乡发展，而这并不是孙同学希望的，两个人都无法说服对方，多次不欢而散，甚至谈及分手。他觉得女友贪图安逸，把现成的工作看得比他重要，对他没信心不愿意和他共患难，一想到这孙同学就感到无比焦虑和烦躁，于是决定到心理中心找老师咨询。当咨询师帮助他分析了自己所面临的压力来源，指导他尝试一些压力管理的方法以后，他的生活发生了明显的变化。首先是他和女朋友不再争吵不休，这变化是怎么来的呢？源于孙同学对关注当下这个压力管理方法的实践运用，那天他又和女友见面，谈及毕业后去向的问题时，他告知女友自己很爱她，不想和她分手。尤其现在还没到正式毕业的那一刻，他希望彼此能先把眼前的这段时间相处好，毕业时再做决定。如果那时女友想回家乡，而他仍然想尝试留在南京发展，他愿意和女友尝试异地恋。整个谈话中，孙同学一直在思考的是不去评价女友要他和自己一起回家乡发展是对还是错，只把它当成一种态度，分析女友为什么会这样说，然后也给出了自己的态度，反而获得了女友的理解，两个人重归于好。

分析

当我们陷入焦虑或者压力的时候，要么是担心着未来，要么是痛苦着过去，其实都忽略了当下。在日常生活中，我们总是习惯去评价，是对的错的、好的坏的、喜欢的讨厌的。当评价出现时，情绪就随之而来，让你的大脑失去理智，内心失去平静。所以当孙同学停止了对女友的评价，转而站在女友的角度思考她为什么会这样说，就体会到了女友是因为在乎他，不想和他分开，所以希望他能去她的家乡发展。而这样的理解，逐渐缓解了孙同学的负面情绪。

模块十二　课堂反馈

模块十三

规划生涯　助梦实现

学习指南

当代大学生该如何规划自己未来的人生？走上工作岗位时，我们是初出茅庐的职场新人，如何有效应对工作中的问题？如何克服在工作中出现的倦怠？如何超越自我，实现自己的职业梦想？在本模块的学习中，我们将一起讨论关于职业生涯规划的一系列问题，帮助同学们更好地规划自己的未来。

能力标准

分类	具体内容
知识	1. 生涯和职业生涯的概念 2. 高职生生涯规划的发展及方向 3. 高职生生涯规划的过程和方法
技能	1. 掌握生涯和职业生涯的基本理论 2. 学会规划自己的职业生涯 3. 熟练运用高职生职业生涯规划的原则、方法、步骤
态度	1. 正确认识自我，思考自身发展方向 2. 正确运用职业生涯规划相关知识 3. 以积极的心态面对未来的职业生涯

单元
13.1

生涯与职业生涯

案例分享　放牛娃的生涯规划

一位学者在一个山沟里看到了一位放牛娃骑在牛背上，很悠闲地唱着小调，于是，好奇地走了过去，问放牛娃："娃，你在干吗？"

放牛娃答："我在放牛。"

学者又问："放牛为啥？"

放牛娃说："放牛挣钱！"

学者再问："挣钱为啥？"

放牛娃："挣钱盖房子。"

学者："盖房子为啥？"

放牛娃："盖房子娶媳妇。"

学者："娶媳妇为啥？"

放牛娃："娶媳妇生娃。"

学者："生娃干啥？"

放牛娃："生娃放牛。"

分析

从上述的小故事里，我们可以看到一位山沟里的放牛娃给自己制定的生涯规划，他给自己的职业定位是放牛，自己的人生目标是挣钱、盖房以娶妻生子，造就下一个放牛娃。同学们可能会觉得这样的规划挺可笑的，是胸无大志的表现，因为这样的规划甚至不需要努力，就可以完成。但我们换个角度去看，却可以看到放牛娃的另外一面，至少说放牛娃对自己放牛的目的性非常明确，对自己未来的职业及想要过的生活有着自己的思考，这样的思考会成为他放好牛的动力。从多年的咨询个案中，我们发现，有相当一部分高职学生对自己的未来缺乏规划，继而会觉得生活无聊、无趣，到临近毕业时突然发现，时间过得很快，自己还没有做好步入社会的准备。同学们，你对自己的未来有规划吗？

一、生涯与职业生涯

（一）生涯的含义

据记载，生涯一词在我国最早见于庄子语录：吾生也有涯，而知也无涯。这里，生为生命，涯为边际的意思。庄子的意思是："我的生命是有限的，但需要我学习、探索的却是无边无岸的"。1909 年美国职业指导之父佛兰克·帕森斯（Frank Parsons）的著作《职业选择》中用到了生涯一词，之后的 100 多年里，国内外学者对生涯的内涵和外延进行不断地探究，赋予其新的含义，形成了不同的解释。

美国职业理论专家舒伯（Super）认为：生涯是生活里各种事件的方向与历程，它统合了人的一生中各种职业和生活的角色，是个人终其一生所扮演的角色的整个过程。生涯由时间、广度、深度 3 个方面构成，这三个方面分别代表了个人生命的时程、扮演角色的多少以及角色投入程度。施恩则将生涯分为内生涯和外生涯。内生涯是指在职业生涯发展中，通过提升自身素质与职业技能而获取的个人综合能力、社会地位及荣誉的总和，它是别人无法替代的人生财富。外生涯是指在职业生涯过程中所经历的职业角色及获取的物质财富的总和，它是依赖于内生涯的发展而增长的。内生涯因素主要靠自己的不断探索而获得，外生涯因素通常由别人决定、给予、认可。

霍德（Hood）和班纳茨（Banathy）认为：生涯包括个人对工作职业的选择和发展、对非职业性或休闲活动的选择与追求，以及在社会交往活动中参与的满足感。韦伯斯特认为：生涯是指个人一生职业、社会关系与人际关系的总称，即个人自身发展的历程。

我国的许多学者也对生涯的概念进行了研究，其中台湾学者金树人先生认为生涯一词涵盖了三个重点：生涯的发展是一生当中连续不断的过程，生涯包括个人在家庭、学校和社会中与工作有关活动的经验，这种经验塑造了独特的生活方式。也有一些学者提出生涯有广义和狭义之分，广义的生涯指人生的发展道路，狭义的生涯指与个人终生所从事的工作或职业等有关的活动。他们认为：

第一，生涯是不断选择和创造的：生涯是一个人的愿望和可能性之间、理想与现实之间妥协和权衡的产物，是一个不断的连续选择的结果。

第二，生涯是发展和连续的：生涯不是某一特定工作或者职责的时间段，本质上讲，生涯是持续一生的过程。生涯发展是一生中连续不断的过程，是一个需要终生学习、终生发展的过程。

第三，生涯是独特和有目的的：生涯是因个人的动机、抱负和目标而形成与发展的，反映了个人的价值观和信念，不同的个体具有不同的生涯历程。

第四，生涯是多角色交互的综合体：生涯不仅是一个人的"职业"或者"工作"，还包含了个人的生活风格，即同时期所有生活角色的交互作用，以及人们整合和安排这些角色的方式。

（二）职业生涯的含义

职业生涯是生涯的一个部分，由于人们谈及生涯时常和职业相联系，又可以将职业生涯认为是对生涯的狭义理解，专指一个人一生中所有与工作相联系的行为与活动，以及相关的态度、价值观、愿望等的连续性经历的过程。影响一个人职业生涯的因素有很多，有来自家庭的，有来自自身的，也有来自环境的等。但在一定程度上，职业生涯可以说是个人一生中由于心理、社会、经济、生理及机遇等因素相互作用所形成的工作、职业的发展变化。职业的发展是个人发展中的重要内容，它涵盖了人的一生，并包括了个人的自我概念、家庭生活以及个人所处的环境、文化氛围等方方面面。职业生涯可以理解为个人在人生中所经历的一系列职位和角色。具有以下的内在特性：

1. 方向性

职业生涯伴随人生发展的轨迹，有一定的指向性。在不同的岗位上，从事的职业在目标、内容、方式、场所上有着较大的差别。社会通过职业角色引导人的职业方向，把个体的人生发展目标整合到社会文化发展的轨道上来。

2. 时间性

职业生涯是人一生中依序发展的各种职业角色的统合。从过去、现在到未来，人们从事相对稳定的、有收入的、专门类别的工作。虽然岗位不同，但都是人们为生活发挥个人能力并为社会做贡献的持续性活动。

3. 空间性

职业生涯包括任何与工作有关的经验和活动，如承担该工作所需要的经验和活动、资格和能力以及在工作中建立的与其他部门或社会成员的人际关系等。

从心理层面来看，在职业生涯中，人们的自我意识伴随着职业角色的发展，在人的社会发展、职业发展的前提下，个人的需要得到了满足，潜能得到了发挥。

二、职业生涯规划及相关理论

（一）职业生涯规划的含义

职业生涯规划指的是个体对其一生所承担职务的相继历程的预期和计划。也就是说是人在对自己的兴趣、爱好、能力、特点和客观环境进行综合分析与权衡的基础上，面对各种抉择情境学会界定问题，通过恰当的规划为自己确立职业方向和目标，确定教育和发展计划，制定行动策略，实现个体的全面最优发展。从内容上看，职业生涯规划是个人对自己一生职业发展道路的设想和规划，包括选择职业以及在何时何地从事这种职业、在这个职业中充当什么角色等。通过职业生涯规划，个体可能会更关注自己的兴趣、爱好、能力及将来所想及所能从事的工作并为自己所设立的目标而努力。

由此可以看出，生涯规划的目的不仅是帮助个人按照自己的资历条件找到一份合适的工作，实现个人目标，更重要的是了解自己，为自己定下事业大计，筹划未来，拟定一定的发展方向。高职学生正处于职业生涯的探索阶段，学习职业生涯规划的知识和理论对今后的职业发展有着重要的意义。

（二）职业生涯规划的基本理论

1908 年美国职业指导之父佛兰克·帕森斯（F. Parsons）在波士顿建立了第一个职业局，自此，许多专家与学者开始着力研究职业发展，形成了很多理论。

1. 认知信息加工理论

美国职业生涯理论家里尔登（Reardon）等人提出的认知信息加工理论是目前通过计算机与实践结合最多、整合最好的理论之一。该理论通过金字塔模型，将职业生涯规划分为知识领域、决策技能领域及执行领域。知识领域主要指自我知识和环境知识，自我知识主要指和自己有关的方面，比如自己的兴趣、能力和价值观等。环境知识则是指和职业选择相关的方面。决策技能领域是职业规划的核心，该理论提出一个良好的决策应该包括沟通、分析、综合、评估和执行等五个步骤。这五个步骤被称为CASVE循环。执行领域是对职业生涯规划进行调控的领域，在这一领域要思考决策制定过程、控制CASVE循环的启动以及准备何时执行选择等。

2. 霍兰德理论

美国职业心理学家霍兰德创立的人格类型理论对人才测评的发展产生了重要的影响。霍兰德认为“个人的职业选择虽然受到职业环境机会的影响，但并非随意事件，而是其人格的展现”，霍兰德的人格类型理论基于四项基本假设和三项辅助假设。四项基本假设：一是在现实的文化中，可以将人的人格分为实际型、研究型、艺术型、社会型、企业型与传统型六种类型，每一特定类型人格的人，对相应职业类型中的工作或学习感兴趣；二是环境也可区分为上述六种类型；三是人们寻求能充分施展其能力与价值观的职业环境；四是个人的行为取决于个体的人格和所处的环境特征之间的相互作用。在上述理论假设的基础上，霍兰德提出了人格类型与职业类型模式，不同类型人格的人需要不同的生活或工作环境，例如“实际型”的人需要实际型的环境或职业，因为这种环境或职业才能给予其所需要的机会与奖励，这种情况称为“和谐”。类型与环境不和谐，则该环境或职业无法提供个人的能力与兴趣所需的机会与奖励。

3. 金斯伯格的职业发展理论

金斯伯格认为职业选择经历是从模糊的空想走向现实。他将这一逐渐成熟的心理过程分为空想期、探索期、现实期三个阶段。

（1）空想期。

11岁以前为空想期。这个阶段的特点是对职业的期待容易理想化，情感色彩较浓。

（2）探索期。

11～17岁为探索期。这个阶段个体开始考虑今后的职业和自己所面临的任务，并把这个任务作为奋斗的目标。这个阶段的特点是带有很大的冲动性和盲目性，十分不稳定。

（3）现实期。

17岁至成人为现实期。随着年龄的增长及心智的成熟，这一时期的个体更注重现实。他们有可能会尝试把自己的选择与社会的需要联系起来，确定自己的职业目标并开始为之努力。为实现自己的目标，个体还会选择高一级学校接受专业培训，准备就业。就发展历程来看，许多高职学生的高职生活已是实现他们最终目标的最后一次系统的接受教育的时期，是职业发展的关键阶段。

4. 舒伯的职业发展理论

舒伯依据年龄将生涯发展阶段分为成长、试探、建立、保持与衰退五个阶段，每个阶段都有一些特定的任务需要完成，前一个阶段任务的完成关系到后一个阶段的发展。1976年到1979年间，舒伯提出了生活广度、生活空间的生涯发展观。在舒伯的生涯彩虹图中，横向层代表的是横贯一生的生活广度，纵向层代表的是生活空间，是由一组职位和角色所组成。舒伯认为，人的一生中必须扮演儿童、学生、休闲者、公民、工作者及家长六种角色。角色之间是相互作用的，某一个角色的成功会带动其他角色的成功，同样一个角色的失败也有可能导致另外一个角色的失败。

三、生涯规划对高职生发展的意义

生涯规划的功能在于为生涯设定目标，并找出达到目标所需要采取的步骤。目标可以给人生带来希望、意义及动力。

奥地利心理学家维克多·弗兰克开创了心理治疗中的“意义疗法”。他说：“你不要去问生命，你应该要回答生命对你的质询。”

米歇尔罗兹对生涯规划的意义做了详细的解释，他认为：生涯规划有突破障碍、开发潜能和自我实现的三个积极目的。突破障碍包括突破内在障碍和外在障碍。内在障碍通常是由一个人对自己的不了解、低评估、不自信或者无安全感造成的。外在障碍通常与外在环境的变化相联系。一个没有生涯目标的人，很容易受外界环境的变化所影响，同时，在自我探索上也会因缺乏动力而找不到方向。

对于大多数高职学生来说，无论当初是因为何种原因选择了接受高职教育，但高职教育都有可能成为其系统地接受教育的最后一站，所以说，从进入高职院校的第一天起，同学们就应该为自己的高职生活及三或四年后的职业生涯进行一个规划，这对于充实地度过高职生活及顺利地进入社会，做好入职准备是有意义的，对将来的自我发展也会起到事半功倍的作用。

在生涯规划中，目标的制定是一个探索过程，有助于自我探索，可以使同学们有意识地去更深层次地了解自己，去发现自己的兴趣、能力、价值观及个性特点，挖掘现有和潜在的资源优势，对自己的优劣势进行对比和分析，从而可以明确自己想干什么、能干什么及适合干什么，客观地评估自己在想干、能干及适合干之间的距离。同学们利用在校的三到四年时间，尽可能地通过各种方法来缩小这样的差距，增强自己的职业竞争力，帮助自己实现职业理想与目标。

课堂活动 理解职业生涯

（一）目的

促进同学对生涯和职业生涯的理解。

（二）过程

将全班同学分成若干组，就近坐在一起，每组选出组长，由组长组织对下列问题进行讨论并推选一位同学在大组进行分享。

（1）你对高职院校的生活有过什么样的设想？付诸努力了吗？对毕业以后自己将要从事的职业有什么样的打算？为了这样的规划，你打算做哪些准备？

（2）组内推选出一名同学，将组内讨论情况在大组进行分享。

（三）思考

其他同学的看法对你有什么影响？

课后思考

1. 想一想，你的人生总目标是什么？短期目标（2 ~ 3 年）是什么？中期目标（4 ~ 10 年）是什么？长期目标（10 年以上）是什么？

2. 生涯和职业生涯有什么区别？

3. 谈谈你对高职生生涯规划的理解。

心理知识窗

大学生的十项生涯发展目标

1. 生涯自主与责任意识；
2. 系统性的自我探索；
3. 发展暂时生涯目标；
4. 以暂定生涯目标为主的生涯探索；
5. 收集生涯资料的主动性；
6. 整合个人特质与教育职业的关系；
7. 从环境资源检视暂定生涯目标的可行性；
8. 生涯决策；
9. 形成在校学习期间的短期目标；
10. 提高生涯计划与问题解决能力。

单元 13.2

生涯规划的发展及定向

案例分享 林肯的目标

林肯 51 岁时当选美国总统，实现了自己的梦想。在那之前他经历了无数次的失败：包括 22 岁，经商失败；23 岁，竞选州议员，落选了；24 岁，向朋友借钱经商，年底破产，接下来花了 16 年，才把这笔钱还清；26 岁，订婚后即将结婚时，未婚妻病逝；29 岁，努力争取成为州议员的发言人，没有成功；31 岁，争取成为被选举人，落选；34 岁，参加国会大选，又落选了；39 岁寻求国会议员连任，失败；40 岁，想在自己州内担任土地局局长，被拒绝；46 岁竞选参议员，落选；47 岁，在共和党的全国代表大会上争取副总统的提名得票不到 100 张；49 岁，再度参选议员，再度落选；等等。但林肯并没有放弃，而是按照自己既定的目标一路前行，跌倒了爬起来，掸掉灰尘，继续坚定地往前走，这是他获得成功的关键。

分析

你的梦想是什么？为了你的梦想，在校期间你可以做些什么呢？

一、高职生生涯规划的发展阶段

美国职业生涯发展师舒伯根据自己“生涯发展形态研究”的结果，参照布勒的分类，将生涯发展阶段划分为成长、探索、建立、维持和衰退五个阶段。

（一）成长阶段

1. 年龄范围（0～14岁）

此阶段属于认知阶段，儿童通过家庭和学校中关键人物的影响并加以认同，发展自我概念。此阶段早期，需要和幻想占统治地位，随着参与社会和了解现实的增加，兴趣和能力变得更加重要。

（1）幻想期（4～10岁），需要支配一切，在幻想中扮演自己喜爱的职业角色。

（2）兴趣期（11～12岁），喜好成为个人职业期望和活动的主要决定因素。

（3）能力期（13～14岁），能力的重要性逐渐增加，开始考虑自己的能力及工作要求。

2. 主要任务

发展自我概念，也就是认识自己是个什么样的人，建立对工作世界的正确态度，并了解工作的意义。

（二）探索阶段

1. 年龄范围（15～24岁）

此阶段属于打基础阶段，通过学校学习、休闲活动和短期工作，进行自我考察、角色鉴定和职业探索。

（1）尝试期（15～17岁），考虑兴趣、需要、能力、价值观以及就业机会，通过幻想、讨论、课外工作等方式，尝试着选择职业，判断可能适合的职业领域和层次。

（2）过渡期（18～21岁），进入就业市场或接受职业培训，更重视现实，发展自我概念。

（3）初步试验承诺期（22～24岁），初步确定了职业选择，探索其成为终身职业的可能，必要时会重新选择，再次探索。

2. 主要任务

明确自己的职业偏好，使职业偏好逐渐具体化、特定化并实现职业偏好，形成与事实相符的自我概念，将一般性的职业偏好转化为明确的职业倾向。

（三）建立阶段

1. 年龄范围（25～44岁）

此阶段属于选择、安置阶段，找到合适的职业领域，努力建立巩固的地位。以后发生的变化将主要是职位、工作内容的变化，而不是职业的变化。

（1）承诺和稳定期（25 ～ 30 岁），在选择的职业上安顿下来，可能因职业满意程度的差别略有调整。

（2）晋升期（31 ～ 44 岁），致力于职业生涯的稳定，大多数人在此时期富有创造性，在工作中做出好的业绩，资历、辈分攀升。

2. 发展任务

找到机会从事自己喜欢的职业；学习处理人际关系；巩固地位，力争提升；稳定地发展职业生涯。

（四）维持阶段

1. 年龄范围（45 ～ 64 岁）

此阶段属于专精和升迁阶段，个人不断地付出努力来获得生涯的发展和成就，避免产生停滞感。面对新人的挑战，全力应对，很少或不去寻求在新领域中的发展。

2. 发展任务

接受自身的局限性；找出需要解决的新问题；开发新技能；专注于最重要的活动；维持并巩固既得的职业地位。

（五）衰退阶段

1. 年龄范围（65 岁以后）

此阶段属于退休阶段，随着身心逐步衰退，从原有工作中退出。完成角色转换，从有选择的参与者转换为完全退出工作领域的旁观者。退休后，个体还必须找到满意感的其他来源，以减缓身心上的衰退，持续生命力。

2. 主要任务

缩减工作投入，发展非职业角色，为退休做准备，做一直期望做的事。

在上述舒伯的生涯发展阶段中，每一阶段都有一些特定的发展任务需要完成，每一阶段都需要达到一定的发展水平或成就水准，而且前一阶段发展任务的达成与否关系到后一阶段的发展。在以后的研究岁月中，舒伯对发展任务的看法又向前跨了一步。他认为在人一生的生涯发展中，各个阶段同样都要面对成长、探索、建立、维持和衰退的问题，因而形成“成长—探索—建立—维持—衰退”的循环。用于高职院校的学生，我们可以理解为一个高职一年级的新生，必须适应新的角色与学习环境，经过“成长”和“探索”，一旦“建立”了较固定的适应模式，同时“维持”了高职学习生活之后，又要开始面对另一个阶段——准备求职。原有的已经适应了的习惯会逐渐衰退，继而对新阶段的任务又要进行“成长”“探索”“建立”“维持”“衰退”，如此周而复始。

高职学生的年龄大多数都在 18 至 22 岁之间，从舒伯的阶段划分中，我们可以看出是在第二阶段，也就是在探索阶段。这一阶段主要是学习知识，打好基础，并进行职业探索。明确了阶段任务，对于高职学生制定学习目标、规划学校三年的生活有着一定的指导意义。

二、高职生生涯规划涉及的领域与定向

依据生涯与生涯规划的概念，生涯规划的领域应该是个体角色职责所涉及的各项领

域。由此我们可以看出，作为高职院校学生的个体角色，所涉及的生涯规划领域包括了健康规划、学业规划、工作规划、人际关系规划、恋爱与婚姻规划、理财规划、休闲规划等。

（一）健康规划

健康规划是为身心健康而进行的规划，身心健康包括生理健康、心理健康、道德健康等。长期升学压力使得许多高职学生在中小学期间无暇顾及自己的身心健康状况，相当一部分同学体能较差、心理脆弱、不太关心集体，自我的行为习惯不理想。高职院校作为多数同学最后一个接受系统教育的阶段，同学们必须要考虑三年后与社会的对接，考虑如何能够适应社会，适应职业要求。健康规划就是让同学们关注自己的身心健康状况，形成良好的学习生活习惯。

（二）学业规划

高职学生中有关学业规划，有三种情况较为普遍：一种是走一步算一步，对自己的学业从未制定过规划；另有一部分学生是规划做得很好，但是缺少行动；还有一些学生，规划制定得不切合实际，以至于虽然很努力，但是仍无法完成，易形成挫败感。因此对于高职学生来说，首先要明确学业规划的重要性，再去做一份适合自己的学业规划。其次，要对自己的学业规划有督促实施的措施和方法。最后，要对自己的学习兴趣、学习能力等有一个充分的认识，制定出的学业规划要切实可行。

（三）工作规划

了解自己的兴趣，知道自己想做什么；了解自己的性格，知道自己适合做什么；了解自己的能力，知道自己能够胜任做什么。上述的三了解和三知道对于每个高职学生来说，都是重要的。它可以让我们围绕着自己将来想从事的职业，很好地利用在高职院校学习的三年时间，有规划地培养自己的兴趣，完善自己的性格，提高自己的相关能力，为三年后要从事的工作做准备。

（四）人际关系规划

人是社会化的人，任何人的生活、学习、工作都离不开与其他人打交道。按照马斯洛的需要层次理论，爱与归属的需要是人的基本需要之一。人际关系规划主要指人的社会归属，是指要对自己的社会支持系统的建立有一个规划。在做这样一个规划时，同学们有必要对自己的人际关系能力有一个认识，认识到自己的沟通能力、语言表达能力、倾听能力，认识到自己在人际关系建立中的优势和劣势，有计划地去完善和改进。

（五）恋爱与婚姻规划

有相当一部分高职学生在踏入高职院校的那一刻起，就对大学里要有一场轰轰烈烈的爱情充满了期待，有一些学生现实中找不到恋人，就到虚拟的网络世界中去寻找。一部分学生因对网络中的“他”或“她”的不了解而品尝了苦果，甚至给周围同学带来伤害的个案也屡见不鲜。也有部分学生抱着在学校里消遣解闷的心态去谈恋爱，结果有可能给他人带来极大的伤害，也常常给自己带来很多的麻烦。同学们有必要对自己的恋爱观、婚姻观有一个清晰的认识，并认真对待。

（六）理财规划

高职学生在校期间的经济来源主要是家庭，也有些学生会通过勤工助学及打工等取得一些收入，这样一些经济来源主要用来维持同学们在校期间的伙食等其他开销。我们常看到一些学生月初的时候用钱大手大脚，月中的时候捉襟见肘，月底的时候借钱度日。那么如何合理地、有计划地使用这样一些收入，这就需要同学们做一个理财规划，这样的规划不仅能够帮助同学们合理使用现有收入，还能培养同学们的理财能力。

（七）休闲规划

幸福生活需要会学习，会工作，同时也要有个人的兴趣与爱好，以充实自己的闲暇生活，提高生活质量。目前，有相当一部分高职学生缺乏兴趣爱好，业余时间多与电脑为伍，生活圈子很小，这既不利于身心发展，也会让生活变得单调而索然无味。因此休闲规划对于同学们来说是非常重要的，我们可以有计划地在节假日及课余时间选择去接近自然，给自己充电。也可以根据实际情况，培养兴趣爱好来拓展自己的生活空间，为将来的美好生活奠定基础。

三、高职生的生涯定向

心理学家玛西娅（Marcia）从自我认定的角度，依据面对的选择危机和专注定向，将青年自我定向归纳为四种不同的形态。

（一）自我定向者

在经历抉择危机之后，逐渐确定其生涯方向或职业目标。

（二）提早定向者

本身未曾面对抉择危机，但在生涯方向或职业目标上已接受父母或他人的安排而定向。

（三）延迟未定者

面对个人的抉择危机，正在寻找定向。

（四）茫然失措者

面临抉择危机，因生涯方向或职业目标模糊不定，而感到焦虑，甚至逃避抉择。

从高职学生目前的状况看，由父母安排定向的和茫然失措的学生较多，这两类学生表现出来的共同特点是，学习生活缺乏目标，生活无聊感和无意义感较强，缺乏学习动机，学生角色投入不足，学业成绩偏低等。因此，对于高职学生来说，生涯定向关乎着其今后的发展方向，也决定着同学们的校园生活及学习的动力与努力方向。

课堂活动 思考人生

（一）目的

促进学生对生涯规划的思考。

（二）过程

以宿舍为单位形成若干组，每组选出组长，由组长组织对下列问题进行讨论并推选一位同学在班级进行分享。

（1）请你思考一下自己喜欢的五件事，其中哪些可能与将来的职业有关，把它们写在表 13-1 中。

表 13-1　自己喜欢的五件事

序号	喜欢做的事情	有关的职业
1		
2		
3		
4		
5		

（2）看着表 13-1 格中自己所填写的内容，我的感受是 ________________________。

（3）组内推选出一名同学，归纳组内同学的想法在班级进行分享。

（三）思考

其他同学的想法对你有哪些启发？

课堂活动

1. 高职生应该如何有效地适应大学生活？
2. 大学三年的生涯具体应该怎样规划？
3. 高职生应如何设计好自己的职业生涯？

心理知识窗

大学生生涯规划误区和不合理的信念

1. 做了决定后，绝对不能后悔；2. 我一定要马上决定；3. 兴趣是万能的；4. 生涯规划没有必要；5. 做个平凡人，用不着生涯规划；6. 现在好好规划，以后就不用了；7. 我很忙，没有时间去规划什么。

单元 13.3

生涯规划的过程和方法

案例分享 父子和驴进城的故事

一对父子拉驴进城时，父亲首先让儿子骑在驴上，自己拉着驴步行前进。这时有一位路人见了，说道："这个孩子真不孝顺，居然让老父徒步，自己骑驴。"父亲听到闲话之后，为了让儿子成为孝子，要求儿子拉驴步行，自己坐上驴背。没坐上几分钟，又听见路人说："这个爸爸不慈爱，居然自己安坐驴背，让小孩子走路。"老父亲听到之后，又觉得不妥，赶紧叫孩子也一起骑上驴背。到了城门口，又有路人说："你们看这两位父子，一点都不知道保护动物，居然两人一起骑在驴背上，难道他们不知道驴也是血肉之躯吗?"父亲这时简直觉得无地自容，两父子赶紧下了驴背，与驴子一起步行进城。

分析

同学们是否也有过这样的经历，在进入高职院校后，看到有的同学准备参加自学考试，你也跟着买了很多的参考书；看到有的同学选择准备参加专转本考试，你又觉得这是一条不错的拿本科文凭的路，因而信誓旦旦，报了专转本补习班。用人单位来校招聘，有人告诉你 A 公司不错，但有人说 B 公司更好，还有人说，下面还可能有更好的 C 公司，你开始摇摆不定。回过头来看一下，有些同学会发现，买的自学考试的书籍，还都整齐地躺在橱柜的角落里。报的补习班，由于各种原因，没有去上过几次。错过了 A 公司，又错过了 B 公司，让自己很后悔。分析原因，同学们会发现，很多时候自己对学校生活及对未来职业的规划，受别人所左右。在做这些规划之前，并没有对自己有一个客观的认识，真正地考虑好自己想要什么或者将来适合做什么，因而对自己学校生活及未来的规划，跟着别人的思路不停地变化，没有自己明确的目标和方向，到头来势必荒废了很多时间，也错失了很多机会。

一、高职生生涯规划的原则和方法

有相当一部分高职学生不知道如何制定生涯规划，面对着生涯规划几个字感到茫然和不知所措，其实制定生涯规划是有章可循的，尽管不要求同学们在制定规划时千篇一律，但在制定自己的生涯规划前，了解一下制定生涯规划的原则和方法，将有很好的参考和借鉴意义，会让同学们在制定生涯规划时少走弯路，也会使同学们制定的生涯规划更加具有实效性。

（一）生涯规划的原则

制定生涯规划的原则较多，有学者归纳了十条原则，可供参考。

1. 清晰性原则

考虑目标、措施应该清晰而明确，实现目标的步骤应该简捷有效。

2. 挑战性原则

目标或措施应该有挑战性，是要经过一定的努力才能够达到的。

3. 变动性原则

制定的目标或措施应该能够随着环境的变化而适时调整。

4. 一致性原则

生涯规划分为短期规划、中期规划和长期规划。所制定的短期目标、中期目标和长期目标要保持一致，目标与措施及个人目标与组织目标也要保持一致。

5. 激励性原则

制定的目标应该符合自己的兴趣、爱好，只有这样才能对自己产生内在的激励作用。

6. 合作性原则

要考虑到个人的目标与他人目标的合作性和协调性。

7. 全程性原则

制定生涯规划时，必须考虑到生涯的整个历程，做全程的考虑。

8. 具体性原则

制定生涯规划时，应该考虑到各个阶段安排的具体可行。

9. 实际性原则

制定规划前，必须对自己有个全面、深入的了解，考虑到自己的特质、家庭及社会环境、组织环境及其他的因素，制定的规划要切实可行。

10. 可评量原则

规划的设计应该有明确的时间限制或标准，便于对规划的完成情况进行评估。

（二）避免生涯规划的不当方法

有学者总结了生活中人们常使用的不太好的生涯规划方法，应该力求避免。

1. 自然发生法

自然发生法就是不考虑自我条件，随当下所发生的一切作决定。最常见的情形是：有些学生在高考后，填写志愿时，并未仔细考虑自己的志向、兴趣，只要找到分数所能录取的学校、科系，便草草地填报了。这种方法很省心，进入分数能录取的学校、科系，可以短暂解决烦恼，能让人减少一些即时压力，但由于这是在完全没有考虑到自己的兴趣、能力、个性与就业条件等因素之下的选择，因此将来所面对的生涯风险就比较高。

2. 目前趋势法

目前趋势法是跟随市场趋势，盲目地投入新兴的热门行业。这往往是当代高职学生选择的第一方法，因为选择新兴的热门行业，往往会增大收入更高、物质生活会更丰富的可能性。但是，同学们也要清醒地认识到，如果都过分追求热门的行业，人才市场就会饱和，供过于求导致的结果有可能就是就业难度加大，市场竞争也会愈来愈激烈。所以在追逐热点的时候，同学们也要分析一下市场的情况，或许转过身向后看看，也许那里有一个更好的岗位在等着你。

3. 最少努力法

选择容易的专业或轻松的工作，但祈求最好的结果。选择这种方法的人，往往没有一种特别钻研的精神，甚至有坐享其成的想法，这不是一个明智的选择。我们首先要根据自己的实力，不能刻意地去选择容易的专业或轻松的工作，因为付出与获得往往是成正比的，正所谓：一分耕耘，一分收获。作为正值大好年华的高职学生，在规划自己的未来时，有必要考虑一定的挑战性，通过实实在在的努力收获未来的成功和喜悦。

4. 拜金主义法

每个人都希望自己将来的职业是待遇好的，因为我们要生存，就需要能养活自己的工资。但如果同学们刻意去追求金钱而不考虑其他因素，有可能会忽视了自己的能力与性格，为将来的生活质量埋下不幸的种子。例如：一个不擅于交际的人，硬让自己左右逢源，会扭曲心灵，给自己带来极大的痛苦。

5. 刻板印象法

以性别、年龄、社会地位等刻板印象来规划未来。例如很多学生会受刻板印象的影响，认为女性较适合从事服务业，男性较适合搞政治、当工程师等。在规划自己的未来时，如摆脱不了这样一些印象，就大大局限了对自己未来的职业选择。这种刻板印象可以在表面上使你很快找到自己的发展方向，但事实上却扼杀了你在其他方面的潜能，容易使你故步自封，使你的生活不再缤纷多彩。所以在了解了一些刻板印象后，对你能做什么或者不能做什么进行认真的思考，并勇于尝试，这样才能规划出更适合自己的未来。

6. 橱窗游走法

到各种工作场所，走马看花一番，再选择最顺眼的工作作为自己未来的努力方向，这种方法有利于你对各种行业的粗略认识，使你的视野不再狭隘。但由于对每个职业都抱着不专心或不平等的态度，会造成你的感性认识战胜理性认识，从而不能正确看待你所看到的职业和你想从事的职业。同学们应在充分了解各行各业的基础上，仔细调研，把规划未来当成一件很严肃的事情来做，只有这样端正态度，才会离成功更近一步。

7. 假手他人法

由他人替自己决定和选择。这些人中可能会有父母或家人、朋友或同事、老师或辅导员等。许多高职学生，从小时候起，大事小事都有父母做主，久而久之形成了依赖。尊重长辈的意见，对于每个同学来说固然重要，因为他们确实有很多经验，可以让同学们少走弯路。但在虚心向长辈们讨教的同时，也要问问自己，到底喜欢什么职业？愿意做什么工作？综合两方面的认识，才有可能找到体现自己人生价值的所在。

以上七种便捷的生涯规划法看似省时、省力，在短时期内的效率高，但也存在着较难根据个人的能力、特性作长远的规划等不足。导致一些同学进入社会后，更加茫然。恶性循环的结果，让自己的生涯路越走越迷惘。因此，只有将生涯规划基本要素，即知己、知彼、抉择、目标、行动等，都纳入考虑范围，才有可能会使你的生涯规划更具可操作性。

二、高职生生涯规划的步骤

看到生涯规划，同学们可能会有畏难情绪，原因是之前对于大多数高职学生来说，自己没有规划生涯的经验。其实当同学们真正了解了生涯规划的内容时，就会觉得其实做规划也并不是那么难的一件事情。具体而言，一个完整的生涯规划应当包括觉知与承诺、认识自己、认识工作世界、决策、行动和再评估 / 成长六个步骤。

（一）觉知与承诺

开始了解生涯规划，也开始认识到生涯规划在自我发展中的重要作用，并愿意花时间来思考，对自己的生涯做一个规划。

（二）认识自己

完整可行的生涯规划是一个“从内而外”的过程，在做生涯规划时，同学们首先应该进行自我的内部探索，可以通过测试等方法了解自己的人格特质；探索自我的兴趣所在；认识到哪些东西是我生命中不能缺少的、自己最看重的、自己的特长、自己最适合做的工作。

（三）认识工作世界

我国第一部《中华人民共和国职业分类大典》颁布于 1999 年。近年来，由于经济社会的不断发展，我国社会职业构成发生了很大变化。为适应发展需要，2015 年版的《中华人民共和国职业分类大典》将职业分为 8 个大类、75 个中类、434 个小类、1 481 个职业（见表 13-2）。与 1999 年版相比，维持 8 个大类、增加 9 个中类和 21 个小类，减少 547 个职业。

表 13-2　中华人民共和国职业大典中的职业分类表（2015 版）

大类	中类	小类	职业描述
1. 党的机关、国家机关、群众团体和社会组织、企事业单位负责人	1-01. 中国共产党机关负责人	略	在中国共产党机关，国家机关，民主党派和工商联，人民团体和群众团体、社会组织及其工作机构，基层群众自治组织，企业、事业单位中担任领导职务并具有决策、管理权的人员
	1-02. 国家机关负责人		
	1-03. 民主党派和工商联负责人		
	1-04. 人民团体和群众团体、社会组织及其他成员组织负责人		
	1-05. 基层群众自治组织负责人		
	1-06. 企事业单位负责人		

续表

大类	中类	小类	职业描述
2. 专业技术人员	2-01. 科学研究人员 2-02. 工程技术人员 2-03. 农业技术人员 2-04. 飞机和船舶技术人员 2-05. 卫生专业技术人员 2-06. 经济和金融专业人员 2-07. 法律、社会和宗教专业人员 2-08. 教学人员 2-09. 文学艺术、体育专业人员 2-10. 新闻出版、文化专业人员 2-99. 其他专业技术人员	略	从事科学研究和专业技术工作的人员
3. 办事人员和有关人员	3-01. 办事人员 3-02. 安全保卫和消防人员 3-99. 其他办事人员和有关人员	略	在公共管理和社会组织机构中，从事行政业务、行政事务、行政执法和仲裁、安全保卫、消防和应急救援等工作的人员
4. 社会生产服务和生活服务人员	4-01. 批发与零售服务人员 4-02. 交通运输、仓储和邮政业服务人员 4-03. 住宿和餐饮服务人员 4-04. 信息传输、软件和信息技术服务人员 4-05. 金融服务人员 4-06 房地产服务人员 4-07. 租赁和商务服务人员 4-08. 技术辅助服务人员 4-09. 水利、环境和公共设施管理服务人员 4-10. 居民服务人员 4-11. 电力、燃气及水供应服务人员 4-12. 修理及制作服务人员 4-13. 文化、体育和娱乐服务人员 4-14. 健康服务人员 4-99. 其他社会生产和生活服务人员	略	从事商品批发零售、交通运输、仓储、邮政和快递、住宿和餐饮、信息传输、软件和信息技术以及金融、房地产、租赁和商务、技术辅助、生态保护、文化、体育和娱乐等社会生产服务与生活服务工作的人员

续表

大类	中类	小类	职业描述
5. 农、林、牧、渔业生产及辅助人员	5-01. 农业生产人员	略	从事农、林、畜、渔业生产活动及辅助生产的人员
	5-02. 林业生产人员		
	5-03. 畜牧业生产人员		
	5-04. 渔业生产人员		
	5-05. 农、林、牧、渔业生产辅助人员		
	5-99. 其他农、林、牧、渔业生产及辅助人员		
6. 生产制造及有关人员	6-01. 农副产品加工人员	略	从事产品生产及设备制造、矿产开采、工程施工和运输设备操作的人员及有关人员
	6-02. 食品、饮料生产加工人员		
	6-03. 烟草及其制品加工人员		
	6-04. 纺织、针织、印染人员		
	6-05. 纺织品、服装和皮革、毛皮制品加工制作人员		
	6-06. 木材加工、家具与木制品制作人员		
	6-07. 纸及纸制品生产加工人员		
	6-08. 印刷和记录媒介复制人员		
	6-09. 文教、工美、体育和娱乐用品制作人员		
	6-10. 石油加工和炼焦、煤化工生产人员		
	6-11. 化学原料和化学制品制造人员		
	6-12. 医药制造人员		
	6-13. 化学纤维制造人员		
	6-14. 橡胶和塑料制品制造人员		
	6-15. 非金属矿物制品制造人员		
	6-16. 采矿人员		
	6-17. 金属冶炼和压延加工人员		
	6-18. 机械制造基础加工人员		
	6-19. 金属制品制造人员		
	6-20. 通用设备制造人员		
	6-21. 专用设备制造人员		
	6-22. 汽车制造人员		
	6-23. 铁路、船舶、航空设备制造人员		
	6-24. 电气机械和器材制造人员		
	6-25. 计算机通信和其他电子设备制造人员		
	6-26. 仪器仪表制造人员		

续表

大类	中类	小类	职业描述
6. 生产制造及有关人员	6-27. 废弃资源综合利用人员	略	从事产品生产及设备制造、矿产开采、工程施工和运输设备操作的人员及有关人员
	6-28. 电力、热力、气体、水生产和输配人员		
	6-29. 建筑施工人员		
	6-30. 运输设备和通用工程机械操作人员及有关人员		
	6-31. 生产辅助人员		
	6-99. 其他生产制造及有关人员		
7. 军人	7-00. 军人		军人
8. 不便分类的其他从业人员	8-00. 不便分类的其他从业人员		不便分类的其他从业人员

工作世界繁杂多变，有的职业逐渐消亡，又有大量的新职业不断涌现，即便是看上去同样名称的职业，它的内涵也随着时代的发展而发生着变化。对将来要从事的工作世界信息的了解，是生涯规划中重要的组成部分，它可以使同学们对工作世界的宏观发展趋势，自己所学专业与职业的关系，具体职业对工作人员的要求、条件和待遇以及所需继续教育方面的选择等有一个较全面的了解，为制定切实可行的生涯规划奠定基础。

（四）决策

决策是综合整理和评估信息的部分，在决策过程中有可能会因为信息不全而重新回到前面的步骤。具体内容包括：综合和评估信息；目标设立与计划；处理决策过程中的各种问题。

（五）行动

行动是对上述形成的决策的落实阶段，是实现自我设定目标的重要部分。具体的求职过程，包括制作简历及参加面试等都包括在这一部分。

（六）再评估 / 成长

成效评估要求随时对生涯规划的内容加以评估，还要根据成效评估对规划进行修订。修订时要考虑定期检查预定目标的达成程度，当每一个阶段目标达成时，依据实际达成的状况修订未来可采用的策略。

三、高职生生涯规划过程中应注意的几个问题

（一）生涯目标的确定要有效

一个有效的目标需要符合可行、可信、可控、可界定、明确、属于你自己、能

够促进成长及可量化 8 个条件。所谓可行的，是指就你的能力和特点，实现这个目标是现实的、可能的。可信的，是指你真的相信自己能实现这个目标，对自己的能力非常有信心，相信自己能够在设立的时间之内完成。可控的，主要是指对一些可能会最终影响你实现目标的因素的控制能力。可界定的，是指你的目标必须是以普通人都能理解的口头语言或书面语言表达。明确的，是指你只陈述某一特定的目标，并且在一段时间之内只集中于这一个目标。属于你自己的，是指你制定的目标应该是自己真正想去做的事情，而不是别人强加给你的。促进成长的，是指你的目标应该是对自己和他人均无伤害或破坏性的。可量化的，是指你的目标不要用宽泛的、一般的、模糊的或抽象的形式，而是尽量以一种能够用数字加以衡量的方式来表达。

（二）确信只要行动，永远不晚

相当一部分高职学生从未认真给自己做过一份生涯规划，之前的生活都是父母安排的，谈到要做规划有畏难情绪，觉得自己已经没有能读到一所像样的本科院校，现在再来做规划，为时已晚。其实做职业生涯规划只要开始，永远不晚，只要进步，总有空间。

俾斯麦 70 岁时才真正开始伟大的工作。19 世纪英国政治家、第四任英国首相格莱斯顿 70 岁时，开始学习新的语言。天文学家拉普拉斯在 79 岁去世前还在孜孜不倦地学习，他说："我们知道的事情是有限的，我们不知道的事情是无限的。"这些案例给我们的启示是："莫等闲，白了少年头，空悲切。""永远不晚"，可以说是对职业生涯向前看的调查结果，它警示我们："莫道桑榆晚，为霞尚满天。"

（三）适时调整生涯规划

根据美国"全国大学生与雇主协会"的调查，美国雇主们最为重视的技能和个人品质按顺序排列如下：一是沟通能力；二是积极主动性；三是团队合作精神；四是领导能力；五是学习成绩；六是人际交往能力；七是适应能力；八是专业技术；九是诚实正直；十是工作道德；十一是分析和解决问题的能力。

在美国劳工部及美国生涯咨询和发展协会对雇主进行的另一份调查也显示，雇主们非常重视员工的自我管理技能和可迁移技能。具体排序如下：一是善于学习；二是读、写、算的能力；三是良好的交流能力；四是创造性思维和解决问题的能力；五是自尊、积极，有奋斗目标；六是有个人和事业开拓能力；七是交际、谈判能力及团体精神；八是良好的组织和领导能力。

看了上述的两个调查，是否会觉得对自己有些启发，至少它可以提示同学们关注一下将来你要赖以生存的社会环境需要自己具备的能力，适时根据社会的需要调整生涯规划，让自己将来能更快、更好地适应社会。

（四）行动往往更有用

有相当一部分高职生做计划尚可，但缺乏行动。有很多学生谈到没能如愿考取本科院校，是与自己只做规划，不行动有关，所以再完美的规划没有行动也只能是纸上谈兵。同学们需要的不是理论上做出一份漂亮的生涯规划，而是需要可操作的，对自己的高职生活及将来工作、生活有实际指导意义的规划。所以，当一份生涯规划形成后，督促自己按照规划实施很有必要。同学们可能会在实施的过程中发现问题，没关系，可以做一些调整，继续行动，只有这样才能达到制定规划的目的。

课堂活动 有效规划生涯

（一）目的

促进自我觉察，有效规划生涯。

（二）过程

将全班同学分成若干组，每组选出组长，由组长组织对下列问题进行讨论并推选一名同学在大组进行分享。

（1）我有什么特长？

（2）在工作世界中，哪项工作比较适合我？

（3）我需要具备怎样的能力，才能胜任这项工作？

（4）组内推选出一名同学，将组内同学们对自己工作的设想在班级进行分享。

（三）思考

其他同学的分享对你有什么启发？

课后思考

1. 如何合理地规划职业生涯？
2. 在生涯规划时应注意哪些问题？
3. 你对自己的生涯规划满意吗？为什么？

心理知识窗

职业定位

职业定位是结合个人职业目标以及主观条件谋求最匹配职业的过程，在这一过程中要充分考虑性格、兴趣、特长、专业等个人因素与职业的匹配。

自我探索 生涯成熟度测试

生涯成熟度反映了人在不同生命阶段所完成发展任务的历程和状态，入职前，一般用职业选择来衡量心理活动及发展水平；入职后，如何适应工作岗位所在的组织、如何保住自己的职业、如何晋升，在面临退休时如何计划等。在不同的时期，就有不同的侧重点。对于在校的高职生来说，其职业成熟度的衡量标准以职业选择为主。如果能根据自己的心理特点、专业能力和就业形势等进行科学的决策，并采取客观可行的措施，最终获得职业，那么其职业成熟度就高，反之则低。

下面有一组句子，请根据自己目前的情况，选择回答“非常不同意”“不同意”“尚可”“同意”“非常同意”。

1. 我曾想到要做些事，让今天或明天发展得更好。

2. 我认真关心过我将来要做什么样的人。

3. 我为了将来的工作和生活做准备。

4. 一般在生活中，我能做出相当合情理的决定。

5. 对于自己的未来发展，我能独立自主地做决定。

6. 目前我就读的专业是经过慎重选择的。

7. 我就读的专业与将来的预定工作、进修、家庭发展方向是很有关的。

8. 我了解自己的能力、专长和限制。

9. 我了解自己的个性、兴趣和重视的事物。

10. 我关心社会和时局的变迁，并考虑它对我目前及将来发展的影响。

11. 我会收集正确的信息，以便做决定时参考。

12. 我能恰当地呈现自己，让别人认识我。

13. 我已经计划好将来要发展的方向。

14. 在我待过的学校和环境，我通常适应得很不错。

评分方法：

1. 选择“非常不同意”计 1 分；选择“不同意”计 2 分；选择“尚可”计 3 分；选择“同意”计 4 分；选择“非常同意”计 5 分。

2. 分数越高，生涯成熟度越高。在人生的各个阶段，越具有生涯成熟度的人越关心自己目前和将来的发展，越有自知之明，越能运用信心，越能在环境中适应并且要求进步。

美国职业发展师舒伯提出了衡量个体生涯发展和成熟的五个标志性原则，也可供同学们参考。

原则一：发展是随机、未分化的行为，朝向目标导向的、特定的行为。

原则二：发展是朝向现实感增加的方向。

原则三：发展是从依赖朝向独立性增加的方向。

原则四：成熟个体会选择一个目标。

原则五：成熟个体的行为是目标导向的。

知识拓展　约翰·霍兰德和他的人业互择理论

约翰·霍兰德（John Holland）在小的时候就表现出了强烈的求知欲。他的数学和物理都学得非常好。霍兰德的第一个博士学位是计算机科学。他是一名计算机编程方面的专家，同时也是美国约翰·霍普金斯大学心理学教授，美国著名的职业指导专家。

霍兰德于 1959 年提出了具有广泛社会影响的人业互择理论。这一理论首先根据劳动者的心理素质和择业倾向，将劳动者划分为 6 种基本类型，相应的职业也划分为 6 种类型：社会型、企业型、常规型、现实型、研究型、艺术型。他认为，绝大多数人都可

以被归于六种类型中的一种。霍兰德的职业选择理论，实质在于劳动者与职业的相互适应。霍兰德认为，同一类型的劳动者与职业互相结合便是达到适应状态，劳动者找到适宜的职业岗位，其才能与积极性才会得以很好地发挥。

霍兰德提出的六种职业类型的特征及喜欢的典型职业如下：

1. 社会型（S）

共同特征：喜欢与人交往、爱结交新的朋友，善言谈、愿意教导别人；关心社会问题、渴望发挥自己的社会作用；寻求广泛的人际关系，比较看重社会义务和社会道德。

典型职业：喜欢要求与人打交道的工作，能够不断结交新的朋友，从事提供信息、启迪、帮助、培训、开发或治疗等事务，并具备相应能力。如教育工作者（教师、教育行政人员）、社会工作者（咨询人员、公关人员）。

2. 企业型（E）

共同特征：追求权力、权威和物质财富，具有领导才能；喜欢竞争、敢冒风险、有野心、抱负；为人务实，习惯以利益得失、权力、地位、金钱等来衡量做事的价值，做事有较强的目的性。

典型职业：喜欢要求具备经营、管理、劝服、监督和领导才能，以实现机构、政治、社会及经济目标的工作，并具备相应的能力。如项目经理、销售人员、营销管理人员、政府官员、企业领导、法官、律师。

3. 常规型（C）

共同特点：尊重权威和规章制度，喜欢按计划办事，细心、有条理，习惯接受他人的指挥和领导，自己不谋求领导职务；喜欢关注实际和细节情况，通常较为谨慎和保守，缺乏创造性，不喜欢冒险和竞争，富有自我牺牲精神。

典型职业：喜欢要求注意细节、精确度、有系统有条理，具有记录、归档、据特定要求或程序组织数据和文字信息的职业，并具备相应能力。如秘书、办公室人员、会计、行政助理、图书馆管理员、出纳员、打字员、投资分析员。

4. 现实型（R）

共同特点：愿意使用工具从事操作性工作，动手能力强，做事手脚灵活，动作协调；偏好于具体任务，不善言辞，做事保守，较为谦虚；缺乏社交能力，通常喜欢独立做事。

典型职业：喜欢使用工具、机器，需要基本操作技能的工作。对要求具备机械方面才能、体力或从事与物件、机器、工具、运动器材、植物、动物相关的职业有兴趣，并具备相应能力。如技术性职业（计算机硬件人员、摄影师、制图员、机械装配工）、技能性职业（木匠、厨师、技工、修理工、农民、一般劳动者）。

5. 研究型（I）

共同特点：思想家而非实干家，抽象思维能力强，求知欲强，肯动脑，善思考，不愿动手；喜欢独立的和富有创造性的工作；知识渊博，有学识才能，不善于领导他人；考虑问题理性，做事喜欢精确，喜欢逻辑分析和推理，不断探讨未知的领域。

典型职业：喜欢智力的、抽象的、分析的、独立的定向任务，要求具备智力或分析才能，并将其用于观察、估测、衡量、形成理论、最终解决问题的工作，并具备相应的能力。如科学研究人员、教师、工程师、电脑编程人员、医生、系统分析员。

6. 艺术型（A）

共同特点：有创造力，乐于创造新颖、与众不同的成果，渴望表现自己的个性，实现自身的价值；做事理想化，追求完美，不重实际；具有一定的艺术才能和个性；善于表达、怀旧、心态较为复杂。

典型职业：喜欢的工作要求具备艺术修养、创造力、表达能力和直觉，并将其用于语言、行为、声音、颜色和形式的审美、思索和感受，具备相应的能力。如演员、导演、艺术设计师、雕刻家、建筑师、摄影家、广告制作人、歌唱家、作曲家、乐队指挥、小说家、诗人、剧作家。

总结案例　戈达德的成功

1940年的一个下雨天，一个15岁的男孩在厨房里写下了一生中要完成的127条目标，在之后的半个多世纪里，他从未忘记自己的目标。迄今，他已经完成了127条中的111条，以及其余500多条15岁之后设立的目标。这个男孩就是被称为当代印第安纳·琼斯的探险家约翰·戈达德。和许多男孩一样，自儿时起戈达德就梦想着有朝一日成为一位探险家。在他的梦想里，探险家是那种住在丛林里，整天与土著居民和野兽为邻的人。和许多男孩不同的是，在长大的过程中，戈尔德从来没有改变自己的主意，也没有从自己的雄心壮志面前退缩。“去尼罗河、刚果河探险；攀登珠穆朗玛峰、乞力马扎罗山；环游世界；重游马可·波罗和亚历山大大帝的旅行路线；在维多利亚湖游泳，去澳大利亚大堡礁潜水；学会飞行；阅读《大英百科全书》；学习法语、西班牙语以及阿拉伯语；结婚生子；体重保持在175磅以内；活到21世纪……”戈达德把这127条包罗万象的目标称为自己的“生命清单”，一切都从写下目标的那刻开始。戈达德说：“如果你真知道你一生想要什么，你会惊奇地发现帮助你实现梦想的机会会自己跑来。”在半个世纪的时间里，戈达德一边工作，一边用有限的时间、精力和金钱完成了一个又一个看似不可能完成的目标：他登上了包括马特、阿拉拉特、乞力马扎罗、斐济、兰尼埃和大蒂顿等在内的12座世界最高的山峰。他跟随马可波罗的路线，通过中东、亚洲，来到中国。他是第一个探索世界上最长河流尼罗河的人，也是第一个徒步走完刚果河的人。他到过世界122个国家，曾与260个不同的原始部落一同生活。他探索了佛罗里达水下的珊瑚礁和澳大利亚的大堡礁。他会驾驶40种不同类型的飞机，至今仍然拥有民用航空飞行执照。他仔细阅读了《圣经》《大英百科全书》等书籍，并学会讲法语、西班牙语和阿拉伯语。

分析

戈达德的成功源自两个简单又容易复制的“秘密”：我总是选择伟大的目标，并总把目标写下来。在戈达德的一生中，确实面临过无数次生死危机：他曾被响尾蛇、大象、河马、鳄鱼、野狗袭击；他险些被埃及海盗射杀，被不友好的原始部落族人用石头砸死；他也曾被困于流沙，遭遇地震，经历过空难，还四次差点在激流中丧生。在尼罗河的探险中，戈达德险些饿死；而在两年后的刚果河探险中，戈达德目睹了同伴被淹死的过程，这些惊悚的经历并没有阻止戈达德再次出发。从戈达德的案例中，我们看到了对于新知识巨大的渴望和完成目标的信念，坚定而不放弃等是促使他取得一个个成功的重要因素，也支持着他向未完成的目标迈进。

模块十三　课堂反馈

参考文献

[1] 本杰明·B. 莱希．心理学导论：第 9 版．上海：上海人民出版社，2010.

[2] 理查德·格里格，菲利普·津巴多．心理学与生活．北京：人民邮电出版社，2015.

[3] James W. Kalat，Michelle N. Shiota．情绪．北京：中国轻工业出版社，2009.

[4] 杜文东．心理学基础．北京：人民卫生出版社，2007.

[5] 杨眉．送你一座玫瑰园．北京：中国城市出版社，2005.

[6] 黄希庭．心理学导论．北京：人民教育出版社，2004.

[7] 凡禹．人际交往的艺术．北京：北京工业大学出版社，2002.

[8] 岳晓东．爱情中的心理学．北京：机械工业出版社，2010.

[9] 易法建，冯正直，倪泰一．心理医生．4 版．重庆：重庆出版社，2006.

[10] 桑志芹．大学生心理健康学．北京：科学出版社，2007.

[11] 李海洲，边和平．挫折教育论．南京：江苏教育出版社，1999.

[12] 周蓓，周红玲．大学生心理健康案例教程．北京：人民邮电出版社，2009.

[13] 郝春生．高职大学生心理健康指导．北京：清华大学出版社，北京交通大学出版社，2009.

[14] 李咏吟．学习心理辅导．北京：世界图书出版公司，2003.

[15] 王小明．学习心理学．北京：中国轻工业出版社，2009.

[16] 姚梅林．学习心理学：学习与行为的基本规律．北京：北京师范大学出版社，2006.

[17] 汪龙光．职业教育心理学导论．北京：科学出版社，2008.

[18] 乔塞尔森．我和你：人际关系的解析．北京：机械工业出版社，2009.

[19] Thomas A. Harris．我好 – 你好：改善我们的人际关系．北京：中国轻工业出版社，2008.

[20] 艾瑞克·伯恩．人间游戏：人际关系心理学．北京：中国轻工业出版社，2006.

[21] 段鑫星，赵玲．大学生心理健康教育．北京：科学出版社，2008.

[22] 张大均，吴明霞．学生心理健康．北京：清华大学出版社，2007.

[23] 郭黎岩．心理学．3 版．南京：南京大学出版社，2008.

[24] 樊富珉．大学生心理健康与发展．北京：清华大学出版社，1997.

[25] 桑志芹，邓旭阳．大学生心理素质训练．上海：上海教育出版社，2006.

[26] 谭顶良．高等教育心理学．南京：河海大学出版社，2002.

[27] 奥伦特．比尔·盖茨给青少年的 12 个行动准则．北京：群言出版社，2005.

[28] 贾晓明．大学生心理健康：走向和谐与适应 .2 版．北京：北京理工大学出版社，2010.

[29] 麦基卓，黄焕祥．懂得爱．2 版．深圳：深圳报业集团出版社，2010.

[30] 王芳．当压力来敲门：哈佛大学 SMART 压力管理本土指导手册．北京：华夏出版社，2020.

[31] 王倩．压力管理与心理调节．北京：中央广播电视大学出版社，2014.

[32] 徐宪江．哈佛情绪控制课．北京：中国法制出版社，2014.

[33] 胡耿丹，徐全成．网络成瘾．北京：北京师范大学出版社，2019.

[34] 马向真，王章莹．论情绪管理的概念界定．东南大学学报（哲学社会科学版），2012，7（14）.

[35] 王健荣．大学生情绪管理性别角色差异研究．西安：西北大学，2018.